萨南油田统计分析论文汇编

董喜贵　李　继　主编

石油工业出版社

内 容 提 要

本书收录了萨尔图油田南部开发区生产经营管理过程中的36篇优秀统计分析论文。对统计分析方法在地质、开发、管理、计财、节能等领域应用中的问题进行了解答。有助于油田企业解决实际工作中的问题。

本书适合于油气田开发企业的管理者、技术人员、生产人员和高等院校相关专业师生阅读。

图书在版编目(CIP)数据

萨南油田统计分析论文汇编/董喜贵,李继主编.
北京:石油工业出版社,2012.1
ISBN 978-7-5021-8742-2

Ⅰ.萨…
Ⅱ.①董… ②李…
Ⅲ.石油工业-工业统计-统计分析-大庆市-文集
Ⅳ.F426.22-53

中国版本图书馆CIP数据核字(2011)第212101号

出版发行:石油工业出版社
(北京安定门外安华里2区1号 100011)
网 址:www.petropub.com.cn
编辑部:(010)64523735 发行部:(010)64523620
经 销:全国新华书店
印 刷:石油工业出版社印刷厂

2012年1月第1版 2012年1月第1次印刷
787×1092毫米 开本:1/16 印张:12.75
字数:326千字

定价:50.00元
(如出现印装质量问题,我社发行部负责调换)

《萨南油田统计分析论文汇编》

编 委 会

前　言

统计分析是企业生产经营管理的重要手段，能够为各级领导组织和监控企业生产经营活动、实行科学决策提供可靠依据，在促进企业改善经营管理、提高经济效益中发挥积极作用。

萨尔图油田南部开发区隶属于大庆油田有限责任公司第二采油厂，是大庆油田第二大主体生产企业。油田投入开发四十七年来，生产建设规模不断扩大，员工总数达10479人，管理油水井总数达到10927口，累计为国家生产原油3.98×10^8t，创产值1931.5亿元。随着油田开发工作的不断深入，原油可采储量下降，经济效益高速增长的态势受到遏制，油田可持续发展面临严峻挑战。这一新的形势变化，深刻影响和改变着企业生产经营工作的各个方面。企业管理升级也迫切需要统计分析工作与时俱进，及时有效地为经营管理提供更多的量化分析资料和更有力的决策支持依据。

近年来，在厂部和厂领导的决策领导下，各级管理部门和人员针对萨尔图油田南部开发区生产经营管理各方面，大力开展统计分析工作，归纳成果，总结经验教训，提出发展和改进建议，有力地促进了生产经营管理水平的提高。本著作收录了生产经营管理过程中36篇优秀统计分析论文，以期为企业各级管理者及石油统计人员提供理论与实际相结合的学习资料，借鉴经验，更好地应用统计分析方法解决实际问题。希望本书的出版能够起到抛砖引玉的作用，为各生产经营管理部门和工作人员，特别是统计工作者所欢迎和关注，并能在理论和实践的基础上不断加以补充、修订和完善，共同推进统计分析工作水平的进一步提高。

目　　录

采油作业工区管理模式的探索与实践

王玉琢　张洪江　袁会力

摘　要:为保证新建产能顺利投产和降低人工投入,探索出新的采油作业工区管理模式。文中运用统计分析的方法,从组织机构、人工投入和成本投入三个方面与常规管理模式进行分析对比,肯定了工区管理模式的独有优势,并采取新的举措保证其在南七东工区取得较好的实践效果,为解决生产规模扩大与员工总量控制的矛盾提供了可资借鉴的经验。

关键词:工区管理　扁平化管理　大班组　复合协作

一、引言

采油作业工区管理模式是大庆油田有限责任公司第二采油厂在面临生产规模急剧扩大、人员极其紧缺的新形势下,对新建产能的生产组织过程进行的一次全新设计。通过探索与实践,第二采油厂一个原本需要5个基层队、用工276人的新建区块,现在只要1个基层队、用工仅152人就确保了平稳运行,既保证新建产能顺利投产,又减缓了人工投入等运行成本的快速增长,实现了管理创新增产增效而不增人。

二、工区管理模式分析

2010年第二采油厂第三作业区新建聚驱油井239口、注入井209口、计量间14座、转油站2座、脱水站1座、污水处理站2座、注水站1座、注入站5座、变电所1座、锅炉岗2座。按照常规管理模式,需要新成立5个基层队,新增用工276人。为突出专业化、扁平化管理的优势,力求最大限度地提高劳动效率,2010年6月7日,第三作业区突破以中转站为系统划分基层队的传统管理方式,确立了“站队合一”的工区管理新模式,成立了以南7-1联合站为核心,涵盖整个新建聚驱产能的南七东工区。

从图1可以看出,南七东工区以中转站为中心划分大班组,以专业分工划分岗位,把整个作业工区划分为联合站大班组、南7-3大班组、南8-9大班组、维修大班组和综合大班组,从组织结构上突出了扁平化管理,实现了只成立1个基层队建制、用工仅152人、集管理“专业化、复合化和标准化”为一体全新的精干高效管理模式。

为探索工区管理模式的实用性、先进性,我们运用统计分析的方法,从组织机构、人工投入和成本投入三个方面与常规管理模式进行分析对比。

(一)组织机构分析

为探索工区管理模式的机构合理性,建立了组织机构情况表(表1),对比成立工区前后,基层队建制由5个减少到1个,基层队建制压缩了80%,组织机构的基本班组数量由48个减少到5个大班组12个基本组,班组数量减少了75%。分析组织机构缩减原因,一是实行了“站队合一”模式,把原来一座转油站系统成立一个基层队的老模式,改为一座转油站系统成立一个大班组模式,压缩了基层队建制;二是把同工种性质或相临较近的班组合并成一个组,

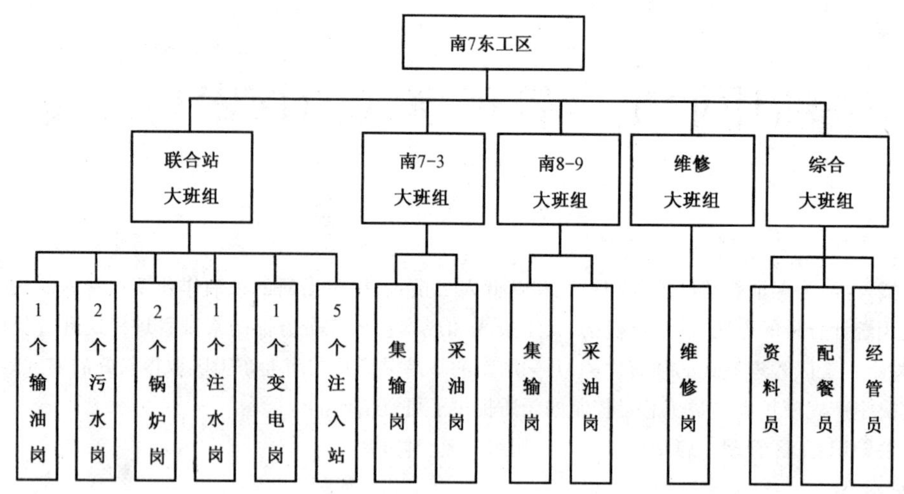

图1　工区管理模式

缩减了班组数量，整个管理模式突出了专业化、扁平化管理的优势，力求最大限度地提高了管理效率，为减少人工投入和降低建制运行成本奠定了基础。

表1　组织机构情况表(单位:个)

常规模式							工区模式		
名称	采油7-7队	采油8-9队	注入11队	南7-1联合站	南27联合站	小计	名称		南七东工区
队班子	1	1	1	1	1	5	工区班子		1
综合班	1	1	1	1	1	5	综合大班组		1
资料班	1	1	1	1	1	5	维修大班组		1
维修班	1	1	1	1	1	5	联合站大班组	脱水供热组	1
采油班	8	6	—	—	—	14		污水处理组	1
集输班	1	1	—	—	—	2		注水变电组	1
注入班	—	—	5	—	—	5		污水供热组	1
脱水岗	—	—	—	1	—	1		注入组	1
污水岗	—	—	—	1	1	2	南7-3大班组	集输组	1
锅炉岗	—	—	—	1	1	2		采油组	1
注水岗	—	—	—	—	1	1	南8-9大班组	集输组	1
变电岗	—	—	—	—	1	1		采油组	1
合计	13	11	9	7	8	48	—	—	12

(二)人工投入分析

探索实施工区管理模式一个重要的目的就是减少人工投入，通过表2人工投入情况表分析对比，工区成立前后，人工投入由276人减少到152人，减少用工124人，用工效率提高44.9%，用工压缩效果比较显著。

表2　人工投入情况表(单位:人)

常规模式							工区模式		
名称	采油 7－7队	采油 8－9队	注入 11队	南7－1 联合站	南27 联合站	小计	名称		南七 东工区
队班子	6	6	6	5	5	28	工区班子		9
综合班	3	3	3	3	3	15	综合大班组		6
资料班	3	3	3	—	—	9	维修大班组		13
维修班	8	8	6	5	5	32	联合站大班组	脱水供热组	14
采油班	19	17	11	—	—	47		污水处理组	8
集输班	10	10	—	—	—	20		注水变电组	10
注入班	—	—	50	—	—	50		污水供热组	12
脱水岗	—	—	—	15	—	15		注入组	39
污水岗	—	—	—	10	10	20	南7－3大班组	集输组	7
锅炉岗	—	—	—	10	10	20		采油组	13
注水岗	—	—	—	—	10	10	南8－9大班组	集输组	9
变电岗	—	—	—	—	10	10		采油组	12
合计	49	47	79	48	53	276	—	—	152

为探索人工压缩的合理性,对人工压缩的结构进行了分析(表3),压缩比例排在前三位的分别是综合班人员(包括经管员、炊事员、资料员)、队班子和维修工,压缩比例分别为75%、67.9%和59.4%,其他一线操作岗位人员压缩比例基本控制在50%以下,既保障了岗位安全生产,又体现了压缩后线保前线的人力资源挖潜思想,扩大了降低人工投入空间。

表3　人工压缩结构情况表(单位:人)

类别		工种	常规模式	工区模式	压缩	
			5个队	1个工区	人数	比例
生产保障人员	后勤保障人员	队/工区班子	28	9	19	67.9%
		经管员、炊事员、资料员	24	6	18	75.0%
	维修工	维修工	32	13	19	59.4%
操作岗位人员	采油工	采油工	47	25	22	46.8%
	站库值守人员	集输工	20	16	4	20.0%
		脱水供热工	25	14	11	44.0%
		污水处理工	10	8	2	20.0%
		注水变电工	20	10	10	50.0%
		污水供热工	20	12	8	40.0%
		注入工	50	39	11	22.0%
合计			276	152	124	44.9%

(三)成本投入分析

探索实施工区管理模式另一个重要的目的就是降低成本投入,通过表4成本投入情况表分析对比，对比成立工区前后，第一年投入成本费用就减少了3140万元，其中包括人工费用1498万元、基层队队部建设费用1600万元、物业采暖水电费用42万元；以后每年都少投入人工等运行成本1540万元，实施采油作业工区管理模式后取得了较好的经济效益。

表4 成本投入分析对比表(单位:万元)

<table>
<tr><th colspan="2" rowspan="2">类别</th><th colspan="2">常规模式</th><th colspan="2">工区模式</th><th>两种模式差值</th></tr>
<tr><th>个</th><th>万元</th><th>个</th><th>万元</th><th>万元</th></tr>
<tr><td colspan="2">人工</td><td>276</td><td>3334</td><td>152</td><td>1836</td><td>－1498</td></tr>
<tr><td rowspan="3">基层队</td><td>基建费</td><td rowspan="3">5</td><td>2000</td><td rowspan="3">1</td><td>400</td><td>－1600</td></tr>
<tr><td>物业采暖费</td><td>23</td><td>5</td><td>－18</td></tr>
<tr><td>水电费</td><td>30</td><td>6</td><td>－24</td></tr>
<tr><td colspan="2">合计</td><td></td><td>5387</td><td></td><td>2247</td><td>－3140</td></tr>
</table>

三、工区管理模式的运行

为确保实施工区管理模式达到预定效果，采取了以下新的举措。

(一)在工作性质专一的采油系统中实行专业化管理

采油工只负责油水井的巡回检查、资料管理和现场操作等工作内容，维修工负责对机采井加盘根、更换皮带以及“五率”检修保养工作。通过选取人均管理标准井、加盘根用时、更换皮带用时和“五率”检修保养用时四项日常工作，对实施专业化工作效率提高情况进行对比(表5)，各项工作效率提高均达50%以上，采油工更是达到了人均管井20.3口。实践证明通过实施专业化管理，各专业操作员工各负其责，发挥自身专业操作优势，极大地提高了工作效率，使采油系统工作逐渐专一、精干、高效。

表5 实施专业化工作效率提高情况对比表

类别	常规模式管理	工区专业化管理	两种管理方式差值	工作效率提高
人均管理标准井(口)	10	20.3	10.3	103.0%
加盘根用时(分钟)	35	12	－23	65.7%
更换皮带用时(分钟)	40	15	－25	62.5%
“五率”检修保养用时(分钟)	65	31	－34	52.3%

(二)在工作岗位多元的联合站系统中实行复合化管理

联合站系统由南7－1联合站和27联合站组成，对联合站系统实施复合化管理(表6)，打破原来“岗位固定，人员固定”的倒班工作制模式，实行“岗位整合，数字监控，人员流动”的动态复合协作型管理，充分利用中控室和岗位相近等有利条件，将原有的12个生产岗位整合为5个复合型岗位，由坐班职守变为动态值守，与公司标准定员125人对比少用工42人，用工效率提高34.4%，并保证了外输口的平稳外输。截至2011年9月30日，南七东工区已累计外输原油28.1273万吨，外输气2357.8982万立方米，实现连续平稳安全高效生产481天。

表6　实施复合化管理人员情况对比表(单位:人)

常规模式	工区模式	常规模式	工区模式	差
脱水岗	脱水供热组	15	14	-11
锅炉岗		10		
污水岗	污水处理组	10	8	-2
注水岗	注水变电组	10	10	-10
变电岗		10		
污水岗	污水供热组	10	12	-8
锅炉岗		10		
5座注入站	注入组	50	39	-11
合计		125	83	-42

(三)在工作内容多变的保障系统中实行甲乙方管理

保障系统由维修大班组、综合大班组组成,针对岗位多、内容杂、随机性强等特点,在明确工作量、明确工作标准、明确操作规范的前提下,如图2甲乙方管理网络图所示,在工作内容多变的保障系统中,以作业工区为中心,在保障系统与基本生产系统之间实行甲乙方管理,乙方为甲方提供服务保障,甲方监督乙方服务态度和质量,双方相互监督,相互合作,故障抢修率由原来的96%提高到100%,班组出勤率由原来的75%提高到100%。

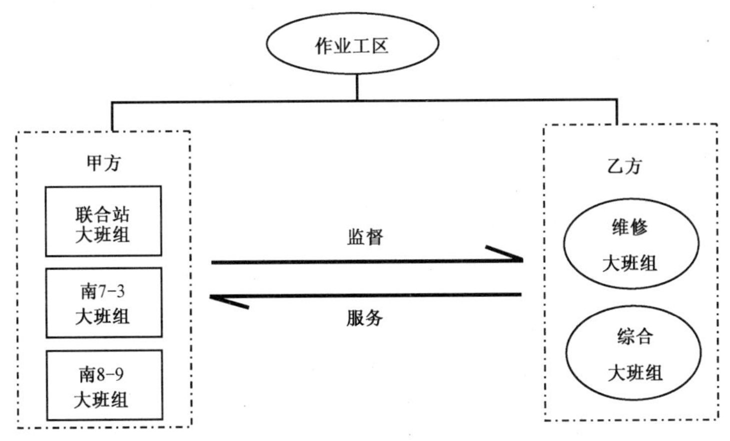

图2　甲乙方管理网络

四、结论与认识

(1)实施工区管理模式,发挥扁平化管理优势,可降低人工投入,解决生产规模扩大与员工总量控制的矛盾。

(2)实施工区管理模式,可提高劳动效率,减少基层队建制运行成本和人工成本,降低成本投入。

(3)实施工区管理模式,运行更加高效,可提高管理水平和运行水平。

参考文献

[1] 李宗田．油田采油生产管技术手册．北京:中国石化出版社,2009. 5.

[2] 张幸福．管理创新增产增效就是不增人. 大庆日报,2011 - 11 - 12(3).

作者简介:

王玉琢,1961 年 4 月出生,高级工程师,现任大庆油田第二采油厂副厂长。

张洪江,1967 年 4 月出生,工程师,现任大庆油田第二采油厂第三作业区经理。

袁会力,1975 年 5 月出生,工程师,现任大庆油田第二采油厂第三作业区管理办主任。

财务经营情况实证分析与研究

闫树军

摘　要:作为预测的前提,财务经营分析是对过去财务经营活动的总结。把财务经营分析作为生产经营管理的重要手段,用其了解企业的财务经营状况及成果,可为领导和有关部门提供决策依据。对企业财务经营进行实证分析与研究有着重要的现实意义。

关键词:财务经营分析　成本分析　方法　作用

一、引言

财务经营分析是以企业财务报告反映的财务指标为主要依据,对企业的财务状况和经营成果进行评价和剖析,以反映企业在运营过程中的利弊得失、财务状况及发展趋势,为改进企业财务经营管理工作和优化经营决策提供重要的财务信息。同时强化财务管理理念、财务分析程序、财务分析方法,对于提高企业财务经营管理水平均具有重要意义。

二、财务经营成本分析方法

近年来,油田开发生产成本涨幅很大,若不加以研究、分析与管控,油田将难以承受。以第二采油厂为例,总成本年均增长 9. 47% 。操作成本年均增长 8. 67% 。

(一)操作成本趋势分析

桶油操作成本五年间增加了 3. 087 美元,年均增长 13. 78% 。其中,产量下降影响桶油操作成本 0. 924 美元/桶,年均增长 4. 12% ,成本上升影响桶油操作成本 2. 165 美元/桶,年均增长 9. 66% 。如图 1 所示。

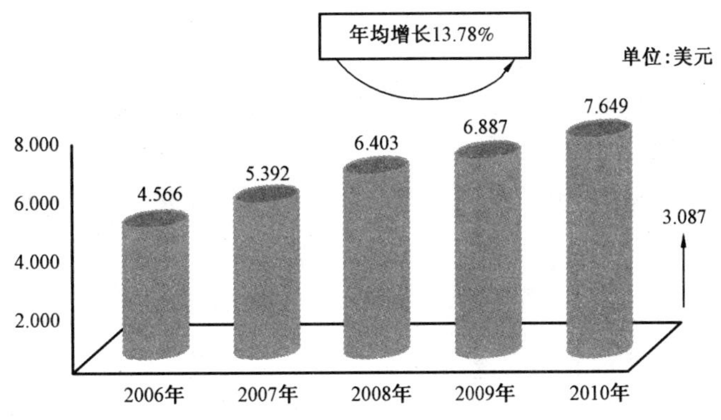

图 1　2006—2010 年间桶油操作成本变化趋势图

(二)操作成本结构分析

根据表 1,对 2009 年和 2010 年,材料费、燃料费、动力费占操作成本比重比上年下降 3. 99% ,员工费用、工程支出占操作成本比重比上年上升 3. 77% 。如图 2 所示。

表1　期间各项费用占操作成本比重表(单位:%)

项　目	2006年	2007年	2008年	2009年	2010年	比重增减	合计
材料费	13.04	10.71	12.53	13.33	11.26	-1.78	4.88
燃料费	1.90	1.86	1.92	1.91	1.86	-0.04	
动力费	36.65	34.46	34.26	35.46	33.59	-3.06	
员工费用	27.31	31.07	30.27	29.71	31.44	4.13	6.14
工程支出	11.05	12.25	11.68	11.02	13.06	2.01	
购买劳务及服务	5.80	5.28	5.32	5.31	4.92	-0.88	1.26
其他支出	4.25	4.37	4.02	3.27	3.87	-0.38	

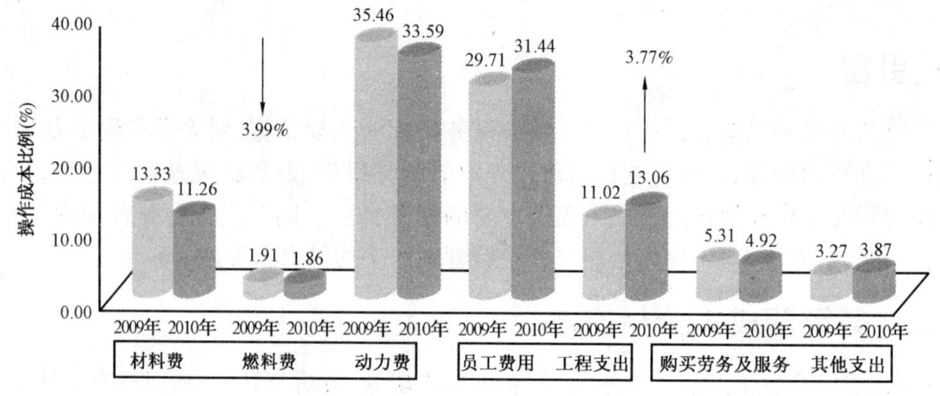

图2　各项费用占操作成本比重

从结构变化可以看出,材料费、燃料费、动力费比重下降幅度较大,非生产性支出已经降到维持经营支出的最低水平,油田开发治理投入在不断加大。

(三)操作成本要素分析

(1)材料费:2010年实际38874万元,比上年实际减少3591万元,同比下降8.42%。其主要原因,一是优化设计精细管理,使井下作业主材下降5263万元,同比下降26.23%;二是修旧利废内部挖潜,促使井站及作业区(大队)材料下降1494万元,同比下降15.08%;三是重视水驱加大投入,增加污水药剂费1142万元,同比上升82.69%;四是支持三元保障生产,增加输油药剂费用1320万元,同比上升63.74%。

(2)修理费:2010年实际10117万元,比上年增加989万元,同比上升10.83%,修理费五年结构变化趋势如表2所示。

表2　期间修理费结构变化趋势表(单位:%)

项　目	2006年	2007年	2008年	2009年	2010年	平均增长率
设备修理	32.73	28.68	31.15	47.19	42.30	6.62
井站设施维护	25.49	32.24	39.06	40.62	42.78	13.83
道路维修	3.00	1.90	4.68	9.10	14.39	47.99
房屋修理	38.78	37.18	25.11	2.46	0.53	-65.84

从期间修理费结构变化趋势表可以看出，为保证油田生产持续稳定，第二采油厂大力控制房屋维修等非生产性支出，将节余下来的资金投入到井站的设备、设施维护和油田生产道路维修，确保较高的设备运行时率和开井率。

(3)清水费：2010 年实际支出 8999 万元，比上年减少 228 万元(图 3)，同比下降 2.48%。自第二年开始推广“以污代清”技术，虽然注入量在上升(图 4)，但期间清水使用量年均下降 5.08%。由于涨价影响水费年均增长 5.02%。

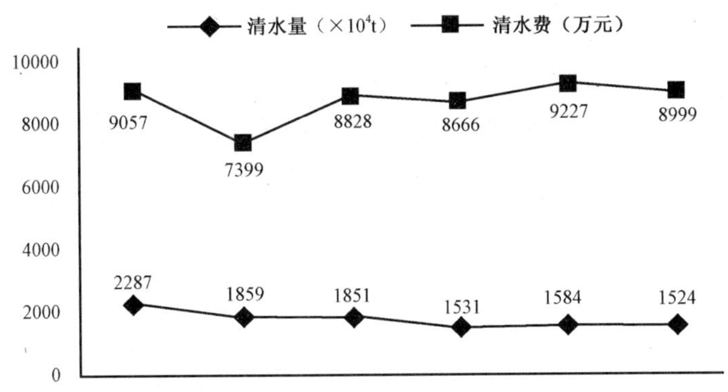

图 3　期间清水用量及其费用变化曲线图

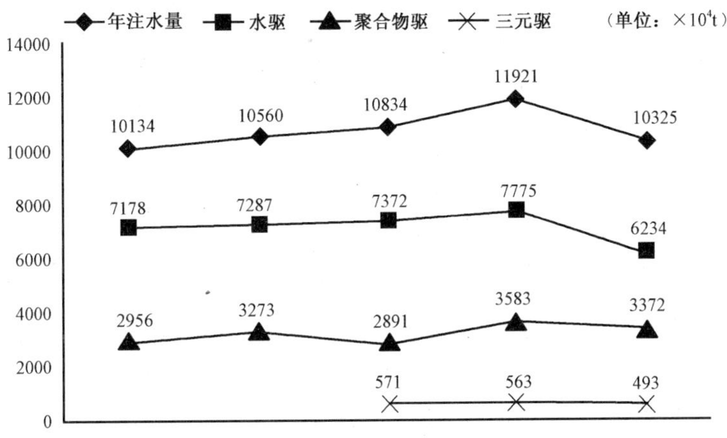

图 4　期间各驱注水变化情况曲线图

(4)电费：2010 年实际支出 107067 万元，比上年实际增加 3362 万元，同比上升 3.2%(图 5)。其中，涨价因素增加成本 4135 万元。前四年，第二采油厂自耗电量以年均 8500×10^4kW·h 的速度递增。2010 年实施节能降耗的“五个一”工程后，实际电量比上年下降 1457×10^4kW·h，比公司计划下降 5446×10^4kW·h。

(5)员工费用：按同口径计算，2010 年实际支出 108587 万元，比上年实际增加 13981 万元，同比上升 14.78%。员工费用快速上升为企业发展带来巨大压力，期间，第二采油厂通过内部挖潜，创新采油作业工区管理模式，有效减少用工 1772 人次，节约资金 2.14 亿元(图 6 和图 7)。

(6)井下作业施工费：随着油水井数量的不断增加(图 8)，2010 年实际支出 29008 万元，比上年实际增加 7669 万元。同比上升 35.94%。其中，扣除投资转成本的深取、补孔增加 2473 万元，劳务费价格调整增加 4054 万元，实际增加 1142 万元。通过加强现场监督和日常

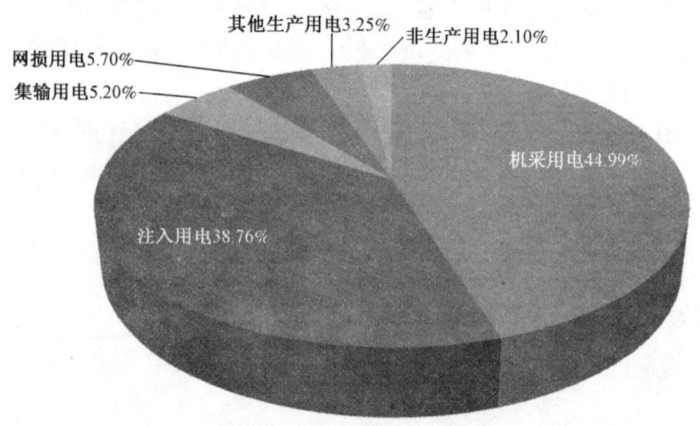

图5　期间各系统耗电比重示意图

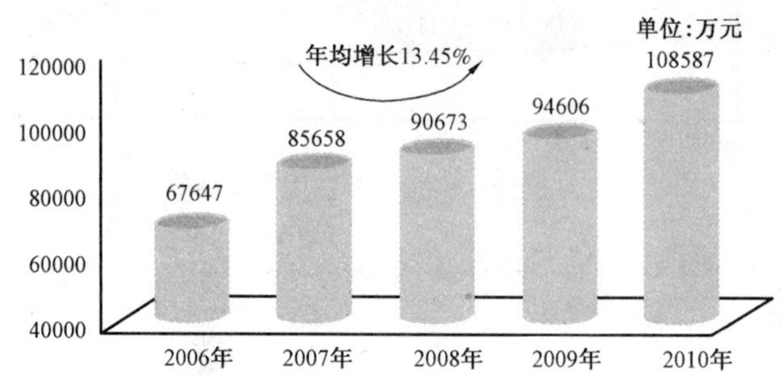

图6　期间员工费用变化情况图

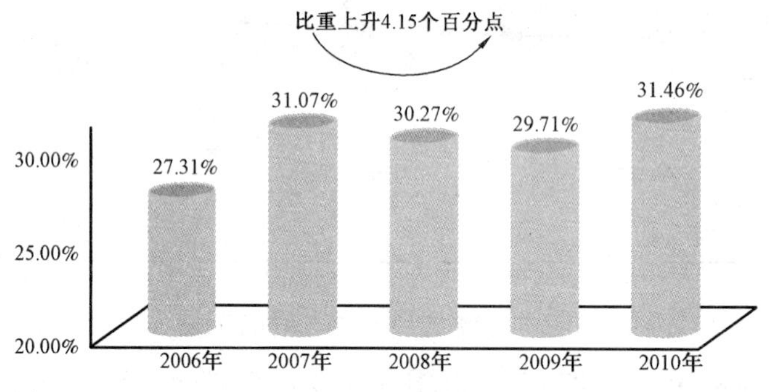

图7　期间员工费用比重变化情况图

维护管理,延长了检泵周期,剔除水驱专项治理增加的细分调整工作量,维护性作业比上年实际下降308口(图9)。

(7)测井试井费:2010年实际支出5917万元,比上年实际增加1427万元,同比上升31.78%(图10)。为满足水驱精细注水的需求,准确分析评价细分注水效果、油层动用程度,加大了测调力度。

总之,通过对财务经营情况、操作成本结构、变化趋势、要素费用及能耗情况进行分析可见,这些占成本支出比例较大的要素、体系和环节,既是油田开发的主要耗能点,也是节能降耗的主要潜力点。

从成本构成上看,2010年电费占30.99%、水费占2.60%,两项合计占总操作成本的

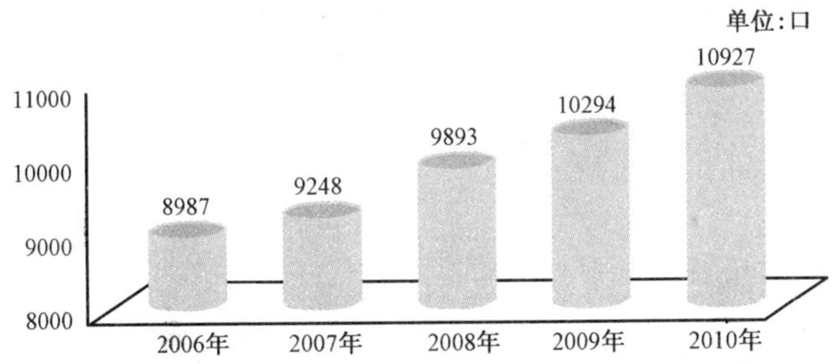

图 8　期间油水井变化示意图

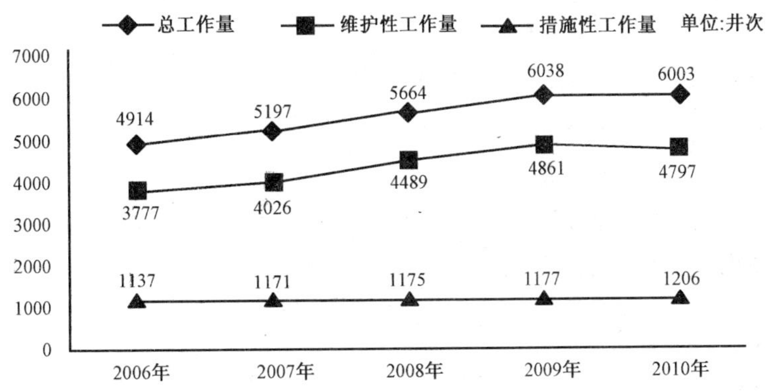

图 9　期间井下作业工作量变化图

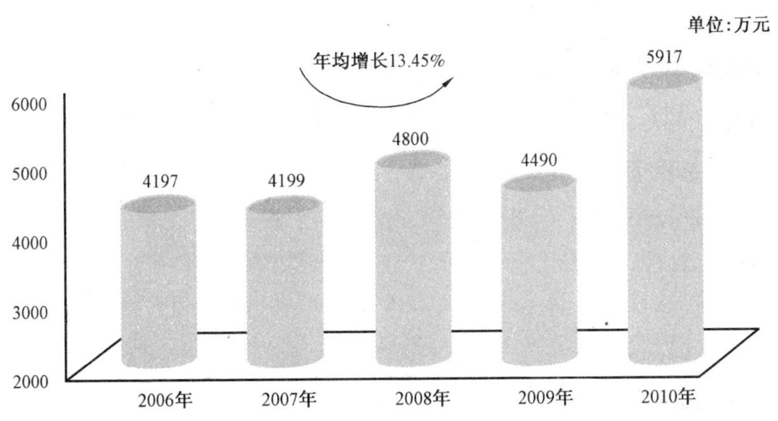

图 10　期间测试工作量变化示意图

33.59%,措施及维护费占 31.1%、人工费占 31.44%、其他占 3.87%。其中,人工费、水电费、措施及维护费所占比例较大。这一现状也基本代表了油田各采油生产单位的成本结构现状。从变化趋势上看,2006 年到 2010 年,油气操作成本的年均增长率为 8.67%,桶油操作成本年均增长 13.78%。仅水电费就增加了 2.52 亿元,水电成本对总成本的拉动较大,成为制约油田发展的主要因素。从产量结构上看,2010 年自耗气 $11.66\times10^7m^3$,占天然气外输商品量 $38.03\times10^7m^3$ 的 30.66%,占总产气量 $49.69\times10^7m^3$ 的 23.46%,所占比例较大。因此,节支就是增收,降耗就是创效,降低自耗气、减少用能就能提高油田的经济效益。

从具体的用能环节看,水发生的能耗主要浪费在无效注采循环中,每注 1 立方米水需要耗电 6.24kW·h,每处理 1t 液需要耗电 9.4kW·h;电主要消耗在注水、机采和集输三大系统。2010 年,注水用电 7.02×10^8kW·h,占总量的 38.76%,机采用电 8.15×10^8kW·h,占总量的 45%,集输用电 0.94×10^8kW·h,占用电总量的 5.2%;天然气主要消耗在集输加热上,集输温度每升高 1°,集输系统每天大约要多耗天然气 $1.6\times10^4\text{m}^3$。2010 年,自耗天然气 $1.17\times10^8\text{m}^3$。因此减少无效注水、控制集输液量,提高注水、机采和集输三大系统用能效率,降低集输温度是节能降耗的关键所在。

三、分析成果应用的主要做法与启示

通过"经营活动分析"决策支持手段,利用"财务经营政策"调节杠杆,发挥"成本效益工程"推动,使"保稳产、提效益"的目标落到实处。

(一)发挥财务政策杠杆功能,强化激励促增效

加强源头控制。下达预算时,可控操作费用以上年实际发生基准下浮 10% 以上,下达挖潜指标。

加强过程调节。预算执行过程中,根据生产需要、形势变化等,适时对预算指标进行调整,保证预算控制的公平合理,满足现实需求。

加强绩效评价。本着既合理又体现日常努力程度与当期经营绩效的原则,以低投入、高产出为成本导向,完善财务经营政策,新制定了九个专项费用考核项目,都在厂重大指标目标责任制合同中设立评价否决性指标,并按照工作职责分解责任比例,与考核兑现挂钩。单项奖励资金从厂单项奖中支付,直接下发给各主管部门和单位;扣罚资金从厂年终兑现奖中支付,扣罚顺序为领导班子、责任人、员工,至扣完为止。

(二)扎实推进成本效益工程,强化挖潜促增效

为充分挖掘效益潜力,尽可能控制成本上升幅度,采取多种措施进行推动。

1. 以对标分析查找管理"短板"

通过厂与厂、作业区与作业区、队与队之间的对标,明确成本挖潜目标和途径。厂之间选取用电单耗指标进行对标,作业区之间选取吨油操作成本指标进行对标,采油队之间选取水、聚驱单井耗材指标进行对标,使各个层面向先进水平看齐,向"短板"部位用力,使降本增效的针对性和效率性大大提高。

2. 靠整体联动挖掘潜力"大户"

用电成本占操作成本的 30.99%,电是成本第一大户,也是挖潜的最大领域。为此,采取技术、经济、管理的综合措施谋求整体节电的效益最大化。技术上,从三大工程一体化入手,控制注入量和产液量,提高系统效率;经济上,加大节电奖励力度,鼓励各个岗位节能降耗;管理上,采取严厉手段打击偷盗电行为,加大转供电的收缴力度。

3. 用政策支持推动全员"节约"

建立修旧利废、革新技改方面的鼓励政策,专门成立修旧班。利用经营分析手段,指导修旧利废、单项奖励等方面的财务政策,保证了资金投入产出效益。

(三)深入开展经营活动分析,强化决策促增效

把经营分析作为调整、完善经营政策,确定重点投入领域的最基本环节,从数据中看趋势,

从效果中找潜力，增强经营决策的科学性。

1. 三元复合驱油效益分析

为搞清三元驱的效益价值，确定今后投入政策，对南六三元驱油效果进行分析。以原油价格60美元、折算率8.28为标准，统计整个注入阶段全过程产量、运行成本及前期投资等数据，计算得出全过程内部收益率、投资回收期、桶油操作成本、桶油全成本（含注入药剂）、提高采收率等五项指标，与地质条件相近的南五区聚合物驱、南六区水驱进行对比分析（表3）。

表3　南六区三元驱油与水、聚合物驱油经济指标对比表

项　目	内部收益率（%）	投资回收期（年）	提高采收率（%）	桶油操作成本（美元/桶）	桶油全成本（美元/桶）
南六三元驱油	32.38	4.5	12.69	9.08	26.81
南五聚合物驱油	48.76	3.19	8	4.84	13.98
南六水驱油	—	—	—	5.97	11.88
比聚合物驱油	-16.38	1.31	4.69	4.24	12.83
比水驱油	—	—	—	3.11	14.93

经分析论证表明，虽然三元驱油年均桶油全成本达到水驱油的2.26倍、聚合物驱油的1.92倍；年均桶油操作成本9.08美元/桶达到水驱油的1.52倍、聚合物驱油的1.88倍。可比聚合物驱多提高采收率4个百分点以上，从支持稳产的角度更有积极的意义。

第二采油厂三元复合驱油技术从2005年开展，经历现场试验和工业化推广应用两个阶段的刻苦攻关，历时六年，总体表现为降水增油效果显著，配套技术逐步成熟。有些技术取得了新的突破，但还没有彻底解决。在举升工艺方面，虽然智能提捞抽油机初步解决了结垢问题，但没有全过程应用；在采出液处理方面，只是小规模试验，没有进行中试和工业化推广，这两方面还需进一步加强研究，如果技术与管理问题真正解决了，就可以在油田有条件的应用三元复合驱油技术。

2. 水驱油精细挖潜效益分析

为确定水驱油精细挖潜投入政策，对综合含水率高达93.16%、采出程度53.74%的南八区精细挖潜效果进行分析。建立重点成本跟踪制度，每月对各项措施后的增油和增注情况进行分析评价，对比分析治理前后成本变化趋势、取得的经济成果，并对后续成本趋势、结构及控制管理工作所带来变动进行了效益分析（表4）。

表4　南八区水驱精细挖潜示范区投入产出对比情况表

区　块	油井（口）	水井（口）	产液量（$\times10^4$t）	注入量（$\times10^4$t）	年均含水率（%）	自然递减率（%）	产量（$\times10^4$t）	桶油操作成本（美元/桶）	收入（万元）	利润（万元）
南八水驱示范区（治理后）	263	161	343.38	382.54	92.38	3.36	25.36	5.19	93,633	81,307
南八水驱示范区（治理前）	266	137	355.07	335.55	92.71	7.93	25.18	3.84	66,299	56,332

续表

区　块	油井（口）	水井（口）	产液量（$\times 10^4$t）	注入量（$\times 10^4$t）	年均含水率（%）	自然递减率（%）	产量（$\times 10^4$t）	桶油操作成本（美元/桶）	收入（万元）	利润（万元）
南七区水驱	275	144	273.33	278.29	93.38	12.29	16.75	6.43	61,856	51,031
南八水驱示范区治理前后对比	-3	24	-11.69	46.99	-0.33	-4.57	0.18	1.35	27,334	24,975
南八水区示范区与南七区水驱对比	-12	17	70.05	104.25	-1	-8.93	8.61	-1.24	31,777	30,276

通过对示范区治理前后进行对比分析看到，虽然桶油操作成本比治理前增加1.35美元/桶，但少递减油量1.67×10^4t，增加原油收入6182万元，投入产出比达1:8.5，好于期间油井压裂投入产出比1:8。桶油操作成本5.19美元/桶，比全厂水驱平均值低1.91美元/桶。因此，加大了对精细挖潜措施的支持力度。

3. *长关井治理效益分析*

为确定长关井治理相关政策，对治理效果进行了分析。

治理原则：采取“123”方针，即一个配套（综合考虑开采状况，进行油、水井配套治理），两个优先（优先治理剩余油相对富集井区的长关井，优先治理对井区开发状况影响较大的长关井），三个结合（与措施改造相结合，与区块综合治理相结合，与套损治理相结合）。

治理效果：治理长关井94口。其中，治理油井开井74口、转注3口、恢复17口，与治理前对比74口油井年累积增油2.2083×10^4t，取得了很好的效益（表5）。同时提高了开井率和设备利用率，改善了注采系统结构。因此，我们对此项工作确定了鼓励加大规模的财务经营政策。

表5　长关井分措施类型治理效果表

项目	井数（口）	累积增油量（$\times10^4$t）	费用投入（万元）				收入情况（万元）	经济效益（万元）
			施工费	主材费	其他	合计		
压裂	11	0.522694	399.53	100.90	91.37	591.80	1,283.31	883.78
补孔	11	0.8592399	271.32	98.88	52.03	422.23	2,109.59	1,838.27
大修	10	0.1765599	394.62	75.46	59.79	529.87	433.49	38.87
检泵	42	0.6498062	141.66	360.76	218.60	721.02	1,595.39	1,453.73
油井合计	74	2.2083	1,207.13	636.00	421.79	2,264.92	5,421.77	4,214.64

四、结语

通过对第二采油厂财务经营情况的实证分析与研究，进一步认识到，财务经营分析是对企业已完成的财务经营活动的总结，同时又是财务预测的基础。通过对过去财务资料的分析，将大量的报表数据转换成对企业特定决策有用的信息，减少决策的不确定性，从而减少决策风险。因此，财务经营分析在财务经营管理的循环中起着承上启下的作用。

同时，财务经营分析是评价企业经营业绩及财务状况的重要依据。通过对企业财务状况分析、比较将可能影响经营成果和财务状况的微观因素和宏观因素、主观因素和客观因素加以区分，为生产与经营管理人员了解经营情况及方向、挖掘潜力、找出薄弱环节提供依据，为提高经济效益、加强管理、提供可靠信息，通过对其成本利润的情况的了解，及时发现企业存在的问题，进而采取对应措施，改善其经营管理模式，增加企业价值。

本文对财务经营与成本分析的方式方法、寻找问题的思路与节能降耗的潜力点，以及财务与成本的管控措施等，对油气生产单位具有很好的指导与借鉴意义。

通过上述研究我们可以得出一个结论，即与国外（石油）企业相比，我国油气开采单位（采油厂）虽然已经认识到了成本管理的重要性，也采取了许多行之有效的举措，但从国内油气开采企业的普遍情况来看，全员的成本效益意识还有待于进一步提高，其成本管理在创新性、针对性和精细化方面还有许多工作要做，还有很大的潜力可挖。因此，挖潜增效是推进低成本战略的必然选择，是企业增强核心竞争力的有效途径。

通过系统思考与分析总结大庆油田第二采油厂的降本增效实例，也使我们进一步认识到：成本控制是一项系统工程，仅仅靠一个单位、一个部门、一段时期的工作是无法完成的，它是一个全员、全过程、全方位的大事。只有站在全局高度，树立"一盘棋"意识，从源头上抓起，从过程中控制，与员工的日常工作和生产经营活动紧密结合起来，才能形成全员全过程"控投资，降成本，增效益，促发展"的工作局面，才能真正取得显著的成效，最大限度地提高企业的经济效益和竞争能力。

参考文献

[1] 闫树军．会计与管理工作手册．哈尔滨：黑龙江人民出版社，2007.

[2] 闫树军．水驱精细开发示范厂的科学理财观．大庆油田报，2009-12-15.

[3] 薛梅芳等．从战略角度看石油企业的成本核算和控制．科技创业，2005.

[4] 李拓晨，宋晓洪．油田经济开发成本管理理论．哈尔滨出版社，2007.

[5] 邴绍献，李志学，王兴科，芦伟，赵小军．国内外油田生产成本结构对比分析．中国石油大学学报（社会科学版），2008.

[6] 郑德鹏．2008 年石油公司上游成本变化与影响因素分析．国际石油经济，2009.

[7] 王进军．石油企业实施低成本战略的难点与对策．集团经济研究，2006.

[8] 冯红霞，曾唯一，幕庆涛．国内外油气成本对比分析和油田成本控制方法探讨．石油化工技术经济，2002.

[9] 王永成．财务分析在财务管理中的作用．中华会计网校，2010，（1）.

作者简介：

闫树军，男，1961 年 7 月生，工商管理专业硕士学位，研究生学历，现任第二采油厂总会计师，高级审计师。

扶余油层油分布规律及其与沉积微相关系

庞 磊

摘 要:利用统计学分析油分布规律及沉积微相对其控制作用。剖面上,根据测井解释资料按沉积时间单元进行油层个数和油层厚度统计,得出油主要分布在扶Ⅰ6_2、扶Ⅰ7_3、扶Ⅰ7_2、扶Ⅱ1_1沉积时间单元。平面上按照井疏密程度将研究区分区,利用油平面分布图得出一区含油性最好。对含油的微相类型进行统计,得出在三角洲前缘亚相,油主要分布在席状砂和水下分流河道微相中,而在三角洲平原亚相,油主要在分流河道微相中。

关键词:沉积微相 油分布 席状砂 分流河道

一、引言

扶余油层是增储上产的一个重要勘探领域,自20世纪60年代钻井获得工业油流以来,先后开展了综合石油地质研究、精细油藏描述和储层砂体地震预测技术,但由于扶油层断层特征复杂、物源不明和储层砂体预测难,油气勘探一直未有重大突破,因此,进行油分布及其与沉积微相关系分析,对扶余油层油气勘探与开发具有重要意义。

二、扶余油层油分布特征

(一)油纵向分布特征

统计扶余油层140口井各个小层油层个数,油层个数分布最多的层位是扶Ⅰ6、扶Ⅰ7、扶Ⅱ1,其次为扶Ⅰ1(图1)。

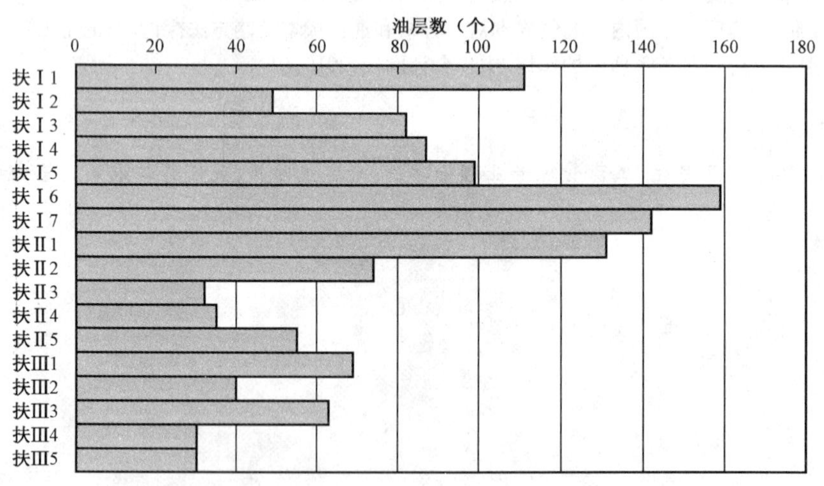

图1 扶余油层各小层油层个数图

统计140口井各个沉积时间单元油层个数,得出其分布图(见图2),由图可以看出扶Ⅰ6_2的油层个数最多为76,其次为扶Ⅰ1_1,油层个数为56,扶Ⅰ1_2、扶Ⅰ7_3、扶Ⅱ1_1油层个数为55,

扶Ⅰ3_1、扶Ⅰ5_2、扶Ⅰ7_2、扶Ⅰ5_1、扶Ⅰ6_1、扶Ⅰ4_2、扶Ⅰ4_1、扶Ⅱ1_2 层的油层个数都在 40 以上。

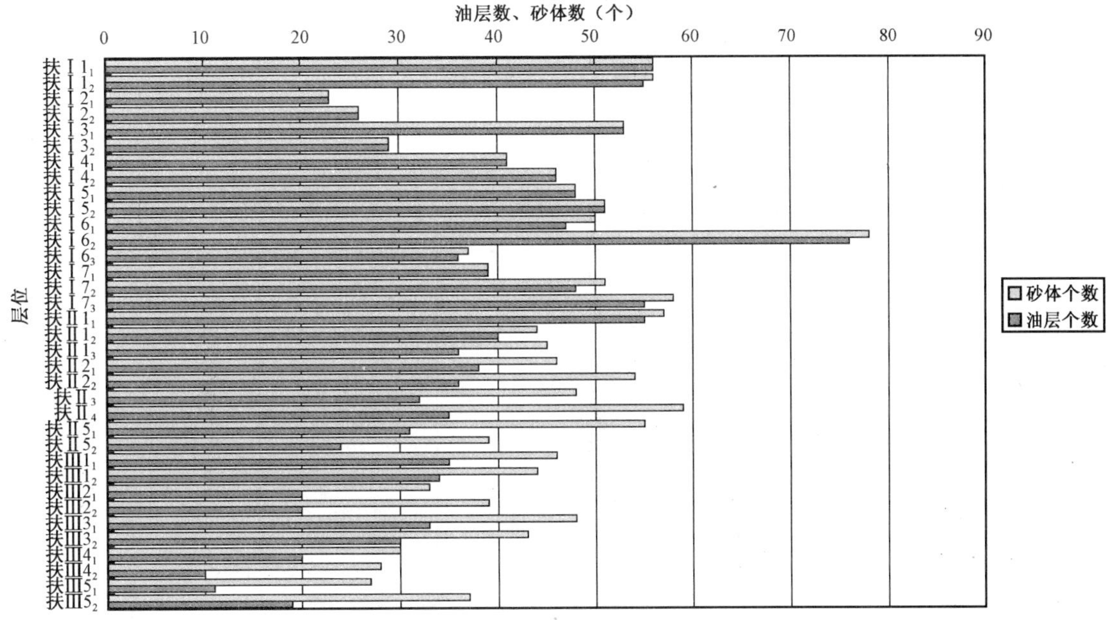

图 2　扶余油层各沉积时间单元油层个数

由以上对油层个数的统计可知，扶Ⅰ6、扶Ⅰ7、扶Ⅱ1、扶Ⅰ1 层发育的油层最多，其中沉积时间单元扶Ⅰ6_2、扶Ⅰ1_1、扶Ⅰ1_2、扶Ⅰ7_3、扶Ⅱ1_1 油层个数最多。

将各小层的油层厚度进行累计（图 3），扶Ⅰ6、扶Ⅰ7、扶Ⅱ1 的油层累计厚度最厚，分别为 338.85m、367.18m、312.79m，分别占总油层厚度的 12%、12%、11%。

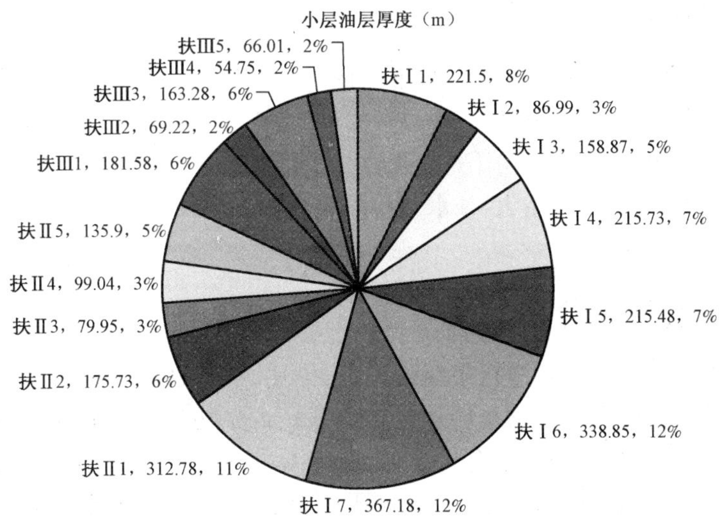

图 3　扶余油层各小层油层累计厚度饼状图

将各沉积时间单元的油层厚度累加起来（图 4）可知，扶Ⅰ6_2 的油层累计厚度最厚，为 203.96m，其次为扶Ⅰ7_3、扶Ⅰ7_2、扶Ⅱ1_1、扶Ⅰ4_2、扶Ⅰ5_1、扶Ⅰ1_2、扶Ⅲ1_1、扶Ⅰ1_1、扶Ⅱ1_2、扶Ⅰ7_1，其油层累计厚度都在 100m 以上。

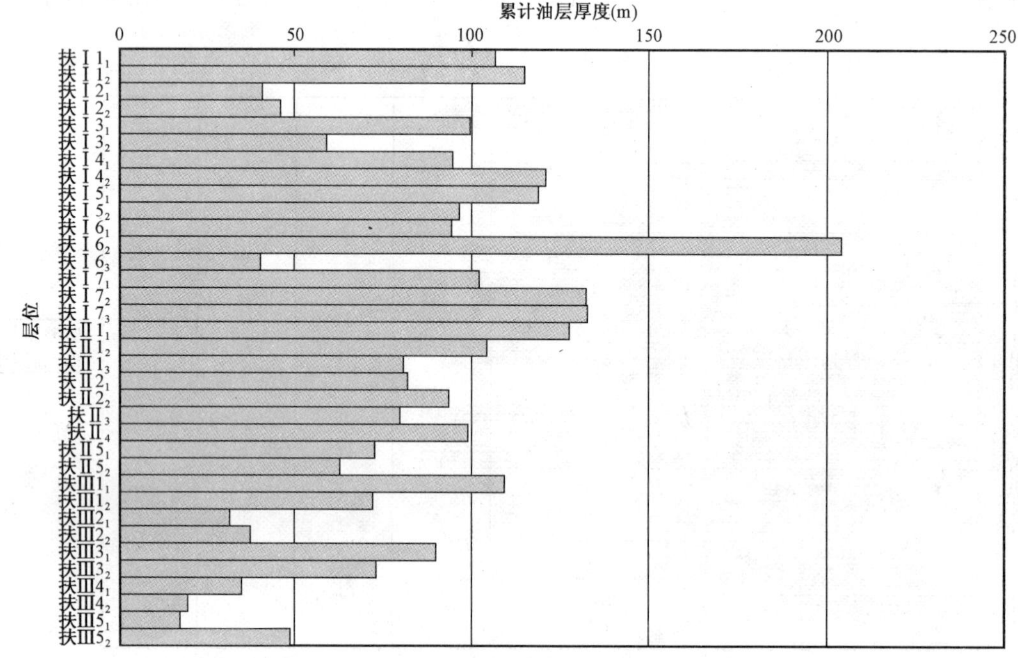

图4　扶余油层各沉积时间单元油层累计厚度图

根据各个小层及沉积时间单元的油层个数以及油层厚度统计结果可以得:扶余油层的油在垂向上主要分布在扶Ⅰ6、扶Ⅰ7、扶Ⅱ1,细化到沉积时间单元主要分布在扶Ⅰ6_2、扶Ⅰ7_3、扶Ⅰ7_2、扶Ⅱ1_1;在扶Ⅰ1小层的油层个数也很多,但都是厚度较薄席状砂,开发难;扶余油层的砂层个数在各层较均衡(图2),但是油层个数到扶Ⅱ、扶Ⅲ逐渐减少,即出现有砂无油的现象。

(二)油平面分布特征

按照井的疏密程度将研究区分区。其中一区平均井密度1.1口/km^2,最大井密度24.4口/km^2。二区有评价井8口,探井7口,平均井密度0.24口/km^2。三区包括4口探井,1口评价井,平均井密度0.007口/km^2。由于井密度在三个区有所不同,所以根据井资料做出的油水分布图的精度有所不同,井密度越大,油水分布图越精确。由图5可以看出,位于研究区西南部的一区油分布面积最大。

三、沉积微相对油分布的控制作用

对研究区内1口取心井岩心进行了精细观察、描述、整理、分析,并采用岩性(包括颜色、结构、岩性、旋回性、成分、自生矿物及特殊含有物等)、古生物配合单砂体形态及测井曲线四大类指标进行单井相、亚相、微相研究,共识别出1个单井相2个亚相13个微相。三角洲相发育三角洲平原和三角洲前缘亚相,其中三角洲平原亚相包括分流河道、溢岸砂、天然堤、决口扇、决口河道、废弃河道、分流间;三角洲前缘亚相发育水下分流河道、水下分流末端、席状砂、河口坝、漫流砂、水下分流间。扶Ⅰ~扶Ⅱ为典型的河控浅水三角洲,其中扶Ⅰ1_1~扶Ⅰ3_2属于三角洲前缘亚相,扶Ⅰ3_2~扶Ⅱ2_5属于三角洲平原亚相,从扶Ⅱ2_5~扶Ⅰ1_1是一个水退再水进的过程。三角洲前缘较发育席状砂微相和小型水下分流河道,三角洲平原亚相主要发育小型分流河道和中型分流河道。

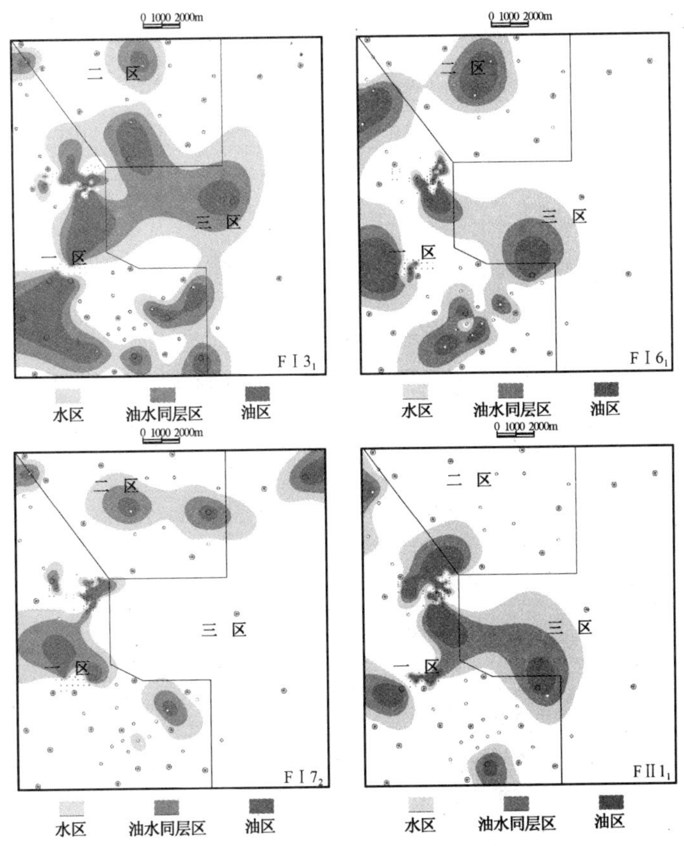

图 5　部分沉积时间单元平面油水分布图

(一)沉积微相对油纵向分布的控制作用

统计三角洲平原亚相各种沉积微相类型(分流河道、溢岸砂、天然堤、决口扇、决口河道、废弃河道)中油层个数,得出研究区内大多数油层位于三角洲平原亚相河道类沉积微相上(分流河道、决口河道、废弃河道),如图 6、图 7、图 8 所示。

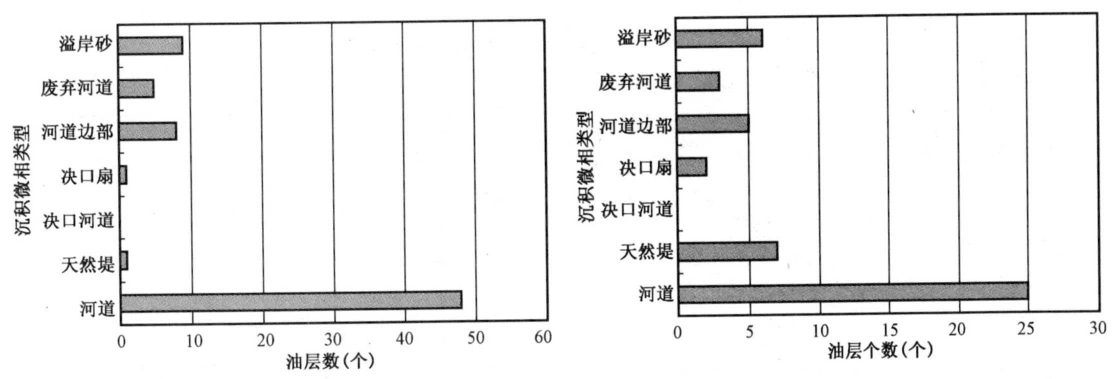

图 6　扶 Ⅰ 6_2 沉积微相与油层个数关系图

图 7　扶 Ⅰ 7_3 沉积微相与油层个数关系图

对三角洲前缘亚相中油层比较发育的扶 Ⅰ 1_1 小层的沉积微相类型和油层数关系进行统计(图 9),在席状砂微相中发育的油层数最多,其次为水下分流河道微相。

对扶油层扶 Ⅰ 和扶 Ⅱ 各沉积时间单元的河道类微相进行统计,并对不同的河道类型赋予不同权重(表1)。并计算扶Ⅰ~扶Ⅱ每个沉积时间单元的沉积微相得分,分别分析三角洲平原亚相和三角洲前缘亚相中主要沉积微相发育程度与油分布的关系。

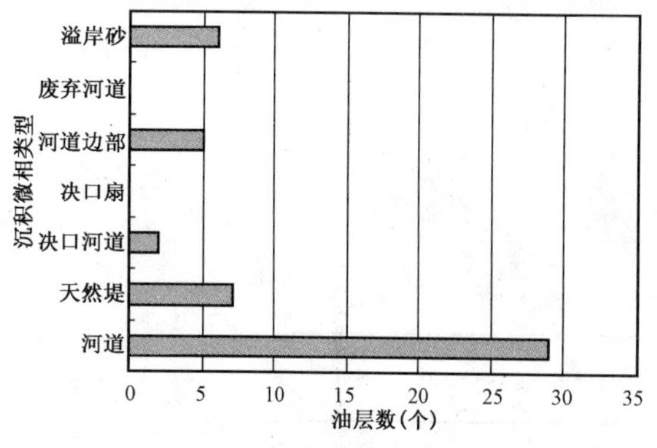

图8 扶Ⅱ1_1 沉积微相与油层个数关系图

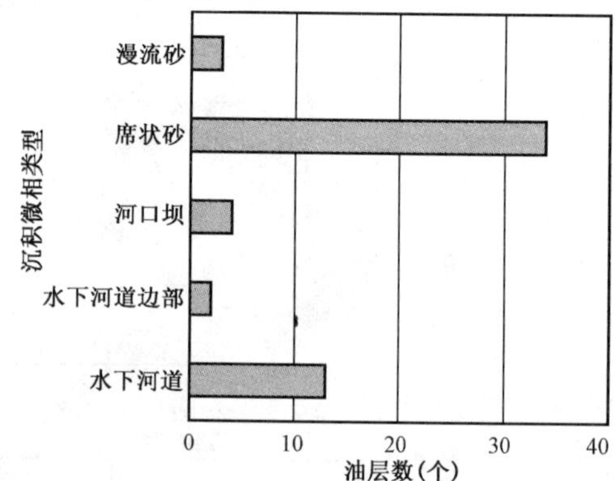

图9 扶Ⅰ1_1 小层沉积微相与油层个数关系图

表1 沉积微相得分计算表

	主要沉积微相类型	权重	沉积微相得分
三角洲平原	分流河道	1	$W_r/100\times1$
	决口河道	0.3	$W_j/100\times0.3$
	废弃河道	0.3	$W_a/100\times0.3$
三角洲平原沉积微相得分:$G_p=W_r/100\times1+W_j/100\times0.3+W_a/100\times0.3$			
三角洲前缘	席状砂	0.3	$S/L/100\times0.3$
	水下分流河道	1	$W_{wr}/100\times1$
	水下分流河道末端	0.5	$W_m/100\times0.5$
三角洲前缘沉积微相得分:$G_q=S/L/100\times0.3+W_{wr}/100\times1+W_m/100\times0.5$			

注:W—分流河道河道宽度,m;S—席状砂发育面积,m^2;L—工区长度,m;G—沉积微相得分。

三角洲平原各小层沉积微相的得分和油层在各小层的分布之间呈现一种明显的线性关系(图10)。这说明扶Ⅰ和扶Ⅱ三角洲平原亚相中,分流河道类沉积微相发育的程度与各小层油层是否发育是正比关系,即河道越发育,油层越发育。三角洲前缘亚相中,河道类沉积微相和席状砂发育程度与各沉积时间单元油层个数呈正比关系(图11),即席状砂和水下分流河道越发育,油层数越多。

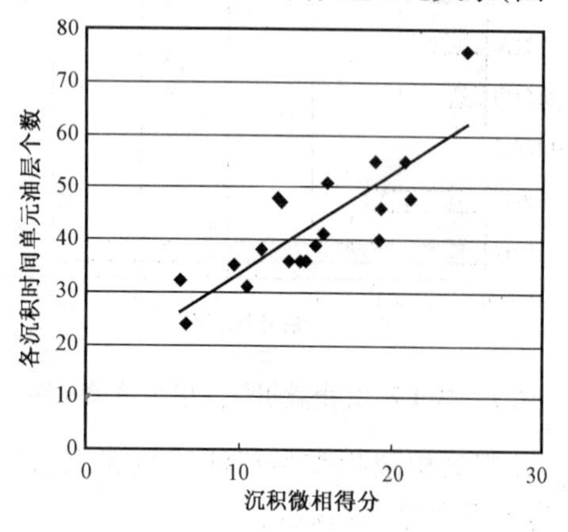

图10 三角洲平原亚相沉积微相与油层个数关系图

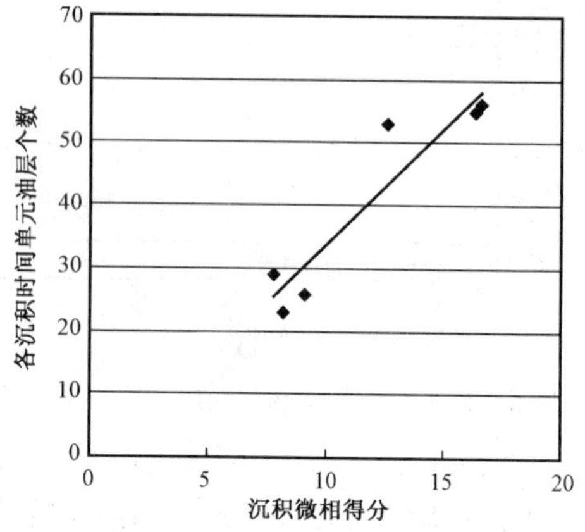

图11 三角洲前缘亚相沉积微相与油层个数关系图

综上所述，无论三角洲前缘还是三角洲平原，沉积微相对油层纵向分布都有控制作用，即在三角洲前缘，若席状砂和河道微相发育，则油层在该层较发育；在三角洲平原亚相，若河道类微相发育，则油层在该层发育。

（二）沉积微相对油平面分布的控制作用

将25个沉积时间单元各层油层的沉积微相进行统计，可知三角洲平原亚相分流河道微相的油层数达324层，平均每层17条河道；发育在溢岸砂上的油层数达215层，平均每层发育11处。其次是三角洲前缘的席状砂微相，油层数达138层，平均每层23处席状砂，水下分流河道微相中油层分布为59层，平均每层发育10处。三角洲前缘所包含的沉积微相：水下分流河道、河口坝、席状砂、漫流砂，其砂层个数与油层个数基本一致（图12），这说明扶Ⅰ1_1～扶Ⅰ3_2发育的三角洲前缘各微相油源充足。

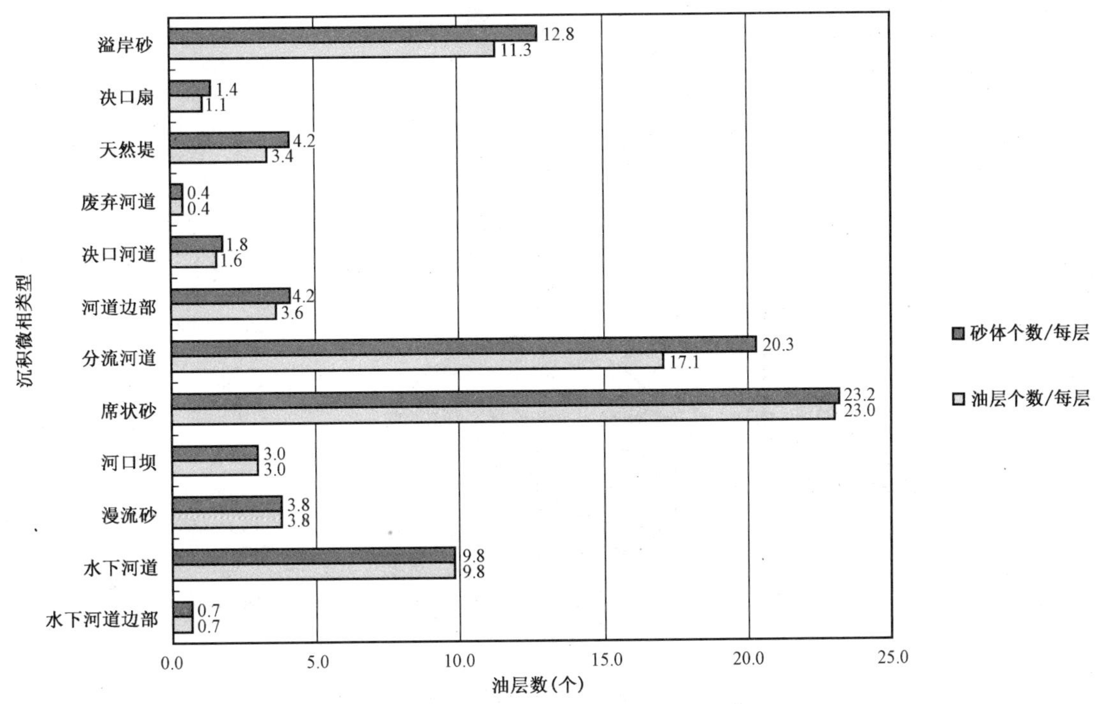

图12　沉积微相与油层个数关系图

对有效砂体进行统计得出结果（图13），油层所在层属于河道类微相（包括分流河道、分流河道边部、水下分流河道、决口河道、废弃河道）的占所有微相的83%，其他微相中溢岸砂和席状砂所占比例最大，分别为7%和4%。对扶Ⅰ、扶Ⅱ的有效油层厚度进行统计，统计结果表明有效油层大部分分布在河道类微相中，占所有微相的87%（图14）。

综上所述，沉积微相类型对油层的平面分布也具有控制作用，油层主要分布在河道类微相（包括分流河道、分流河道边部、水下分流河道、决口河道、废弃河道）、溢岸砂、席状砂微相中。

四、结论

（1）扶余油层油主要分布在扶Ⅰ6_2、扶Ⅰ7_3、扶Ⅰ7_2、扶Ⅱ1_1沉积时间单元中。平面上研究区一区油发育面积最大。

(2)沉积微相对油纵向分布有控制作用,即在三角洲前缘,若席状砂和河道微相发育,则油层在该沉积时间单元较发育;在三角洲平原亚相,若河道类微相发育,则油层在该沉积时间单元发育。

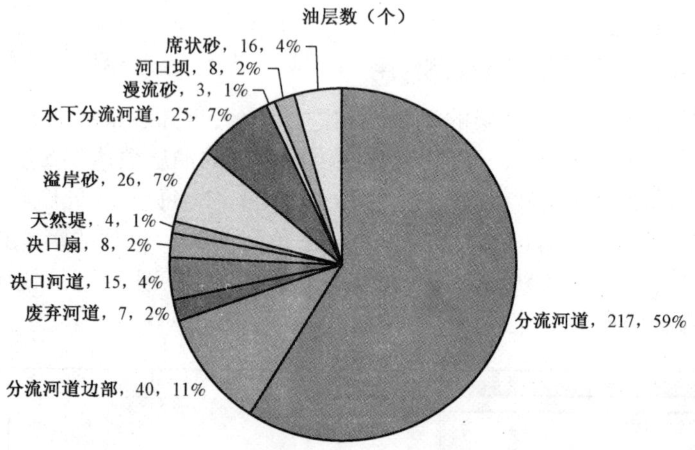

图13　根据有效砂体得出的油层所在沉积微相数与百分比

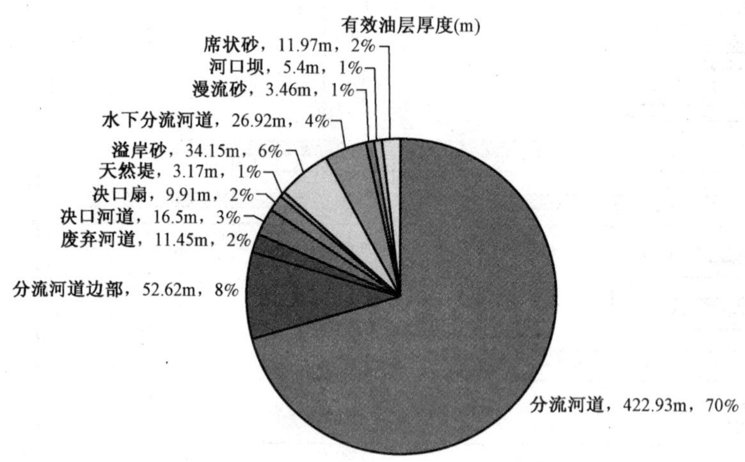

图14　根据有效油层厚度得出有效油层所在沉积微相厚度与百分比

(3)沉积微相对油平面分布也具有控制作用,在同一沉积时间单元中,油层主要分布在河道类微相(包括分流河道、分流河道边部、水下分流河道、决口河道、废弃河道)、溢岸砂和席状砂微相中。

参考文献

[1] 李丕龙等．陆相断陷盆地油气地质与勘探卷二陆相断陷盆地沉积体系与油气分布．北京:石油工业出版社,2003:1－10.

[2] 赵澄林,朱筱敏．沉积岩石学．北京:石油工业出版社,2001:264－281.

作者简介:

庞磊,女,助理工程师,大庆油田有限责任公司第二采油厂地质大队地质室,主要从事沉积微项研究工作。

细分注水界限技术分析

孔宪政　刘晓　刘新

摘　要：目前区块已进入特高含水期，在油层砂岩动用比例已达到70%以上的基础上，要进一步提高油层动用状况，需重新量化细分注水界限标准。本文主要利用测试资料成果，统计分析区块注水层段内小层数、砂岩厚度、渗透率级差与油层砂岩厚度动用比例的关系，优化分级参数，量化分级数量，执行新的细分注水标准，可以更有效地提高区块油层动用比例，减缓产量递减，控制含水上升速度。

关键词：特高含水期　细分注水　分级参数　动用状况

一、引言

近几年来，随着水驱二三次加密井网投产，一、二类油层逐步转入三次采油开发，水驱开采对象逐步转向低渗透油层。同时随着含聚污水回注及水质影响，水驱油层动用状况较低。在现有的分层情况及细分标准下，水驱吸水剖面（一次测试）反映油层动用比例为57%左右，吸水剖面（三次测试）反映油层动用比例为72%左右。为使油层动用厚度比例达到80%以上，同时参照目前水驱开采对象，原细分标准存在不适应性。主要体现在以下几个方面：一是原有的标准只适合当时水驱开采对象，不适合目前水驱开采的低渗透油层。二是原有的细分标准较为笼统，未明确出该标准下的油层动用厚度比例。三是需要研究目前满足油层动用厚度比例达到80%以上的细分注水界限。

细分注水技术就是尽量将性质相近的油层放在一个层段内注水，其作用是减轻不同性质油层之间的层间干扰，提高各类油层的动用程度，发挥所有油层潜力。进入特高含水期，油井由单油层、单方向见水，发展到多油层、多方向见水；并且随着见水层含水率的不断升高，层间、平面和层内矛盾不断加剧。为有效控制无效注水、增加有效注水，实现油层砂岩动用比例达到80%以上，这就要求分层注水技术向更细的方向发展，需进一步开展区块细分注水界限技术分析，确定新的注水技术界限标准，指导综合方案调整，实现区块“控递减，控含水”的目标。

二、注水地质参数与油层动用状况的关系

层段分层注水地质参数主要有砂岩厚度、有效厚度、小层数以及渗透率级差等四项参数。通过对近几年来水驱注水井各层段油层动用状况进行统计分析，综合评价不同类型油层、不同渗透率级差、不同厚度、不同小层数层段的油层动用状况，从而研究油层动用状况与上述地质参数的关系，确定油层砂岩厚度动用比例达到80%以上的层段注水参数标准。以往研究表明，分层注水井油层动用状况主要与油层层段内砂岩厚度、小层数以及渗透率级差有关，与层段内有效厚度无关。本文主要利用测试资料，统计分析油层动用比例达到80%以上层段的各项注水参数技术界限，统计区块34口分层注水井111个层段的砂岩厚度、小层数、渗透率级差与油层动用状况关系，通过线性回归分析，研究油层动用状况与层段砂岩厚度、小层数、渗透率级差之间的界限。

(一)注水层段内小层数与油层砂岩厚度吸水比例的关系

通过对111个层段小层数与油层砂岩动用比例关系进行线性回归(图1),表明随着注水层段内小层数的减少,注水层段内砂岩吸水厚度比例逐渐增加,但其相关系数相对较低。

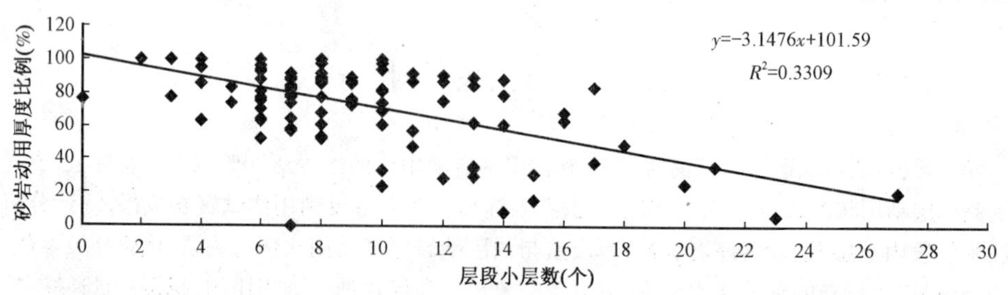

图1　注水井层段小层数与砂岩动用厚度比例关系曲线

(二)注水层段内砂岩厚度与油层砂岩厚度吸水比例的关系

通过对111个层段内砂岩厚度与油层砂岩动用比例关系进行线性回归(图2),表明随着注水层段内砂岩厚度的减少,注水层段砂岩吸水厚度比例逐渐增加,但其相关系数相对较低。

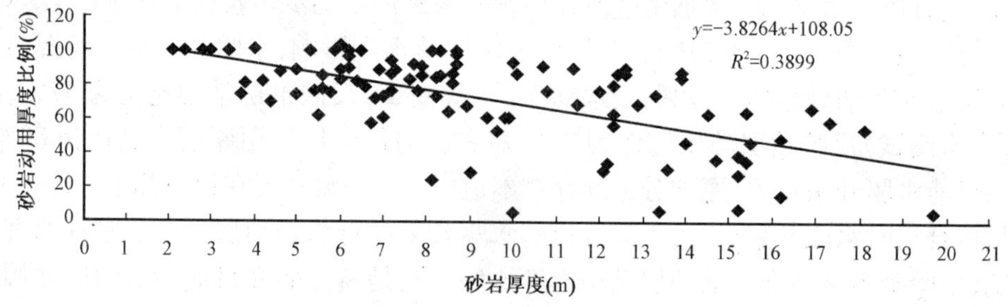

图2　注水井层段砂岩厚度与砂岩动用厚度比例关系曲线

(三)注水层段内渗透率级差与油层砂岩厚度吸水比例的关系

通过对111个层段内渗透率级差与油层砂岩动用比例关系进行线性回归(图3),表明随着渗透率级差的增加,砂岩吸水厚度比例无明显变化。

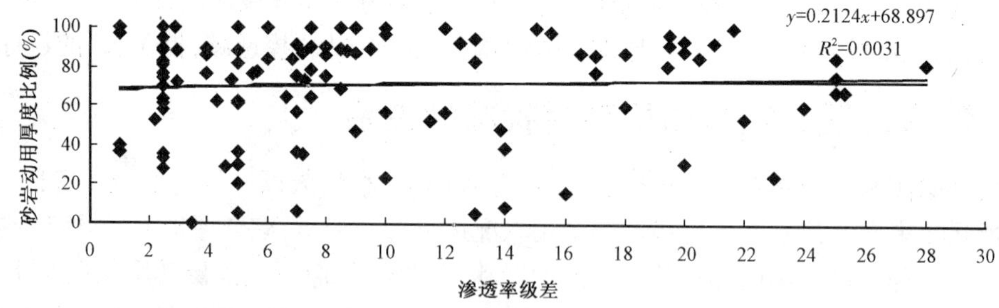

图3　注水井渗透率级差与砂岩动用厚度比例关系曲线

从以上各项单一注水参数与油层动用状况的变化关系来看,层段内小层数、砂岩厚度与油层砂岩厚度吸水比例成反比,但线性回归系数相对较低,同时渗透率级差与油层砂岩厚度吸水比例不明显。不能确定油层砂岩动用比例达到80%的各项注水参数标准,因此油层动用状况的高低考虑单一的某一项注水参数难以确定,应把注水层段内有影响的小层数、砂岩厚度以及渗透率级差综合考虑，才能有效的量化层段注水参数标准。

三、确定细分注水技术界限标准

当砂岩厚度、小层数、渗透率级差某一项注水地质参数一定时，统计其他两项地质参数与油层砂岩动用比例的关系，统计分析表明，当渗透率级差一定时，层段内小层数、砂岩厚度与油层动用比例关系线性回归后，其相关系数较高。因此我们把渗透率级差分成 1 -3、3 -5、5 -7、7 及 7 以上四个等级，分别量化不同渗透率级差下，层段小层数、砂岩厚度与油层动用比例的关系，通过线性回归分析，其相关系数均达到 0. 8 以上。再通过线性方程计算，确定油层动用程度达到 80% 以上的细分注水技术标准。

当层段内渗透率级差为 1 -3 时，层段内小层数、砂岩厚度与油层砂岩厚度动用比例成反比，再通过线性方程计算，油层砂岩厚度动用比例要达到 80%，层段内小层数要控制在 9 个以内(图 4)，层段砂岩厚度要控制在 8. 0m 以内(图 5)。

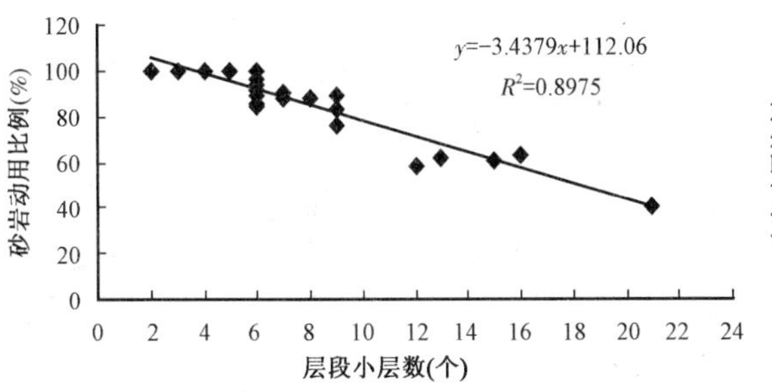

图 4　层段小层数与砂岩动用比例关系
(渗透率级差 1 -3)

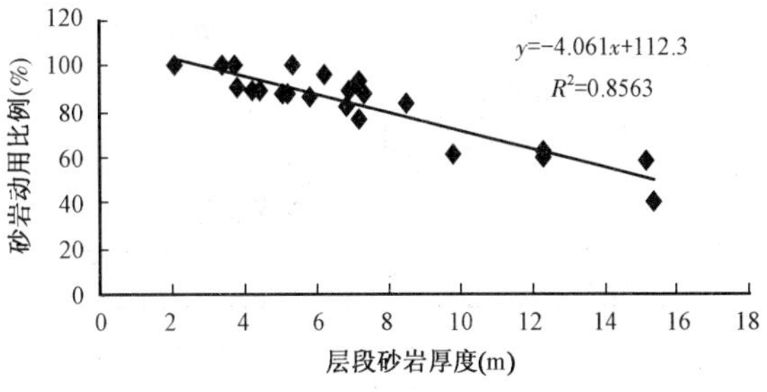

图 5　层段砂岩厚度与砂岩动用比例图
(渗透率级差 1 -3)

当层段内渗透率级差为 3 -5 时，层段内小层数、砂岩厚度与油层砂岩厚度动用比例成反比，再通过线性方程计算，油层砂岩厚度动用比例要达到 80%，层段内小层数要控制在 8 个以内(图 6)，层段砂岩厚度要控制在 7. 7m 以内(图 7)。

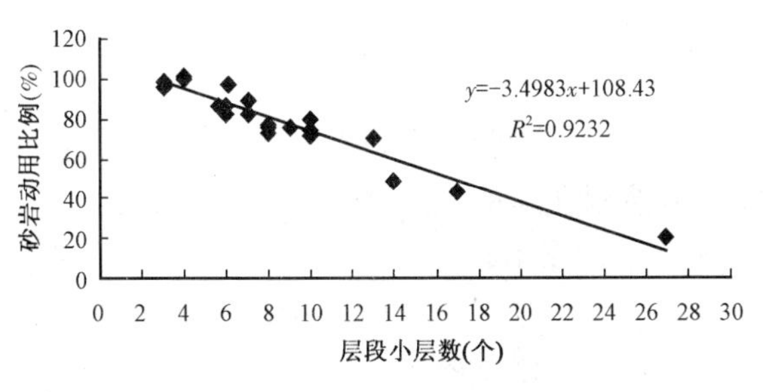

图 6　层段小层数与砂岩动用比例关系
(渗透率级差 3 -5)

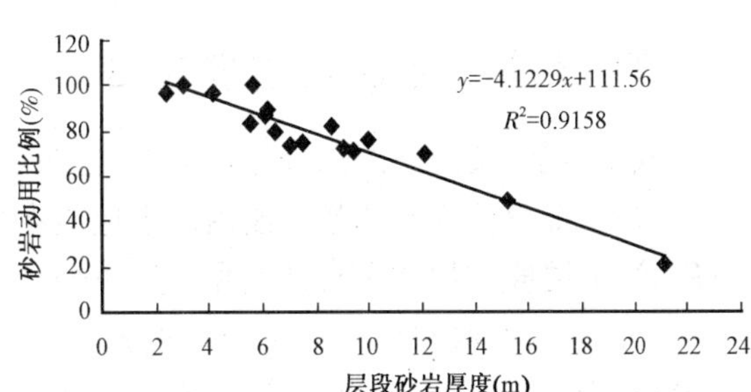

图 7　层段砂岩厚度与砂岩动用比例图
(渗透率级差 3 -5)

当层段内渗透率级差为 5 -7 时，层段内小层数、砂岩厚度与油层砂岩厚度动用比例成反比，再通过线性方程计算，油层砂岩厚度动用比例要达到 80%，层段内小层数要控制在 7 个以内(图 8)，层段砂岩厚度要控制在 7. 4m 以内(图 9)。

当层段内渗透率级差为在 7 及以上时，层段内小层数、砂岩厚度与油层砂岩厚度动用比例成反比，再通过线性方程计算，油层砂岩厚度动用比例要达到80%，层段内小层数要控制在6个以内（图10），层段砂岩厚度要控制在6.0m以内（图11）。

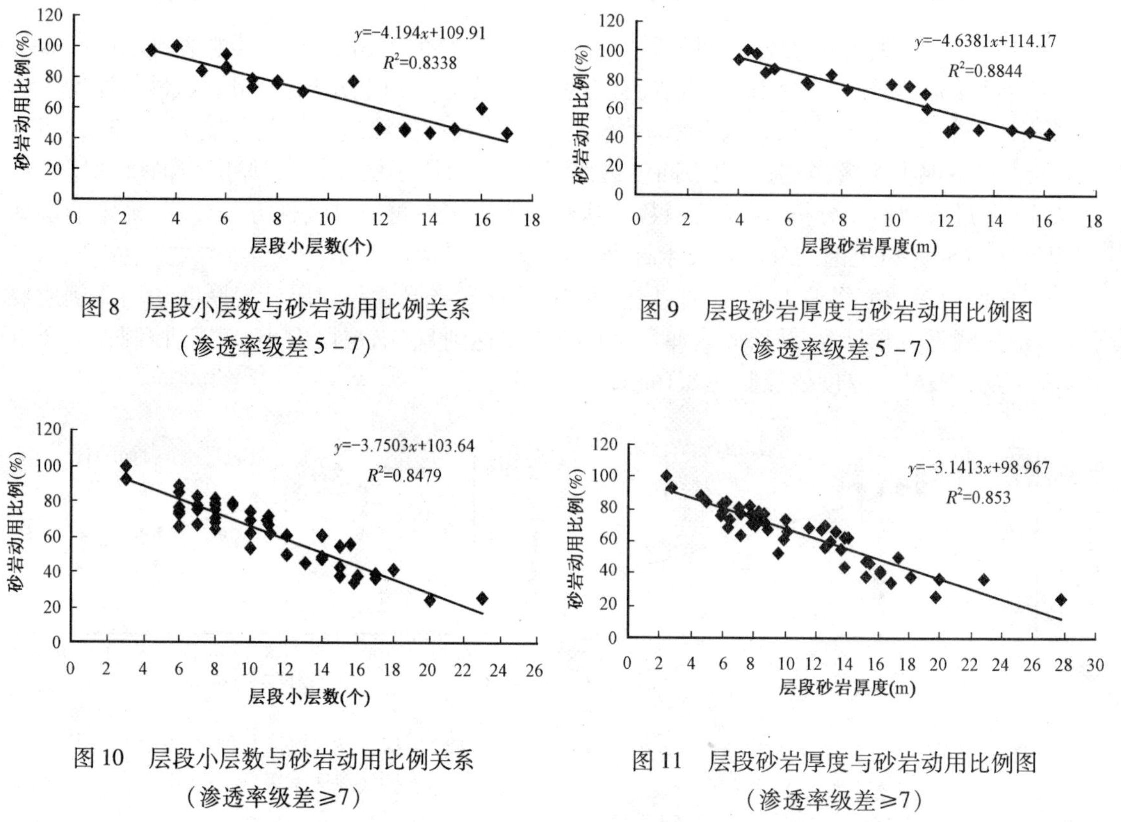

图8　层段小层数与砂岩动用比例关系（渗透率级差5－7）

图9　层段砂岩厚度与砂岩动用比例图（渗透率级差5－7）

图10　层段小层数与砂岩动用比例关系（渗透率级差≥7）

图11　层段砂岩厚度与砂岩动用比例图（渗透率级差≥7）

通过以上对注水地质参数与油层砂岩动用比例关系统计分析结果表明，区块油层动用比例要达到80%以上，可确定为不同渗透率级差下，层段内小层数、砂岩厚度的注水参数界限标准。

四、区块开发效果明显改善

截止目前，按照新的细分注水标准，区块实施注水井细分调整68口井，在夹层、井况允许的条件下，细分注水井调整层段内注水地质参数基本控制在新的细分注水技术界限以内。调整后，注水层段增加91个，日配注增加365m^3，日实注增加324m^3。

统计区块有吸水剖面的19口细分注水井，调整前后对比，层段内小层吸水比例提高了11.06%，砂岩厚度、有效厚度吸水比例分别提高了9.72和11.52个百分点。统计细分井区连通的168口未措施采油井，受效前后对比，日产油增加32.9t，综合含水下降0.28个百分点，当年区块少递减产油0.26×10^4t，自然递减率同期对比减缓4.68个百分点。

五、结论及认识

（1）通过对油层动用状况与地质参数的关系进行统计分析、归纳总结，可确定区块砂岩厚度动用比例达到80%以上的分层注水技术界限标准。

（2）水驱特高含水期，区块通过注水井细分调整，重新优化组合层段内各项注水地质参数,可以有效控制区块含水上升和产量递减,进一步提高各类油层动用状况,目前仍是改善水驱开发效果的有效措施之一。

参考文献

[1] 宋万超. 高含水期油田开发技术和方法. 北京:地质出版社,2003:3.
[2] 王永春. 大庆油田注水开发技术与管理. 北京:石油工业出版社,2010:11.
[3] 冈秦麟. 高含水后期油田改善水驱效果新技术. 北京:石油工业出版社,1999:7.

作者简介:

孔宪政,男,大庆油田有限责任公司第二采油厂,油藏工程师。

二类油层单井组聚合物合理注入浓度确定方法研究

刘绘茹　马晓玲

摘　要：通过统计二类油层不同注入浓度的开发效果和注入效果，确定合理的注入浓度与油层发育、渗透率、聚合物驱油控制程度、空白水驱阶段压力上升空间的关系，为二类油层其他注入井的注入浓度设计提供依据。

关键词：二类油层　聚合物驱油　注入浓度

一、引言

一类油层聚合物驱油技术实现工业化以来，形成了一套针对主力油层特点的聚合物驱油技术，随着主力油层聚合物驱油增注潜力的减少，2000 年以来开始对二类油层进行聚合物驱油开发研究。与主力油层相比，二类油层具有油层层数多、井段长、砂体厚度薄、渗透率低、河道砂宽度窄、砂体连续性差、非均质性强的地质特点。同时注聚后井组间注采能力差异很大，平面矛盾更为突出，井组单一浓度注入无法满足二类油层注聚需要。为保证二类油层注聚后，平面上注入压力均衡，注入剖面有效动用，本文对 124 口注入井不同浓度注聚效果统计分析的基础上，确定了单井组合理注入浓度。为二类油层其他注入井的注入浓度设计提供依据。

二、聚合物注入浓度与聚合物驱油开发效果的关系

聚合物驱油的主要机理是增加注入水的黏度，降低水油流度比，从而扩大波及体积提高采收率。聚合物浓度大小决定其溶液黏度的高低。聚合物注入浓度越高，其黏度越大，流动控制能力越强，扩大波及体积的作用越好，驱油效果也越好。近年来室内外研究表明，在相同聚合物体系且相同聚合物用量条件下，采用的聚合物浓度越高，其含水下降幅度越大（图 1），采收率提高幅度越大。从技术效果看，应尽可能采用较高浓度段塞驱油。

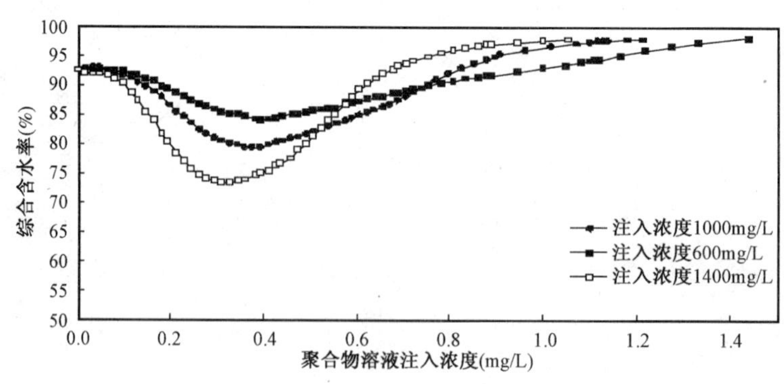

图 1　聚合物溶液注入浓度与聚驱含水的关系曲线

由于二类油层与主力油层相比，具有河道砂发育变薄，规模变窄，渗透率变低，砂体连续性

变差的特点,因此注采井间的渗流阻力大,注采能力差。数值模拟计算结果表明,随着注入浓度的增加,渗透率低的差油层压力增加的速率也增加(图2),可见,对于油层发育较差的井,聚合物溶液的注入浓度不易选得很高。

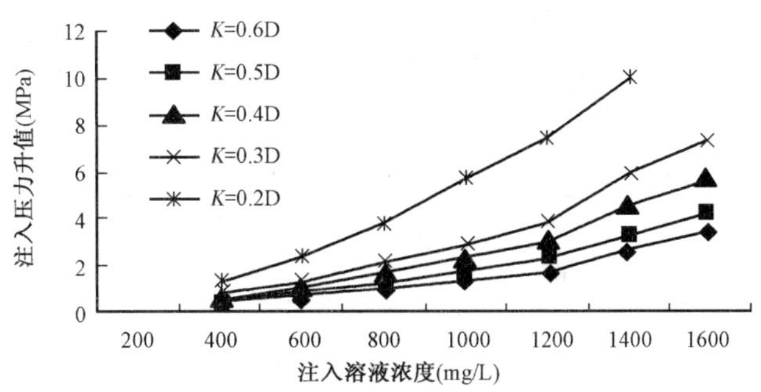

图2　聚合物溶液注入浓度与压力升幅的关系曲线

三、不同浓度注入效果对比分析

通过对124口注入井各项注入资料的统计分析,我们可以看出不同注入浓度的井区表现出不同的注聚效果。

(一)注入井浓度、黏度均能达到方案要求

统计124口注入井浓黏度资料,注聚后平均单井注入浓度为1666mg/L,注入黏度为44.2mPa·s,不同级别设计的浓黏度均达到方案设计要求(表1)。

表1　单井注入浓度统计表

井数(口)	砂岩厚度(m)	有效厚度(m)	方案要求浓度(mg/L)	方案要求黏度(mPa·s)	实测浓度(mg/L)	实测黏度(mPa·s)
27	11.1	5.4	1400	25	1427	32
33	12.7	7.6	1500	30	1535	36
47	13.7	8.7	1700	40	1701	46
17	14.7	10.5	2000	60	2059	66
124	13.0	7.9	1659	39	1633	43

(二)注聚后注入压力升幅不同,平面上注入压力趋于均衡

统计124口注入井注入压力资料,注聚后注入井压力上升,不同浓度的注入井,压力升幅不同。注入浓度越高,压力升幅越大,注聚前注入浓度为2000mg/L的注入井,比注入浓度为1400mg/L的注入压力高1.65MPa,而注聚后仅高0.67MPa,通过单井注入浓度的合理化设计,注聚后平面上压力分布更趋于平衡。

(三)注聚后不同浓度油层动用程度均有所提高

统计84口注入井测井资料,注聚后油层动用程度提高,不同浓度的注入井,提高幅度不同。注入浓度越低,提高幅度越大(表2)。

表 2　单井注入浓度统计表

浓度分级（mg/L）	井数（口）	砂岩（m）	有效（m）	空白水驱		注聚初期		差值	
				砂岩吸水厚度比例（%）	有效吸水厚度比例（%）	砂岩吸水厚度比例（%）	有效吸水厚度比例（%）	砂岩吸水厚度比例（%）	有效吸水厚度比例（%）
1400	16	188.0	101.1	55.7	62.4	74.7	80.8	19.0	18.4
1500	19	248.3	151.4	56.4	61.9	72.2	77.7	15.8	15.8
1700	32	455.7	293.3	54.7	61.1	68.3	72.2	13.6	11.1
2000	17	245.9	174.3	65.5	72.6	66.3	74.0	0.8	1.4
合计	84	1137.9	720.1	57.6	64.3	69.8	75.0	12.2	10.7

四、确定合理注入浓度

二类油层采取不同浓度注聚后，平面上调整效果明显，有利于采出井的均匀受效，达到整体改善二类油层开发效果的目的。我们从油层发育、渗透率、聚合物驱油控制程度及空白阶段压力空间四个方面对比分析可以看出：油层发育越好，注入浓度越高（图 3）；渗透率越高，注入浓度越高（图 4）；聚合物驱油控制程度越高，注入浓度越高（图 5）；空白阶段压力空间越大，注入浓度越高（图 6）。

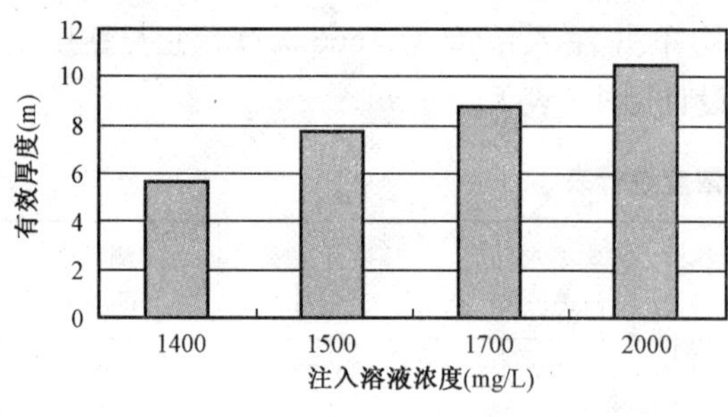

图 3　聚合物溶液注入浓度与有效厚度的关系曲线

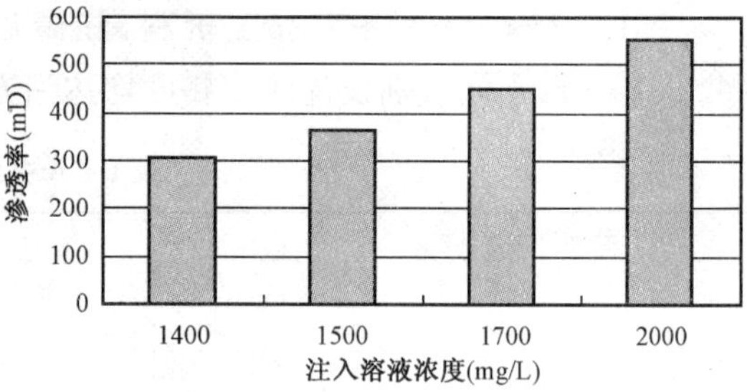

图 4　聚合物溶液注入浓度与渗透率的关系曲线

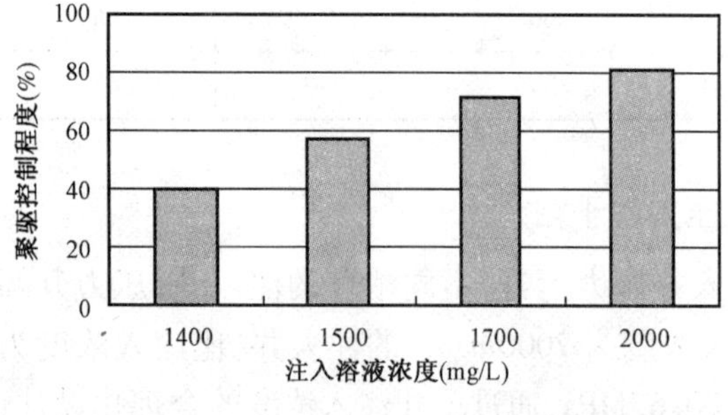

图 5　聚合物溶液注入浓度与压力空间的关系曲线

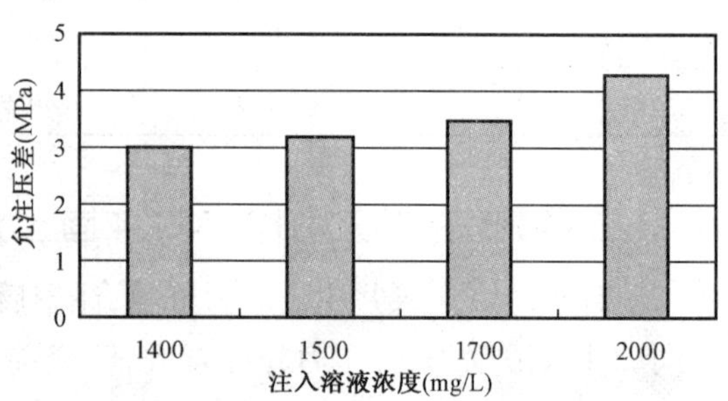

图 6　聚合物溶液注入浓度与聚驱控制程度的关系曲线

根据上述分析，单井组合理注入浓度确定主要分以下几个方面：

（1）全井平均渗透率大于 500mD，且单层发育有效厚度 3m 以上，聚驱控制程度达到 75% 以上，空白水驱阶段注入压力相对较低的注入井设计注入浓度为 2000mg/L。

(2)全井平均渗透率介于400～500mD，油层发育状况相对较好，聚驱控制程度相对较高，空白水驱阶段注入压力相对较低的注入井设计注入浓度为1700mg/L。

(3)全井平均渗透率介于300～400mD，油层发育状况一般，聚驱控制程度相对较低的注入井设计注入浓度为1500mg/L。

(4)全井平均渗透率低于300mD，油层发育相对较差的注入井设计注入浓度1400mg/L。

五、结论及认识

(1)通过对二类油层聚合物注入浓度与油层发育、聚驱控制程度及空白水驱阶段压力空间的关系进行分析，能够合理确定单井组注入浓度。

(2)在综合考虑各井组的油层发育状况、渗透率差异、聚驱控制程度及空白水驱阶段压力空间的基础上，合理确定单井组注入浓度，能够取得较好的聚驱开发效果。

参 考 文 献

[1] 徐正顺，王冬梅，陈福明. 郝悦兴大庆油田聚合物驱潜力评价. 大庆石油地质与开发，2001，20(2)：50－52.

[2] 邵振波，张晓芹. 大庆油田二类油层聚合物驱实践与认识. 大庆石油地质与开发，2009，28(5)：163－168.

作者简介：

刘绘茹，现从事三次采油动态分析工作，油藏工程师。

三次加密缓钻井开发效果分析

李旭欣

摘　要:本文主要针对S油田D区块高含水后期,以精细地质研究为基础,利用各种动、静态资料对区块剩余油进行了分析。该区块经过两次加密后,薄差油层动用状况得到了改善,但是仍有部分油层动用差,为了提高这部分油层的动用状况,同时兼顾经济效益,为避免出现低效、无效井,针对薄差油层的三次加密调整首次采用"均匀布井、选择性钻井"的调整方式,根据钻井经济界限及三次加密井可调厚度确定三次加密首钻井、缓钻井,缓钻井待经济界限允许后再实施钻井,使三次加密调整井得到有效开发,确保三次加密井的开发效果,同时有利于后期井网的综合利用。

关键词:三次加密　缓钻井　开发效果

一、引言

油田进入高含水期后,随着油田综合含水率的不断提高,剩余油分布变得更加零散,这给水驱加密调整带来了很大困难。S油田D区块经过两次加密调整后,区块薄差油层的动用状况得到了改善,但是仍有部分油层动用差,这部分油层主要是由于区块注采井距大,多向水驱控制程度低导致的。通过精细注水调整及实施措施改造很难提高这部分油层的动用状况,只有通过井网加密才能进一步提高薄差油层的动用状况。为此,我们在精细储层认识的基础上,开展了区块剩余油潜力研究,搞清了区块的剩余油分布特点。针对区块剩余油分布不均衡,同时受油价18美元/桶、初始含水率低于70%、内部收益率大于8%的经济及开发指标制约,致使三次加密缓钻井可调厚度小。为避免出现低效、无效井,三次加密调整时采用"均匀布井、选择性钻井"的调整方式,调整时考虑经济效益,优选可调厚度大、经济效益好的井首先实施钻井,未钻井根据区块开发形势及经济条件,择机实施钻井,共设计三次加密井827口,其中首钻井411口,缓钻井416口。

三次加密首钻井投入开发6年后,综合含水率由投产初期的71.1%上升到87.3%,油价也从18美元/桶上升到60美元/桶,因此,对三次加密缓钻井的潜力进行了重新分析,确定三次加密缓钻井平均单井可调砂岩厚度20.2m,有效厚度3.9m。对缓钻井的经济界限进行了重新界定,确定三次加密缓钻井可调厚度下限为5.19m,因此三次加密缓钻井投入了开发,本文对三次加密缓钻井投入开发后的资料进行了分析统计,对三次加密缓钻井实施后的效果进行了评价。这样既保证了三次加密井的调整效果,又有利于后期井网的综合利用。

2009年三次加密缓钻井投产,投产初期平均单井日产液23.1t,日产油3.2t,含水率86.3%。日产油高出方案设计1.0t,含水低于方案设计0.7个百分点,三次加密缓钻井取得了较好的效果。

二、三次加密缓钻井投产效果分析

目前经济参数下,根据容积法计算,按控制储量动用上限80%,初始含水率87%时,增加可采储量比例为6.4%。在井距250m,内部收益率12%,原油价格40美元/桶时,调整厚度下限为 9.32m；原油价格 50 美元/桶时，调整厚度下限为 6.66m；原油价格 60 美元/桶时，调整厚度下限为 5.19m（表 1）。

表 1　不同油价下可采储量及可调厚度下限

油价（美元/桶）	可采储量下限（t）	折算有效厚度下限（m）
40	3500	9.32
50	2500	6.66
60	1900	5.19

已实施钻井的 110 口三次加密缓钻井，平均单井可调厚度为 8.7m，可调厚度不小于 9.32m 的有 75 口井，平均单井可调厚度 9.5m；可调厚度 6.66～9.32m 的有 33 口井，平均单井可调厚度 7.0m；可调厚度 5.19～6.66m 的有 2 口井，平均单井可调厚度 5.3m；无可调厚度小于 5.19m 的井（表 2）。

表 2　完钻三次加密缓钻井可调厚度分布表

类别	井数（口）	厚度（m）
可调厚度≥9.32m	75	9.5
可调厚度 6.66～9.32m	33	7.0
可调厚度 5.19～6.66m	2	5.3
可调厚度 <5.19m	—	—
合　计	110	8.7

三次加密缓钻井投产初期，日产油低于 1t 的井有 6 口，低效井比例为 12.2%，低于方案设计水平的有 20 口井，主要是剩余油厚度相对较低的井（表 3）。

表 3　三次加密缓钻井投产情况统计表

产能分级	井数（口）	剩余油厚度		投产初期				2010 年 9 月			
		砂岩（m）	有效（m）	日产液（t）	日产油（t）	含水率（%）	沉没度（m）	日产液（t）	日产油（t）	含水率（%）	沉没度（m）
<1t	6	27.3	3.3	9.5	0.5	95.3	544	18.0	1.4	92.1	431
1～2.1t	14	19.1	3.3	20.5	1.5	92.7	439	15.4	1.3	91.9	496
2.2～3.0t	10	22.1	4.6	22.2	2.5	88.5	427	18.2	2.6	85.9	303
3.1～10.0t	15	26.6	5.2	29.5	4.3	85.3	480	21.1	2.3	89.2	275
≥10.0t	4	29.2	5.3	36.9	13.7	60.5	589	30.6	6.7	78.7	279
合计	49	23.4	5.8	23.1	3.2	86.3	474	21.5	2.6	88.1	363

三、三次加密缓钻井提高采收率 0.9 个百分点

（1）数值模拟预测不加密全区到含水 98% 时，全区最终采收率为 41.52%，加密后，最终采收率为 42.58%，三次加密缓钻井实施后采收率提高了 1.06 个百分点。

（2）根据甲型水驱特征曲线（图 1）和丙型水驱特征曲线预测三次加密缓钻井平均单井增加可采储量 2959t，预计全区提高采收率 0.58%，缓钻井区提高采收率 0.90%。

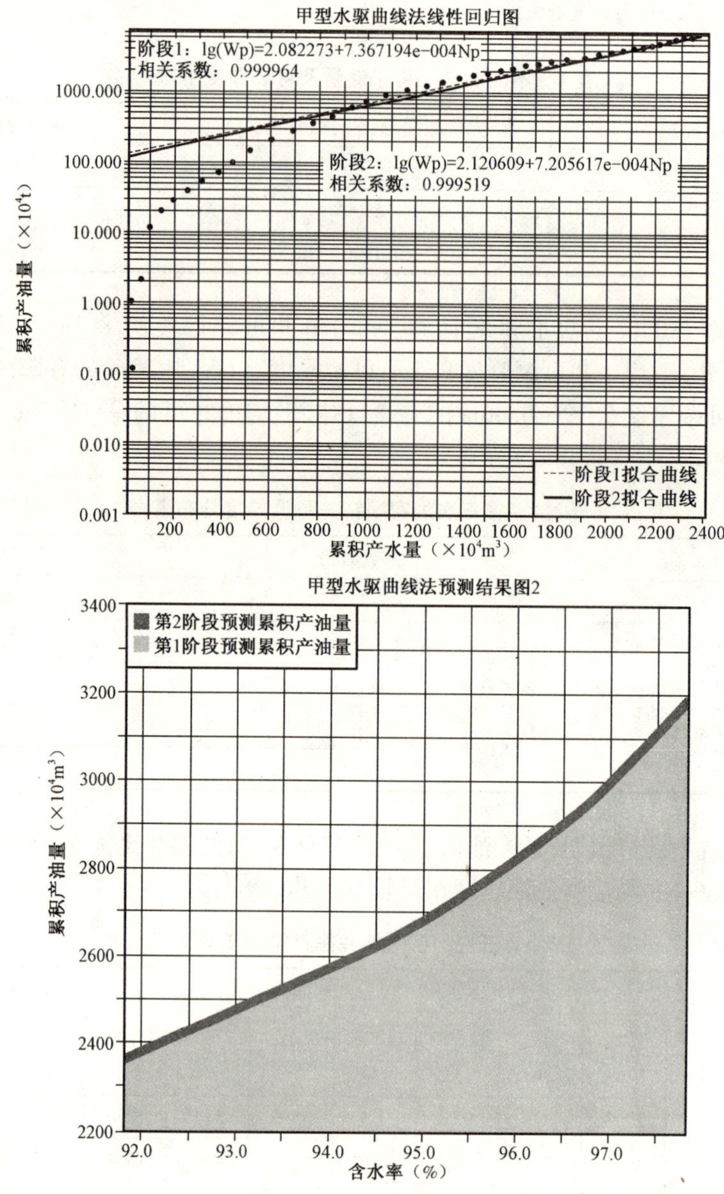

图1　甲型水驱特征曲线预测图

四、三次加密缓钻井投产后对改善区块的作用

(一)对区块水驱控制程度的作用

三次加密缓钻井投产后，多向水驱控制程度提高明显。原井网三向及以上的砂岩连通比例提高了8.7个百分点，有效连通比例提高了8.5个百分点。从厚度分级上看，薄差储层连通比例提高幅度较大，砂岩厚度连通比例提高了9.7个百分点，有效厚度连通比例提高了12.2个百分点(表4)。

表4　三次加密缓钻井投产后老井水驱控制程度变化情况

分类		调整后连通比例变化情况					
		单向连通		双向连通		三向及以上连通	
		砂岩(%)	有效(%)	砂岩(%)	有效(%)	砂岩(%)	有效(%)
有效≥0.5m		-0.9	-1.7	-6.7	-5.5	7.6	7.2
薄差层	有效0.2~0.4m	-4.4	-4.7	-6.1	-7.5	10.5	12.2
	表外储层	-2.3	—	-5.5	—	7.8	—
	小计	-3.8	-4.7	-5.9	-7.5	9.7	12.2
总计		-2.4	-2.5	-6.3	-6.0	8.7	8.5

从井网上看，三次加密缓钻井投产后基础井网、一次加密井网、二次加密井网有效厚度在0.2~0.4m之间的薄差储层的多向砂岩连通比例分别提高了9.6%、7.4%、17.1%，表外储层连通比例分别提高了25.4%、-0.9%、6.8%，基础井网多向连通比例增加最大，且以提高表外储层水驱控制程度为主，一次加密多向连通比例增加最小(表5)。

表5　三次加密缓钻井投产后原井网水驱控制程度变化情况

层系	有效厚度分级		调整前后对比					
			单向连通		双向连通		三向及以上	
			砂岩(%)	有效(%)	砂岩(%)	有效(%)	砂岩(%)	有效(%)
基础	有效≥0.5		-1.4	-2.4	-6.2	-5.0	7.6	7.4
	薄差层	有效0.2~0.4m	-4.8	-4.8	-4.8	-8.2	9.6	13.0
		表外储层	-6.6	—	-18.8	—	25.4	—
		小计	-5.0	-4.8	-6.5	-8.2	11.5	13.0
	合计		-2.9	-2.9	-6.4	-5.6	9.3	8.5
一次	有效≥0.5		—	—	-10.7	-7.6	10.7	7.6
	薄差层	有效0.2~0.4m	-3.7	-5.3	-3.7	-3.3	7.4	8.6
		表外储层	2.6	—	-1.7	—	-0.9	—
		小计	-1.7	-5.3	-3.0	-3.3	4.7	8.6
	合计		-1.0	-1.8	-6.1	-6.1	7.1	7.9
二次	有效≥0.5		—	—	-2.4	-5.1	2.4	5.1
	薄差层	有效0.2~0.4m	-2.2	-3.7	-14.9	-12.0	17.1	15.7
		表外储层	-3.7	—	-3.2	0	6.8	—
		小计	-3.0	-3.7	-8.7	-12.0	11.7	15.7
	合计		-2.2	-1.5	-7.0	-7.9	9.1	9.4

(二)对改善薄差油层动用状况的作用

三次加密缓钻井投产后，薄差油层的动用状况得到改善。统计三次加密井吸水剖面资料，平均单井测试砂岩厚度15.3m，有效厚度5.3m，吸水砂岩厚度9.3m，有效厚度3.7m，分别占全井测试厚度的60.5%和68.4%。其中有效厚度不小于0.5m油层吸水砂岩厚度比例为84.2%，有效厚度比例为82.7%；有效厚度0.2~0.4m的油层吸水砂岩和有效厚度比例分别为50.0%和44.3%；表外储层吸水厚度比例为48.8%（表6）。

表6　三次加密注水井吸水状况表

油层分类	测试厚度		动用厚度			
	砂岩（m）	有效（m）	砂岩		有效	
			厚度（m）	比例（%）	厚度（m）	比例（%）
有效厚度≥0.5m油层	4.9	3.3	4.1	84.2	2.8	82.7
有效厚度0.2～0.4m油层	4.1	2.0	2.1	50.0	0.9	44.3
表外储层	6.3	—	3.1	48.8	—	—
合　计	15.3	5.3	9.3	60.5	3.7	68.4

统计三次加密缓钻井产液剖面资料，平均单井测试砂岩厚度20.9m，有效厚度6.6m，动用砂岩厚度14.2m，有效厚度4.8m，分别占全井厚度的67.8%和72.9%。其中有效厚度不小于0.5m油层动用砂岩和有效厚度比例分别为85.7%和86.2%；有效厚度0.2～0.4m的油层动用砂岩和有效厚度比例分别为51.9%和57.0%；表外储层动用厚度比例为68.2%（表7）。

表7　三次加密缓钻采油井动用状况表

油层分类	测试厚度		动用厚度			
	砂岩（m）	有效（m）	砂岩		有效	
			厚度（m）	比例（%）	厚度（m）	比例（%）
有效厚度≥0.5m油层	4.9	3.6	4.2	85.7	3.1	86.2
有效厚度0.2～0.4m油层	5.8	3.0	3.0	51.9	1.7	57.0
表外储层	10.2	—	7.0	68.2	—	—
合　计	20.9	6.6	14.2	67.8	4.8	72.9

由于三次加密缓钻井重点考虑与二次加密调整井的协调，共同完善薄差油层注采关系，缩小注采井距，二次加密调整井吸水状况明显改善。统计缓钻井区的二次加密井同位素测试资料，砂岩吸水厚度比例由加密调整前的32.8%提高到54.7%，有效厚度吸水比例由加密调整前的36.1%提高到62.5%，分别提高了21.9和26.4个百分点，其中有效厚度不小于0.5m油层砂岩和有效厚度吸水比例分别提高27.1和28.5个百分点；有效厚度0.2～0.4m的油层砂岩和有效厚度吸水比例分别提高16.9和24.4个百分点；表外储层吸水厚度比例提高24.7个百分点（表8）。

表8　三次加密缓钻井区二次加密井吸水厚度统计表

油层分类	射开厚度		缓钻井投产前吸水状况				缓钻井投产后吸水状况			
	砂岩（m）	有效（m）	砂岩		有效		砂岩		有效	
			厚度（m）	比例（%）	厚度（m）	比例（%）	厚度（m）	比例（%）	厚度（m）	比例（%）
有效厚度≥0.5m油层	5.9	3.5	2.9	49.2	1.5	42.9	4.5	76.3	2.5	71.4
有效厚度0.2～0.4m油层	10.7	3.7	3.0	28.0	1.1	29.7	4.8	44.9	2.0	54.1
表外储层	8.1	—	2.2	27.2	—	—	4.2	51.9	—	—
合　计	24.7	7.2	8.1	32.8	2.6	36.1	13.5	54.7	4.5	62.5

（三）对区块递减率的作用

三次加密缓钻井投产后，减缓了区块递减率。缓钻井投产前，区块递减率为 8.96% ~ 9.32%，2009 年三次加密缓钻井投产后，2010 年底区块递减率为 4.95%，递减率减缓 4.01 个百分点。

五、结论

（1）采用“均匀布井、选择性钻井”的加密调整方式，既保证了加密井的开发效果，改善了薄差油层的动用状况，又有利于后期井网的综合利用。三次加密缓钻井平均单井日产油 3.2t，取得了较好的开发效果。

（2）应用数值模拟及油藏工程方法，预测三次加密缓钻井区提高采收率 0.9 个百分点，全区提高采收率 0.58 个百分点。

（3）三次加密缓钻井投产后，区块开发效果得到了改善。多向水驱控制程度提高 8.7%，油层动用厚度比例提高 21.9%。

参考文献

[1] 王建新. 大庆油田开发历程(1996—2000). 北京：石油工业出版社，2003.
[2] 隋军，赵永胜，黄伏生. 大庆油田开发论文集：喇萨杏油田高含水后期进一步加密调整方法研究. 北京：石油工业出版社，2000：5.

作者简介：

李旭欣，女，1972 出生，毕业于大庆石油学院，工程师，就职于大庆油田有限责任公司第二采油厂地质大队。

后续水驱周期注采现场试验效果分析

马丽梅　李志刚

摘　要:通过在某油田某后续水驱区块开展周期注采试验,有目的地调整分流线与主流线关系,改变液流方向,形成新的地下流场。在大井距条件下,应用多学科油藏数值模拟技术优化周期注采注入方式、注入强度及注入周期,进一步挖掘厚油层内部剩余油,通过统计分析试验效果,取得了周期注采能够达到控注、控液,减缓低效无效循环的目的。

关键词:后续水驱　周期注采　低效循环

一、引言

20 世纪 80 年代后期,中国注水开发的主力砂岩油田相继进入中高含水期开采阶段,大庆、吉林、胜利等油田均进行了周期注采开发试验,大部分试验区块取得了一定的开发效果。国内外矿场实践表明,周期注采是中高含水期改善油田开发效果的有效手段之一,具有投资小、见效快、简单易行的优点,可以在一定程度上减缓含水上升率,提高最终水驱采收率。

二、周期注采现场试验效果分析

2009 年,在某油田某后续水驱区块选取了一个 5 注 12 采井组开展了周期注采现场试验。试验区开采层位 P 油层,平均砂岩厚度 16.69m,有效厚度 12.28m,地层系数 8.81D · m,面积 $152.0\times10^4m^2$,地质储量 261.6×10^4t。试验于 2009 年 5 月 7 日开始实施,2010 年 1 月 3 日方案结束,共实施两个周期。

2009 年 4 月,试验区 5 口注入井平均注入压力 10.18MPa,高于全区平均水平 1.24MPa。日配注 $930m^3$,日实注 $923m^3$,平均单井日注入量与全区平均水平相当。视吸水指数为 $1.42m^3/(d\cdot MPa\cdot m)$,低于全区平均水平 $0.20m^3/(d\cdot MPa\cdot m)$。5 口注入井中笼统井 3 口,分层井 2 口。12 口采出井井口日产液 1391t,日产油 42t,含水 97.00%,平均沉没度 416m,采聚浓度 167mg/L。其中含水小于 96% 的井有 1 口,96% ~97% 的井有 5 口,大于 97% 的井有 6 口。

(一)周期注采对注入状况的影响

1. 中心注入井达到方案设计要求

方案实施后,由于中心注入井 A 井在周期注采方案中注入强度要达到原配注的 2.5 倍,为防止地层压力突变引起套损,在方案调整时采取了阶梯式提量、降量设计(图 1),保证了注采压力平衡。从图 2 中曲线可以看出,注入压力呈阶梯状变化,注入量能够完成方案设计要求。不同阶段的吸水剖面资料显示,中心注入井三个层段吸水厚度均为 11.8m,比例为 96.72%,吸水状况良好,各层段吸水量均能达到方案设计要求(表 1)。

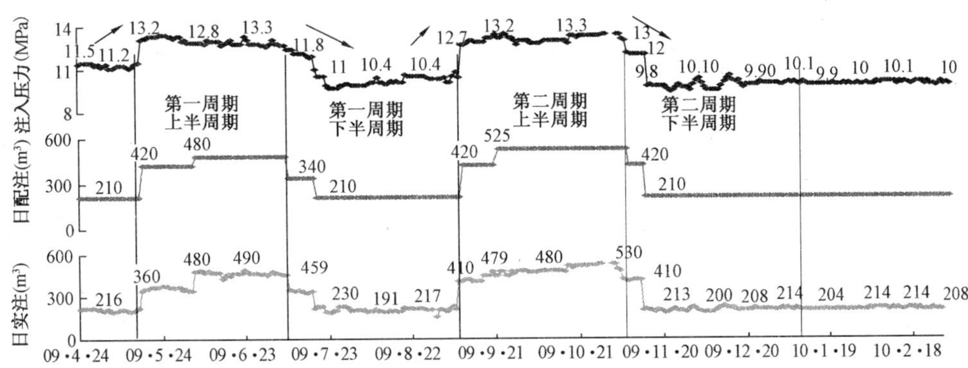

图1　注入井A井注入曲线

表1　注入井A井测试资料统计表

层段	有效厚度(m)	调后水嘴(mm)	第一周期				第三周期			
			配注(m³)	分层水量(m³)	完成比例(%)	方案符合率(%)	配注(m³)	分层水量(m³)	完成比例(%)	方案符合率(%)
P1	3.7	5	120	119	99.17	-0.83	125	132	105.6	5.60
P2	4.6	12	240	239	99.58	-0.42	275	257	93.5	-6.55
P3	3.9	8	120	124	103.33	3.33	125	141	112.8	12.80
合计	12.2	—	480	482	100.42	0.42	525	530	101	0.95

从第一周期分层测试资料看,全井配注480m³,三个层段分层水量分别为119m³、239m³、124m³,分别完成分层配注量的99.17%、99.58%和103.33%,方案符合率较高,在-0.42%~3.33%之间。第三周期分层测试资料显示,全井配注提高到520m³,三个层段分层水量分别为132m³、257m³、141m³,分别完成分层配注量的105.6%、93.5%和112.8%,方案符合率在-6.55%~12.8%之间,其中根据层间调整原则,以薄差油层配注量优先,主力层P2为限制层,水嘴调整可相应控制,因此该层段完成比例相对低些,但也达到了控制主产液层段产液比例继续增长的目的。

2. 薄差油层吸水厚度增加

井区内注入井B井周期注采前后吸水剖面显示(表2),周期注采后薄差油层得到动用。纵向上,全井吸水有效厚度增加1.3m,吸水厚度比例提高14.61%。周期注采前不吸水的J、K、M单元在周期注采实施两个周期后吸水有效厚度1.3m,吸水量比例达到27.45%,动用较为明显。之前吸水较好的H、I单元吸水量比例下降,由94.06%下降到63.03%,减少31.03个百分点,纵向上剖面得到有效调整(图2)。

表2　注入井B井周期注采前后吸水剖面统计表

层位	有效厚度(m)	有效渗透率(mD)	周期注采前(4月29日)				周期注采前(11月18日)			
			吸水有效厚度(m)	吸水厚度比例(%)	吸水量(m³)	吸水量比例(%)	吸水有效厚度(m)	吸水厚度比例(%)	吸水量(m³)	吸水量比例(%)
H	2.8	577.1	2.8	100	82.4	48.45	2.8	100	63.8	33.59
I	3.7	1019.7	3.7	100	77.5	45.61	3.7	100	55.9	29.44
J	0.7	60.6	—	—	—	—	0.7	100	22.6	11.92

续表

层位	有效厚度（m）	有效渗透率（mD）	周期注采前(4月29日)				周期注采前(11月18日)			
			吸水有效厚度（m）	吸水厚度比例（%）	吸水量（m^3）	吸水量比例（%）	吸水有效厚度（m）	吸水厚度比例（%）	吸水量（m^3）	吸水量比例（%）
K	0.6	40.8	—	—	—	—	0.6	100	29.5	15.53
L	0.2	16.4	0.2	100	3.7	2.16	0.2	100	5.6	2.92
M	—	—	—	—	2.7	1.59	—	—	2.4	1.27
N	0.9	55.5	0.9	100	3.7	2.18	0.9	100	10.2	5.34
合计	8.9	619	7.6	85.39	170	100	8.9	100	190	100

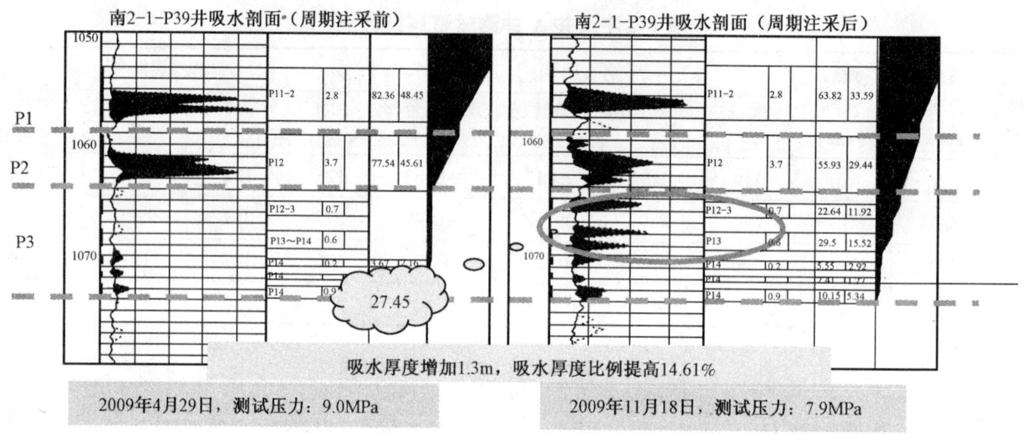

图2　注入井B周期注采前后吸水剖面对比图(软件截图)

(二)周期注采对采出井的影响

1. 井区采出井产液量下降、含水下降

方案实施两个周期，井区8口目的采出井平均日产液928t，日产油31t，含水率96.62%，与方案实施前对比日降液148t，油量保持稳定，含水下降0.50个百分点。试验区累计少产液69551t，少产水68344m^3，控液部分含水率98.25%。不考虑递减，试验期间累计增油1337t。流压与全区平均水平相当。这8口目的井保持较高生产能力，与不进行周期注采对比含水少上升0.62个百分点(图3)。4口关井采出井井后有较高的产液能力，含水基本稳定(图4)。

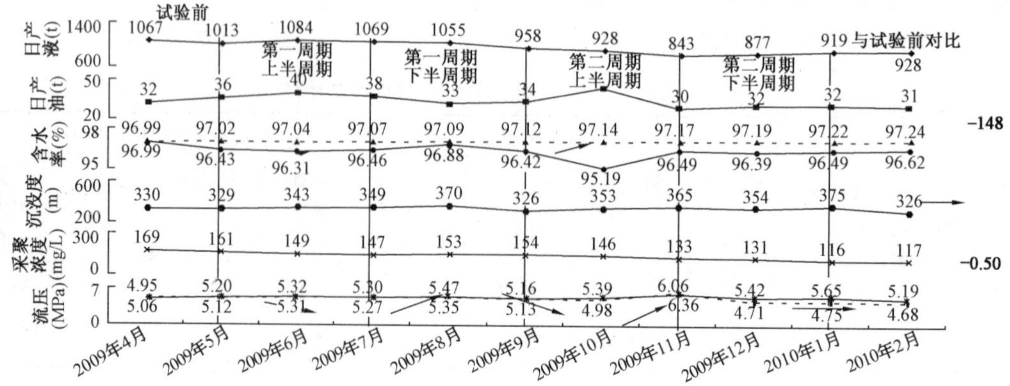

图3　周期注采井区连通8口目的采出井曲线

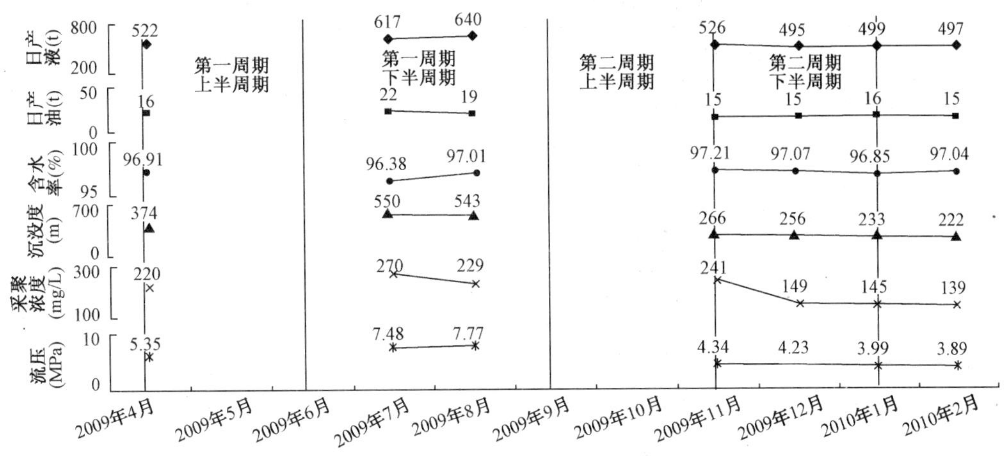

图4 周期注采井区4口中心采出井曲线

2. 纵向产液结构得到调整

从井区数值模拟跟踪结果看，周期注采后，井区各单元纵向产液结构比例和含水率变化明显，分别下降36.76%和0.41%。其中主要产液层段J、K、L分别下降39.69%、43.16%和46.94%，这三个单元含水上升值在0.1个百分点以内；H、I、M、N单元产液比例分别上升42.5%、44.47%、22.34%和24.84%，H、I、M单元含水值分别下降0.1、0.4、0.4个百分点，N单元含水上升0.2个百分点（表3）。可见，周期注采可有效调整纵向产液结构比例，控制高含水产液比例的增长速度。

表3 试验区周期注采前后各单元阶段采出程度对比表

层位	砂岩厚度(m)	有效厚度(m)	产液与含水					
			周期注采前(2009·04)		周期注采后(2010·02)		日产液比例变化值(%)	含水率差值(%)
			日产液(t)	含水率(%)	日产液(t)	含水(%)		
H	1.28	0.82	24	92.4	34.2	92.3	42.5	-0.1
I	1.39	1.1	47.9	95.7	69.2	95.3	44.47	-0.4
J	3.09	2.69	287.7	96.9	173.5	97	-39.69	0.1
K	3.57	3	532.2	97.6	302.5	97.7	-43.16	0.1
L	2.81	2.19	719.2	97.8	381.6	97.8	-46.94	0
M	2.29	1.42	47.9	93.5	58.6	93.1	22.34	-0.4
N	2.84	1.48	47.9	92.6	59.8	92.8	24.84	0.2
合计	17.26	12.71	1706.8	97.18	1079.4	96.77	-36.76	-0.41

选择试验区西部地区油层发育及地质条件相似的5注12采井组作为对比区进行对比，周期注采试验区含水饱和度多提高0.21个百分点。从纵向含水饱和度变化值看，对比区仍是K、L单元继续动用明显。可以看出，周期注采可以针对潜力单元进行调整纵向剖面，达到挖掘剩余油的目的（表4）。

表4　试验区与对比区周期注采前后各单元阶段含水饱和度对比表

层位	试验区含水饱和度(%)			对比区含水饱和度(%)		
	周期注采前(2009·04)	周期注采后(2010·02)	差值	周期注采前(2009·04)	周期注采后(2010·02)	差值
H	60.39	61.33	0.94	57.02	57.41	0.39
I	62.3	63.49	1.19	60.6	61.07	0.47
J	63.55	64.06	0.51	62.97	63.45	0.48
K	63.84	64.27	0.43	65.23	65.91	0.68
L	69.44	69.88	0.44	68.58	69.43	0.85
M	60.38	61.97	1.59	58.96	59.41	0.45
N	61.56	62.89	1.33	58.76	59.11	0.35
合计	63.74	64.52	0.78	63.26	63.83	0.57

3. 平面上分流线位置剩余油得到有效动用

从处于分流线位置的采出井C开采曲线上看，周期注采试验期间，该井产油量增加、含水率下降明显。试验结束后日产液43t，日产油2.4t，含水率94.41%，与周期注采前对比，日降液18t，日增油0.2t，含水率下降2.0个百分点，周期注采期间累计产油1126.1t，不考虑递减，累计增油470.5t(图5)。

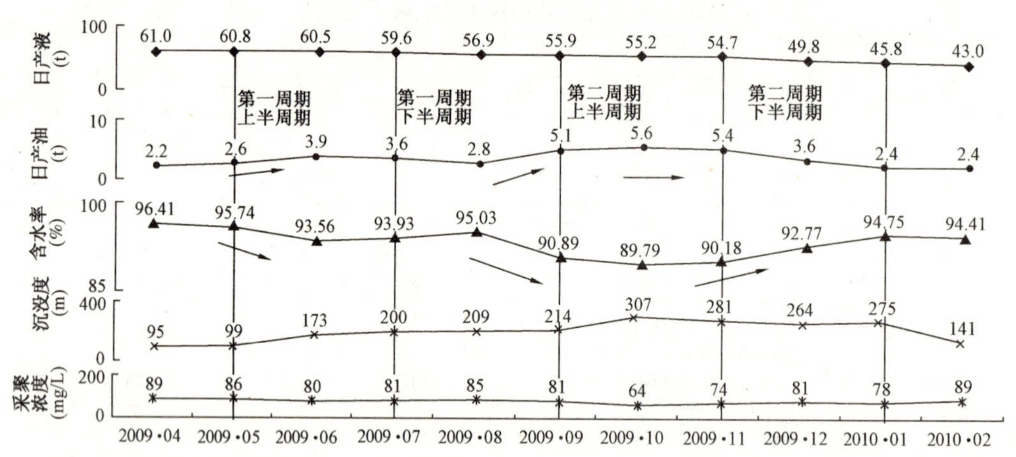

图5　采出井C开采曲线

三、经济效益评价

试验共实施两个周期，累计少注水62180m^3，少产液69551t。少注1立方米水单位成本6.17元(注入系统水电费)，少产1吨液操作成本4.31元(采出系统电费)，在不考虑人工费的情况下，共节约投入：62180×6.17+69551×4.31=68.34万元(表5)。

表 5　周期注采期间影响水量和液量统计表

项目		注　入		采　出		节约成本合计（万元）
		影响水量(m^3)	节约投入(万元)	影响液量(t)	节约处理费用(万元)	
第一周期	上半周期	30913	19.07	24185.3	10.42	29.50
	下半周期	4572	2.82	6340	2.73	5.55
第二周期	上半周期	26008	16.05	30414.8	13.11	29.16
	下半周期	687	0.42	8610.9	3.71	4.14
合计		62180	38.37	69551	29.98	68.34

四、结论

(1)后续水驱周期注采通过注入采出井的周期性开关，改变主流线与分流线关系，能够有效控制含水上升速度，改善油层动用状况，达到控水、控液、节能降耗的目的。

(2)后续水驱周期注采试验过程中，平面上分流线位置剩余油得到动用，纵向产液结构得到调整，控制了高含水产液比例的继续增长，取得了较好的开发效果。

(3)后续水驱周期注采现场试验取得的成果可在同类区块中推广，有较好的社会价值和经济效益。

参 考 文 献

[1] 赵春森等. 中高含水期周期注采方案优选数值模拟研究. 特种油气藏，2009，16(1)

[2] 万新德，高淑明. 特高含水期层状砂岩油田周期注采的实践与认识. 中外能源. 2006，(11).

[3] 刘曰武，丁振华，何凤珍. 确定低渗透油藏启动压力梯度的三种方法. 油气井测试，2002，11(4)：2－6.

[4] 孙黎娟，吴凡等. 油气藏启动压力的规律研究与应用. 断块油气田，1998，5(5)：31－33.

[5] 葛家理. 油气层渗流力学. 北京：石油工业出版社，1982：104－114.

作者简介：

马丽梅，大庆油田有限责任公司第二采油厂地质大队。

聚合物驱后利用残余聚合物深度调剖技术的效果分析

李晓洁　刘绘茹　李庆龙

摘　要：在某区块选取一4注9采的井组开展聚合物驱后利用残余聚合物深度调剖试验后，对其效果从注入压力、注入剖面、油井见效类型等方面进行统计分析，统计结果显示：调剖井注入压力上升、剖面得到改善；调剖井区含水、产量递减幅度减缓。说明聚驱后调剖对于调整剖面、减缓层间和层内矛盾、控制含水上升速度、减缓产量递减有着一定的作用。但单井受效差异大。统计不同效果井的特点，探索聚驱后利用残余聚合物深度调剖技术的适用条件及改进方法。

关键词：后续水驱　残余聚合物　深度调剖　现场试验

一、引言

聚合物驱后如何进一步挖掘油层中剩余油的潜力，是所有后续水驱区块面临的技术难题，大庆油田责任有限公司第二采油厂采油工艺研究院根据聚合物驱后利用残余聚合物进行深度调剖的技术原理，经过室内试验和数值模拟可行后，自2006年12月至2007年7月在某区块选取一4注9采的井组开展现场试验，通过对其效果进行分析，取得一些认识。

二、调剖后效果统计

（一）调剖后注入压力和剖面

1. 调剖后注入压力上升

调剖后平均注入压力13.3MPa，日注入量338m^3，与调剖前对比，注入压力上升1.3MPa，日注入量增加162m^3。说明高渗层得到控制，层间矛盾减缓，低渗层有可能被动用。

2. 调剖后剖面得到改善

调剖前后吸液剖面对比：目的层段吸液厚度比例仍然保持在100%，但相对洗液量比例由69.4%下降到20.2%，下降了49.2个百分点。吸液强度由28.7m^3/d·m下降到8.0m^3/d·m，下降了20.7m^3/d·m。同期，非目的层段的吸液厚度比例由不到25%增加到大于70%，增加了近50个百分点，相对洗液量比例由30.6%增加到79.8%，增加了49.2个百分点。吸液强度由6.7m^3/d·m上升到7.1m^3/d·m，增加了0.4m^3/d·m。说明原高渗透的调剖目的段的吸液能力得到控制，其他层段的吸液能力得到增强，调剖起到了调整层间和层内剖面的作用（表1）。

对于调剖单井，由于调剖前后目的层吸液厚度比例都是100%，故统计其非目的层吸液厚度比例和相对吸液量增加情况，可以看出各调剖井非目的层段的吸液厚度比例和相对吸液量都增加，但W2井改善幅度偏小。调剖前层间矛盾越大（非目的层吸液厚度比例和吸液量比例越低），调剖后剖面改善效果越明显（表2）。

表1 调剖前后吸液剖面变化情况表

小层号	射开砂岩厚度(m)	射开有效厚度(m)	调剖前			调剖后			差值		
			吸液砂岩比例(%)	吸液有效比例(%)	相对吸液量(%)	吸液砂岩比例(%)	吸液有效比例(%)	相对吸液量(%)	吸液砂岩比例(%)	吸液有效比例(%)	相对吸液量(%)
A	5.5	5.0	21.8	20.0	1.6	0.0	0.0	0.0	-21.8	-20.0	-1.6
B	5.7	4.6	0.0	0.0	0.0	52.6	52.2	3.6	52.6	52.2	3.6
C	12.3	10.0	56.1	57.0	35.9	66.7	67.0	9.0	10.6	10.0	-26.8
D	19.6	18.2	35.7	34.6	41.6	100.0	100.0	36.7	64.3	65.4	-4.9
E	13.7	11.5	35.8	37.4	9.6	85.4	86.1	20.5	49.6	48.7	10.9
F	10.0	1.1	48.0	63.6	9.4	69.0	54.5	6.8	21.0	-9.1	-2.5
G	10.8	2.1	9.3	0.0	2.0	88.0	100.0	23.3	78.7	100.0	21.4
合计	77.6	52.5	33.2	34.3	100.0	75.9	76.0	100.0	42.7	41.7	0.0
目的层	9.9	8.5	100.0	100.0	69.4	100.0	100.0	20.2	0.0	0.0	-49.2
非目的层	67.7	44.0	23.5	21.6	30.6	72.4	71.4	79.8	48.9	49.8	49.2

表2 单井非目的层调剖前后吸液剖面变化情况表

小层号	射开砂岩厚度(m)	射开有效厚度(m)	调剖前			调剖后			差值		
			吸液砂岩比例(%)	吸液有效比例(%)	相对吸液量(%)	吸液砂岩比例(%)	吸液有效比例(%)	相对吸液量(%)	吸液砂岩比例(%)	吸液有效比例(%)	相对吸液量(%)
W1	19.2	11.4	10.9	14.9	12.9	78.6	68.4	66.3	67.7	53.5	53.4
W2	19.9	13.7	38.7	41.6	29.7	54.3	65	72.1	15.6	23.4	42.4
W3	11.5	8	13.9	3.8	8.7	60	47.5	82.4	46.1	43.7	73.7
W4	17.1	10.9	26.3	16.5	36.9	94.7	100	82.4	68.4	83.5	45.5
井区合计	67.7	44.0	23.5	21.6	30.6	72.4	71.4	79.8	48.9	49.8	49.2

(二)调剖后统计井区效果

2007年11月井区日产液1476t,日产油68.5t,综合含水率95.4%,与调剖前对比,日增液146t,日增油6.8t,综合含水率下降0.1个百分点。

在转后续水驱后至调剖前阶段(2006年7月至2006年12月)、在调剖期间(2006年12月至2007年7月)、在调剖结束到钻停前阶段(从2006年12月至2008年1月),调剖井区的月含水率上升值分别为0.25个百分点、0.05个百分点和下降0.07个百分点,平均单井的月产量下降幅度分别为0.3t、0.06t和上升0.18t。而同期整个区块在各阶段内的月含水率上升值分别为0.24个百分点、0.21个百分点和0.05个百分点,平均单井月产量下降幅度分别为0.25t、0.11t、0.11t。这说明,调剖期间,井区的含水率上升速度和产量递减幅度得到控制。调剖结束后,随着注入量的恢复,井区产液量增加、含水下降、产油量上升,调剖受效明显(图1)。

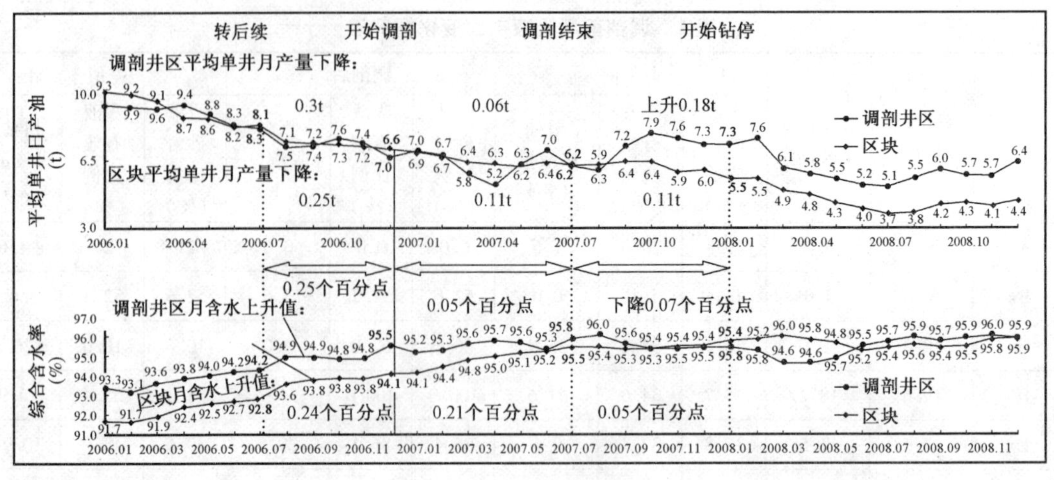

图1　调剖井区与区块对比

(三)调剖井区单井受效

统计调剖井区9口采出井单井受效情况,O1、O2、O3、O4井效果不明显,O5、O6、O7、O8、O9井效果明显。从平面上看,河流从西北向东南方向流动,效果差井分布在调剖井的上游,效果好的井分布在调剖井的下游(图2)。并且2口未见效井O1、O4井只与1口调剖井相连,见效差的O2、O3井各与2口调剖井相连。中心井O5井,该井射开厚度最大、物性最好(砂岩19.8m,有效13.7m,渗透率0.703D)且与4口调剖井相连。也就是说,与调剖井连通关系越好的井见效越明显。从控制程度上看,基本上是聚合物驱控制程度越高、调剖效果越好。从含水饱和度看,含水饱和度越低、剩余油越富集、调剖效果越好,例如O6井)(表3、图3和图4)。

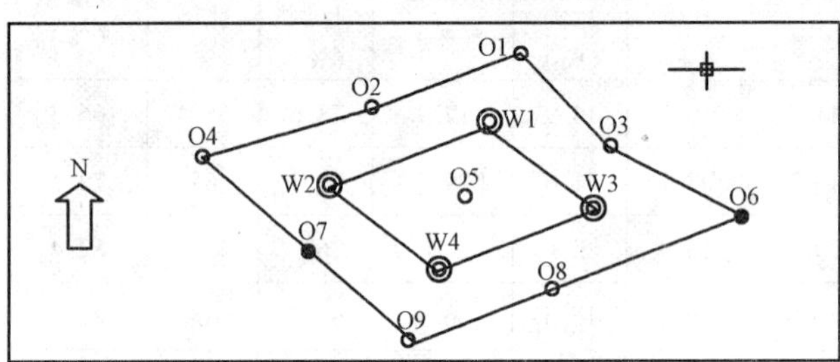

图2　调剖井区井位图(软件截图)

表3　调剖效果与控制程度及含水饱和度的关系

井号	总控制程度(%)	含水饱和度(%)	含水率降幅(%)	增油量(t)	调剖效果	调剖效果代码
O1	89.39	55.4	1.8	0	未	0
O2	94.24	49.3	0.6	65	差	1
O3	82.87	48.8	1.6	78	差	1
O4	79.80	51.5	0	0	未	0
O5	95.50	53.3	3.2	502	好	3
O6	100	40.2	2.3	2363	极好	4
O7	91.75	49.1	0.9	556	好	3
O8	95.19	48.9	1	160	较好	2
O9	89.82	43.8	1.1	430	好	3

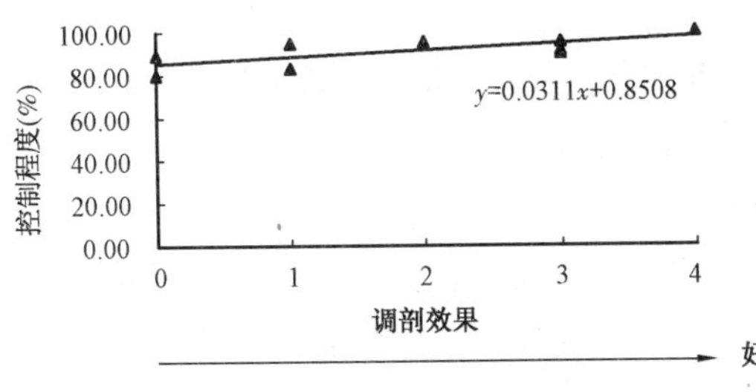

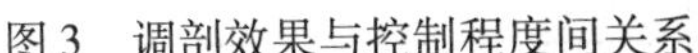

图 3　调剖效果与控制程度间关系

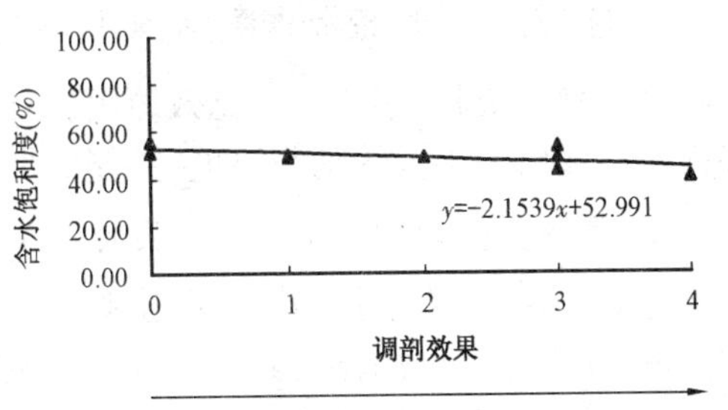

图 4　调剖效果与含水饱和度间关系

三、动态分析方法验证

(一)砂体发育差,与调剖井连通关系差的井未见到调剖效果

例如 O1 井,调剖前日产液 83t,日产油 3.6t,综合含水率 95.7%,采聚浓度 199mg/L,沉没度 16m。由于长期供液不足(沉没度一直在 50m 以下)该井液量一直呈下降趋势,含水在高位波动,产量下降。分析该井全井射开砂岩 16.5m,射开有效 12.0m,地层系数 8.314D·m,其中 C、D、E 单元河道砂发育有效厚度 7.2m(低于试验区平均值 2m),调剖井 W1 与其河道与河道连通有效厚度 10m,占 66%,低于试验区 4.4 个百分点,且都是单向连通,O1 井 C、D、E 单元聚合物驱控制程度达到 96.08%,但调剖井 W1 对其控制程度只有 49.24%。说明该井与调剖井受河流走向影响,连通差,主要供液方向是两口非调剖井(W5 和 W6),其动态变化主要受两口非调剖井的影响,且时间要滞后 3~4 个月,其产液量、产油量下降,含水稳定是由于两口主要供液井在 4~7 月钻停关井影响,调剖效果不明显。因此,砂体发育差,与调剖井连通关系差是调剖未见效的主要原因。

(二)调剖后虽然非目的层吸液厚度增大,但实注入量低,使与调剖井连通关系较差的井调剖效果不明显

例如 O3 井,共射开 6 个沉积单元,调剖前日产液 73t,日产油 3.5t,综合含水 95.2%,采聚浓度 64mg/L,沉没度 293m。B、C 单元为 1.6m、0.6m 的纯砂岩,与注入井基本不连通;D、E 单元为河道砂发育,有效厚度 4.7m、3.1m,是该井主产液层;F、G 单元都属于前缘席状砂发育,是该井的次产液层。连通调剖井 W1 的 D 单元,调剖后吸液厚度和比例保持稳定,吸液量由 8.5m^3 下降到 2.2m^3;E 单元(调剖目的层),吸液砂岩、有效厚度分别下降了 2m、1.6m,实际吸液量由 40.6m^3 降低到 11.9m^3;F、G 单元前缘席状砂发育,吸液砂岩厚度增加了 5m,吸液有效厚度增加 1.6m,但实际吸液量由 26.5m^3 降低到 7.6m^3;连通调剖井 W3 的 D 单元(调剖目的层),调剖后吸液有效厚度增加 0.8m,吸液量由 26.8m^3 下降到 14.8m^3;E 单元,吸液厚度未变,相对吸液量增加了 14.9%,但实际吸液量只由 8.4m^3 增加到 13.6m^3,增加了 5.2m^3;F、G 单元前缘席状砂发育,吸液厚度未变,但实际吸液量由 54.8m^3 下降到 27.7m^3;连通的两口非调剖井,一口为冬关井、一口在调剖期间钻停,对其影响较小,该井理论上主产液层被限制注入、对应次产液层吸液厚度增加,应当受效明显,但受实注量下降影响,实际增油效果并不明显,而且调剖后该井采聚浓度上升速度较快,建议应加大调剖剂量,提高调剖后的注入量,促使油井见效。

（三）对于聚合物驱控制程度高、剩余油富集的调剖见效井

结合动静态资料，逐井分析见效原因，可以看出：聚后调剖确实可以改善层间、层内矛盾、提高薄差层和厚油层内的动用厚度，并能增加砂体的平面受效方向。

1. 层间调整受效，提高了薄差层的动用厚度

例如 O5 井，为调剖井区中心采出井，调剖 3 个月后，该井产液量下降，且最大降幅达 44t，说明高渗透的主产层被限制，又 2 个月后产液量回升，含水稳定，扣除检泵因素，说明薄差层开始被动用，见到了调剖效果（图 5）。

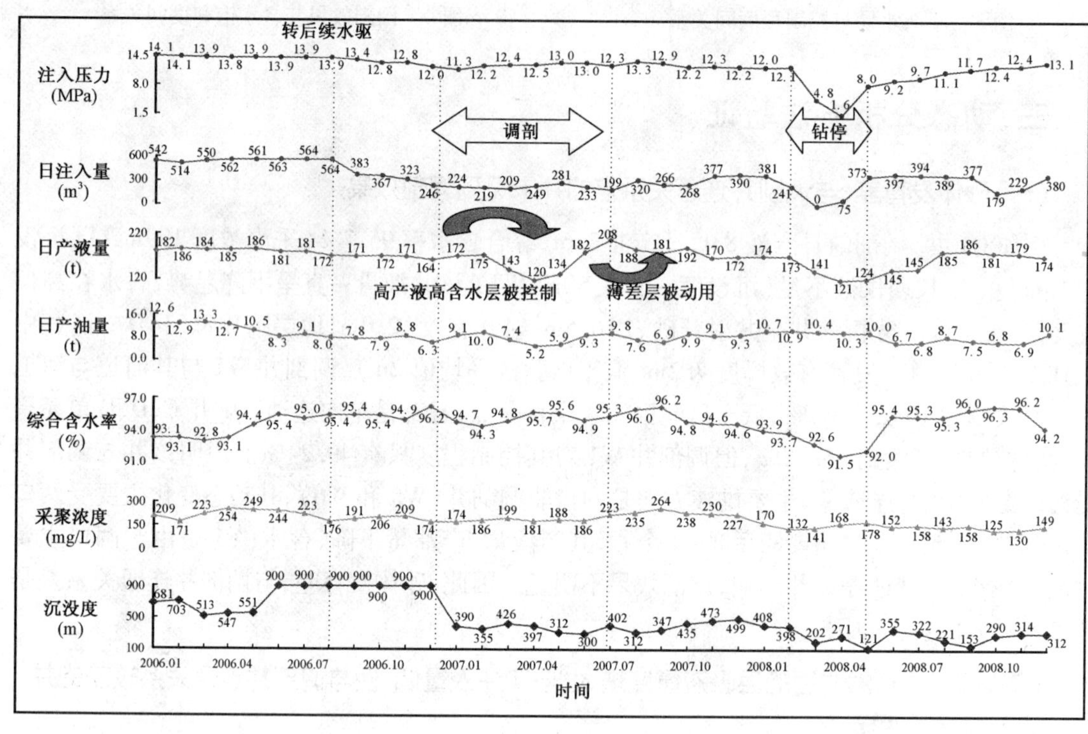

图 5　O5 井开采曲线

2. 厚油层内动用厚度增加

例如 O8 井，调剖前日产液 86t，日产油 4t，综合含水率 95.3%，采聚浓度 137mg/L，沉没度 6m，是长期供液不足的低产井（图 6）。该井 D 单元河道砂发育，有效厚度 6.2m，是主产液层，对应调剖井 W3 和 W4 井的调剖目的层，调剖后 W3 井 D 单元吸液砂岩厚度增加 1.1m，吸液有效厚度增加 0.8m，吸液量比例下降了 3.4 个百分点，层内调整有效。但该井受连通关系影响一直严重供液不足，受效时间要比注入时间晚 6 个月左右，因此在调剖结束时，其刚刚见效，表现为：产量增加、含水下降，采聚浓度上升（图 7）。

3. 增加了平面受效方向

例如 O6 井，该井只射开了 C 单元和 G 两个沉积单元，C 单元射开砂岩 1.8m、射开有效厚度 1.1m，连通的调剖井 W3 的对应层位在调剖前后均不吸液，调剖对其没有作用，G 单元射开砂岩 0.6m、射开有效厚度 0.2m，对应调剖井 W3，原 0.8m 的表外层由不吸液变为吸液 14.9m^3，增加了该井的平面受效方向。扣除检泵因素，该井于 2007 年 9 月开始产液量上升、综合含水下降，开始调剖受效。

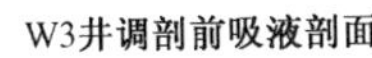

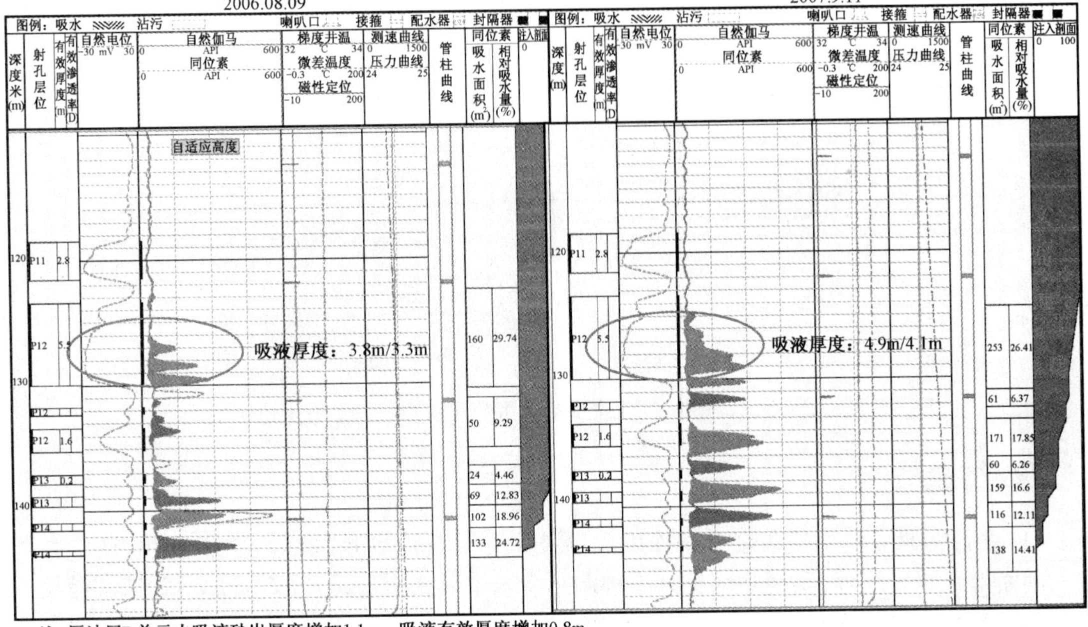

图6　W3 井调剖前后吸液剖面对比(软件截图)

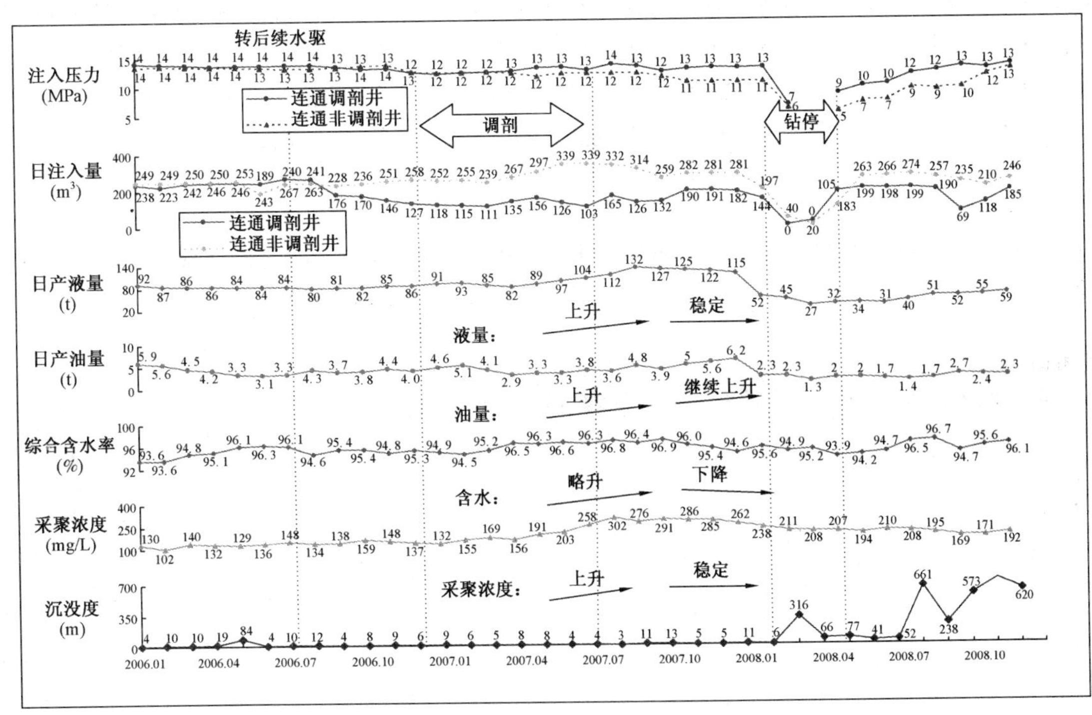

图7　O8 井开采曲线

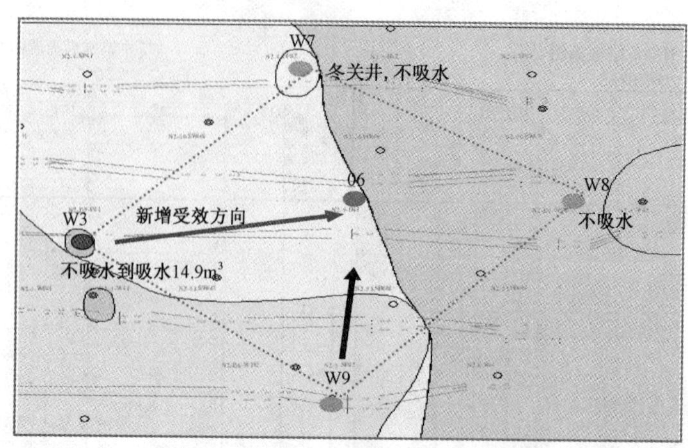

图8　06井G单元沉积相带图

四、结论

（1）聚合物驱后利用残余聚合物深度调剖技术在某区块的现场试验结果表明：调剖井的注入剖面得到明显改善，调剖井区见到了控制了含水上升速度、减缓了产量递减的调剖效果。

（2）统计调剖井调剖前后对比剖面，可以看出层间矛盾越大、调剖后剖面改善越明显。统计连通关系、聚驱控制程度和含水饱和度与调剖效果的关系，可以得出以下结论：连通关系越好、调剖效果越好。尤其受河流走向与连通关系影响，调剖井下游方向的采出井的效果要好于调剖井上游方向的采出井效果；聚驱控制程度越高、调剖效果越好。尤其是调剖井对其控制程度越高、调剖效果越好；含水饱和度越低的井区、剩余油越富集，其调剖效果越好。因此今后选择调剖井时，要选注入采出井连通关系好、聚驱控制程度高、剩余油富集的井区进行调剖，并根据具体情况适当加大调剖剂用量，提高调剖后实注入量，促使连通较差油井见效。

参考文献

[1] 王业飞．聚合物驱后地层残留聚合物絮凝再利用技术研究．大庆石油地质与开发，2006，25(3)：79－81.
[2] 肖建洪．聚合物驱后凝胶复合体系调驱技术及应用．油气地质与采收率，2006，13(15)：78－80.

作者简介：

李晓洁，大庆油田有限责任公司第二采油厂地质大队，工程师。

利用水驱特征曲线评价加密井网调整作用

王家祥　刘　新　秦武英

摘　要:随着油田进入中后期开发阶段,为了实现高产稳产、提高最终采收率的目标,井网调整就显得格外重要。本文通过统计分析加密井网的生产数据,利用水驱特征曲线中的丙型特征曲线评价加密提高采收率幅度,研究加密提高采收率和提高采油速度贡献大小比例,量化加密调整的作用。对其他加密调整区块开展评价工作具有指导意义。

关键词:水驱特征曲线　加密调整

油田开发过程是一个不断调整的动态过程,随着开发时间的推移,特别是在油田进入到中后期,为了实现高产稳产、提高最终采收率的目标,井网调整就显得格外重要。常见的井网调整方法有加密和转注。由于在油田开发初期,往往采用较稀的井网开发储量比较集中、产能较好的层位,储量动用不充分,剩余油较多。因此,在油田开发中后期经常需要根据实际情况,采用井网加密的方法来维持油田产量,减少可采储量的损失,提高采油速度、水驱波及系数和最终采收率,改善油藏的注水开发效果。

大庆油田先后完成了一次、二次及三次加密调整,其中一次、二次主要以层系细分为主,三次加密是在二次加密的基础上进行,开采对象与二次基本相同,因此井网加密不再起到细分层系的作用。通过评价加密提高采收率和提高采油速度贡献大小比例。量化加密调整的作用,对改善高含水后期区块开发效果具有指导意义。

水驱特征曲线,是指油田注水(或天然水驱)开发过程中,累积产油、累积产水和累积产液量之间的某种关系曲线。这些关系曲线已被广泛用于油田注水开发动态和可采储量的预测。到目前有关水驱特征曲线的表达式已达20多种,其中被人们广泛应用的是甲型、乙型、丙型和丁型四种水驱特征曲线。通过四种水驱特征曲线在油田开发中的实际应用,结果表明,乙型水驱特征曲线的预测结果普遍偏高,丁型水驱特征曲线的预测结果偏低,甲型与丙型水驱特征曲线预测的结果与油田实际比较接近。本文采用丙型特征曲线统计分析评价加密井网调整作用。

一、丙型水驱特征曲线简介

丙型水驱特征曲线又被称为西帕切夫曲线,其表达式为

$$L_p/N_p = A_3 + B_3 L_p$$

式中　L_p——油田累积产液量,10^4t;

N_p——累积产油量,10^4t;

A_3、B_3——与水驱特征曲线有关的常数值。

表达式的物理意义:油田注水开发到一定阶段后,累积产液量与累积产油量之比与累积产

液量在直角坐标中呈直线关系，直线的斜率为 B_3，其截距为 A_3。

二、分析评价加密井网调整作用

A 块 1969 年采用行列井网进行开发，共布油水井 27 口；1983 年对低渗透油层进行一次加密调整，共布油水井 40 口；1995 年对薄油层及表外层进行二次加密调整，共布油水井 54 口；2003 年对薄油层及表外层进行三次加密调整，共布油水井 35 口，其中采油井 18 口，注水井 17 口。2005 年底全区共有油水井 155 口，其中采油井 95 口，注水井 60 口，井网密度 47.5 口/km^2。

截至 2005 年 12 月底，注水井开井 42 口，平均单井日注水量 109m^3，全区年注水量 184.93 × 10^4m^3，累积注水量 6688.51 × 10^4m^3。

采油井开井 82 口，日产液量 3673t，日产油量 318.2t，综合含水率 91.27%，年均含水率 91.18%，平均单井日产油量 3.9t。全区年产油 11.40 × 10^4t，采油速度 0.98%，累积产油 706.89 × 10^4t，采出程度 60.53%。地层压力 10.39MPa，流动压力 4.83MPa，总压差 -0.66MPa，生产压差 5.56MPa，采油指数 0.70t/(d · MPa)。

该区 1995 年进行二次加密调整，经过 11 年的开采，已具有较好的直线段。2003 年进行三次加密调整，可以初步预测加密前后可采储量变化情况。

（一）一次加密调整调整作用分析

利用丙型水驱特征曲线分别对一次加密调整前后可采储量进行预测，相关系数分别为 99.85% 和 99.89%。如图 1 和图 2 所示。

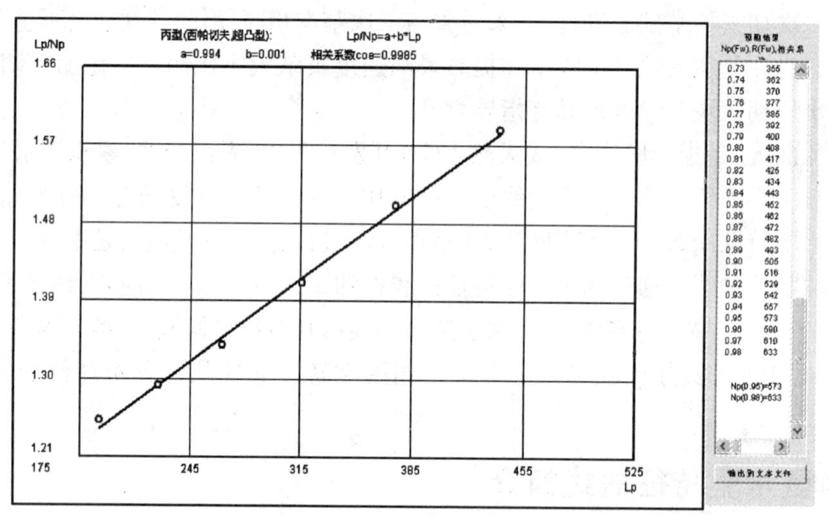

图 1　一次加密调整前基础井网丙型水驱特征曲线（软件截图）

通过预测得到一次加密调整前后含水率与可采储量关系表，从表中可以看出，一次加密调整前极限含水(98%)时的可采储量为 633 × 10^4t，由于一次加密井网在布井时重点考虑完善基础井网中渗透层注采关系，与基础井网共同开采中低渗透层，因而一次加密调整后极限含水(98%)时的可采储量为 715.0 × 10^4t，比一次加密调整前增加 82 × 10^4t(表 1)。

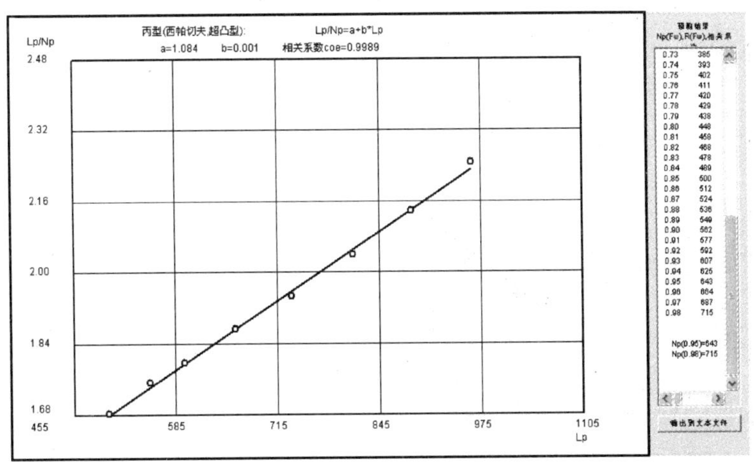

图 2　一次加密调整后基础井网丙型水驱特征曲线(软件截图)

表 1　一次加密调整前后含水与可采储量关系表

含水率(%)		0.75	0.80	0.85	0.90	0.95	0.98
可采储量(10^4t)	一次加密前	370	408	452	505	573	633
	一次加密后	402	448	500	562	643	715

一次加密后,从基础井网的累积产油和累积产水曲线可以看出,直线段明显向累积产油方向偏转,说明一次加密完善了基础井网的注采关系,使基础井网受效,可采储量增加(图 3)。

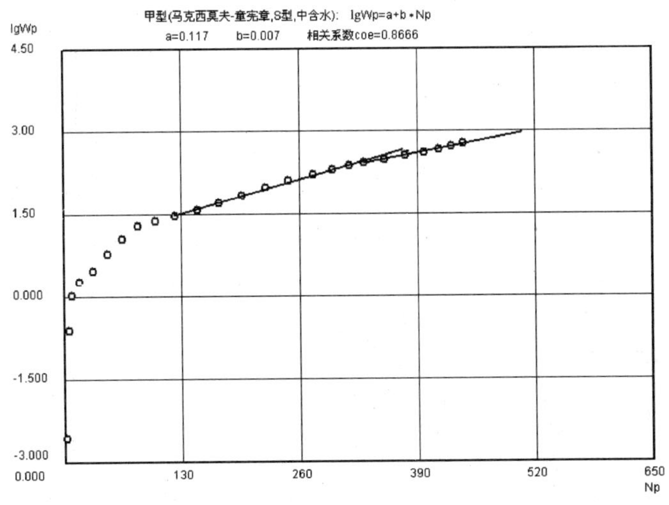

图 3　一次加密调整后基础井网甲型水驱特征曲线(软件截图)

(二)二次加密加密调整作用分析

利用丙型水驱特征曲线分别对二次加密调整前、后及二次加密井网自身可采储量进行预测,相关系数分别为 99.61%、100%、99.86%。如图 4、图 5 和图 6 所示。

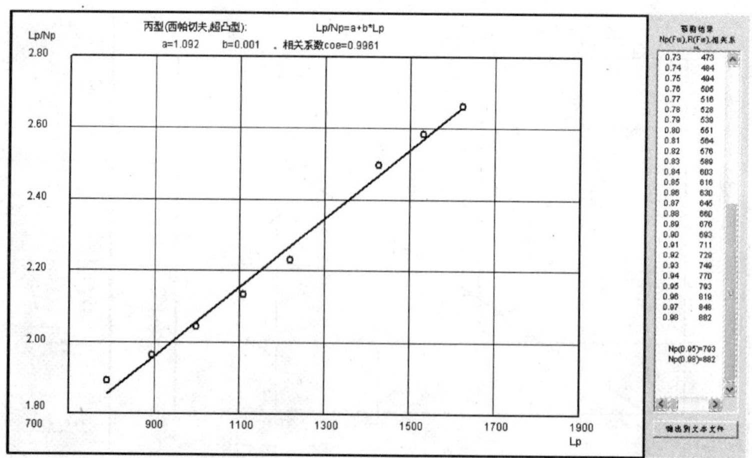

图 4　二次加密调整前全区丙型水驱特征曲线(软件截图)

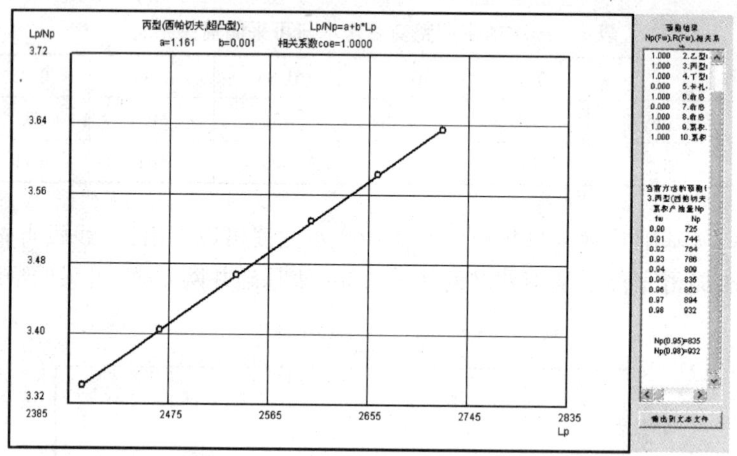

图 5　二次加密调整后三次加密前丙型水驱特征曲线(软件截图)

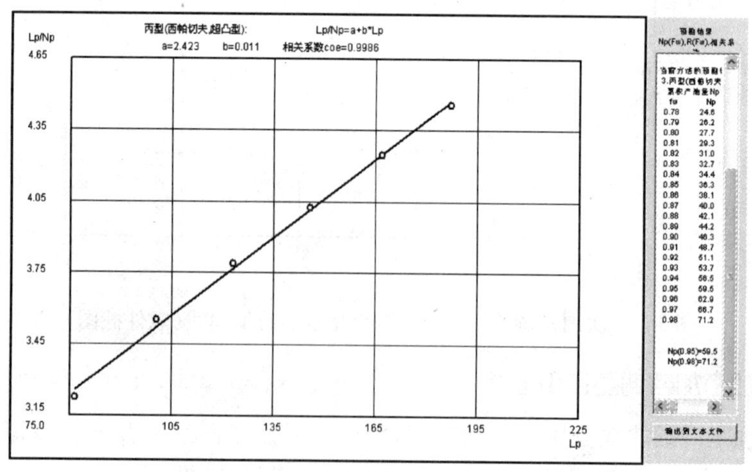

图 6　二次加密井丙型水驱特征曲线(软件截图)

得到二次加密调整前、后含水率与可采储量关系表(表2),从表中可以看出,二次加密调整前极限含水(98%)时的可采储量为 882 ×10^4t,二次加密调整后极限含水(98%)时的可采储量为 932 ×10^4t,比一次加密调整前增加 51 ×10^4t。同时预测二次加密井网自身极限含水(98%)时的可采储量为 71.2 ×10^4t。表明二次加密在增加可采储量的同时,也采出原井网一部分油量。

表 2　二次加密调整前后含水与可采储量关系表

含水率(%)		0.80	0.85	0.9	0.92	0.95	0.98
可采储量(10^4t)	二次加密前	551	615	593	729	793	882
	二次加密后	—	—	725	764	835	932
	二次加密井网	27.7	36.3	46.3	51.1	59.5	71.2

由各套井网分油层组射开厚度情况表(表3)可以看出,二次加密油井射开层位主要为油层组3、5、6,由于二次加密井网在布井时重点考虑开采薄差油层及表外储层,在开采层位上与基础井网及一次加密井网有部分重叠,因而在提高采收率的同时,也开采部分原井网的产量,从而致使原井网可采储量降低。其提高可采储量比例为 100 ×51/71.2 =71.8%。

表3　各套井网分油层组射开厚度情况表

层位	基础		一次加密		二次加密	
	砂岩(%)	有效(%)	砂岩(%)	有效(%)	砂岩(%)	有效(%)
油层组1	4.22	3.21	1.07	1.59	0.00	0.00
油层组2(a)	13.35	15.25	0.00	0.00	1.05	2.13
油层组2(b)	17.37	15.33	8.90	9.49	1.68	2.09
油层组3	12.44	9.74	9.63	8.61	34.49	37.91
油层组4(a)	24.16	36.26	2.11	1.66	1.27	0.53
油层组4(b)	8.73	6.67	14.08	13.83	0.25	0.18
油层组5	10.95	8.55	30.25	31.48	22.56	20.42
油层组6	8.79	4.98	33.96	33.34	38.70	36.75

(三)三次加密调整作用分析

利用丙型水驱特征曲线分别对三次加密调整前、后及三次加密井网自身可采储量进行预测,相关系数分别为100%、100%、99.92%。如图7、图8和图9所示。

得到三次加密调整前、后含水率与可采储量关系表(见表4),从表中可以看出,三次加密调整前极限含水(98%)时的可采储量为 932 ×10^4t,三次加密调整后极限含水(98%)时的可采储量为 945.9 ×10^4t,比一次加密调整前增加 13.9 ×10^4t。同时预测三次加密井网自身极限含水(98%)时的可采储量为 21.9 ×10^4t。

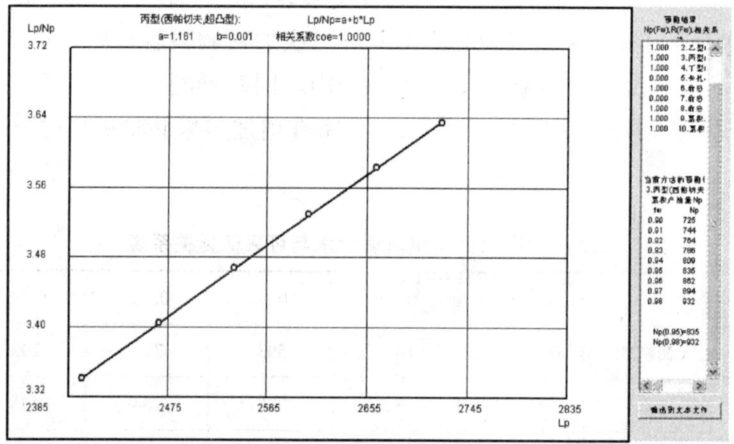

图 7 三次加密前全区丙型水驱特征曲线(软件截图)

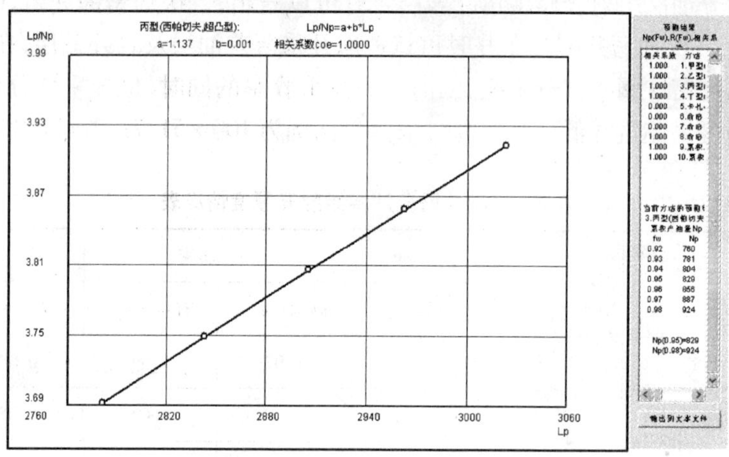

图 8 三次加密后全区丙型水驱特征曲线(软件截图)

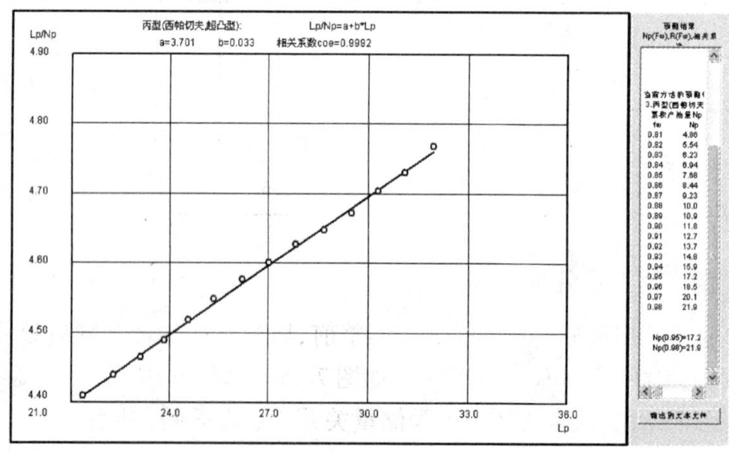

图 9 三次加密井丙型水驱特征曲线(软件截图)

表4　二次加密调整前后含水与可采储量关系表

含水率(%)		0.90	0.92	0.93	0.95	0.96	0.98
可采储量(10^4t)	三次加密前	725	764	786	835	862	932
	原井网	—	760	781	829	856	924
	三次加密后	—	773.7	795.8	846.2	874.5	945.9
	三次加密井网	11.8	13.7	14.8	17.2	18.5	21.9

由各套井网分油层组射开厚度情况表(表5)可以看出,三次加密油井在开采层位上与原井网存在部分重叠,因而在提高采收率的同时,也开采部分原井网的产量,从而致使原井网可采储量降低。三次加密使原井网产油量下降 8.0×10^4t,提高采油速度占三次加密井产量的36.5%,提高采收率占63.5%。

表5　各套井网分油层组射开厚度情况表

层位	基础		一次加密		二次加密		三次加密油井		三次加密水井	
	砂岩(%)	有效(%)	砂岩(%)	有效(%)	砂岩(%)	有效(%)	砂岩(%)	有效(%)	砂岩(%)	有效(%)
油层组1	4.22	3.21	1.07	1.59	0.00	0.00	25.25	18.26	3.55	2.63
油层组2(a)	13.35	15.25	0.00	0.00	1.05	2.13	17.12	19.18	5.51	7.38
油层组2(b)	17.37	15.33	8.90	9.49	1.68	2.09	27.11	47.49	10.32	11.77
油层组3	12.44	9.74	9.63	8.61	34.49	37.91	14.53	11.19	19.20	16.30
油层组4(a)	24.16	36.26	2.11	1.66	1.27	0.53	0.45	0.00	7.92	14.81
油层组4(b)	8.73	6.67	14.08	13.83	0.25	0.18	1.23	0.00	6.87	7.06
油层组5	10.95	8.55	30.25	31.48	22.56	20.42	3.27	1.83	20.03	18.43
油层组6	8.79	4.98	33.96	33.34	38.70	36.75	11.04	2.05	26.60	21.62

三、几点结论

(1)一次加密调整完善了基础井网的注采关系,使基础井网受效,可采储量增加。

(2)二次加密调整时由于开采层位与基础井网及一次加密井网有部分重叠,因而在提高采收率的同时,也开采部分原井网的产量,其提高采收率与采油速度比例为7:3。

(3)三次加密调整在提高采收率的同时,也开采部分原井网的产量,其提高采油速度占三次加密井产量的36.5%,提高采收率占63.5%。

参 考 文 献

[1] 陈元千. 油气藏工程实用方法. 北京:石油工业出版社,1999.

[2] 石明杰. 水驱特征曲线与产量递减曲线在油田开发后期的综合应用. 大庆石油地质与开发. 2004,(04).

[3] 朱炎. 高含水后期油田开发调整配套技术研究实践. 北京:石油工业出版社,2008.

作者简介:

王家祥,男,1975年8月出生,大庆油田有限责任公司第二采油厂,油藏工程师。

水驱结构递减规律认识与应用

高　鹏

摘　要:自然递减率是反映油田产量变化的一个重要指标,综合反映了油田生产基础状况,也是年度规划的重要依据。本文通过水驱结构递减统计分析,总结水驱结构递减规律,指导规划年结构递减预测,并通过扣除结构因素影响还原历年正常自然递减率,总结出体现油田规律的正常递减趋势。在此基础上,确定年度规划编制年的正常递减率,并预测规划年的结构因素对正常递减率的影响,确定规划年的实际自然递减率指标,指导年度规划安排。

关键词:结构递减　正常递减率　年度规划

一、引言

由于多种因素的影响,实际发生的自然递减率不具有规律性,不能体现油田的规律。本文从油田的管理和开发实际出发,以规划年上一年度实际发生的水驱井数为准,利用相同井矿场发生的实际生产数据,对影响自然递减率的结构因素进行数据统计分析,通过结构分析将 x—y 年相同井的自然递减率进行还原,总结出体现油田规律的正常递减趋势,进而确定规划年的自然递减率。

二、统计分析结构递减规律

影响递减率的因素很多,主要影响因素包括:新井贡献值、增产措施效果、钻关影响、聚驱区块封堵水驱目的层、水驱产量向聚驱转移等。从全油田来看,在每年都有新井投产的情况下,设油田共有 n 类井,由结构递减率定义可知,全油田第 t 年的年对年自然递减率不但与每类井的年对年自然递减率有关,还与该类井第 t - 1 年的产油量比例有关。为了能指导年度规划和长远规划,我们就需要统计出已发生的具有代表性和指导意义的因素递减规律,进而预测即将发生的结构因素影响。下面以新井和措施井为例,其他各项因素类似不做详细统计。

(一)新井结构递减规律统计分析

通过对 x—y 年投产的新井在历年产量数据进行统计,并扣除措施增油影响,计算历年新井的结构递减率。由于新井投产第二年受时率影响,不作为分析依据。从曲线上可以看出,从新井投产的第三年开始,新井产量开始递减,并且随着生产时间的延长,递减率呈现减缓的趋势(图 1)。

在确定总体递减规律的前提下,按层系进行递减规律分析,以指导规划年相似区块的新井递减。如统计 2007 年投产的某区块新井的递减规律(图 2),可以指导类似区块新井的递减。

(二)措施井结构递减规律统计分析

以补孔井为例,该区块措施层位一致,补孔时间集中,在同一个区块内,具有代表性。补孔井主要在 2007 年实施,措施效果维持近两年,2008 年的结构递减率为 - 0. 17% ,而 2009 年出

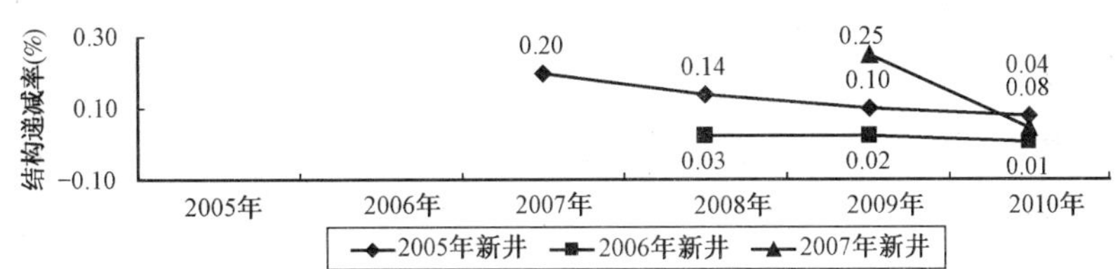

图 1　历年新井结构递减率曲线

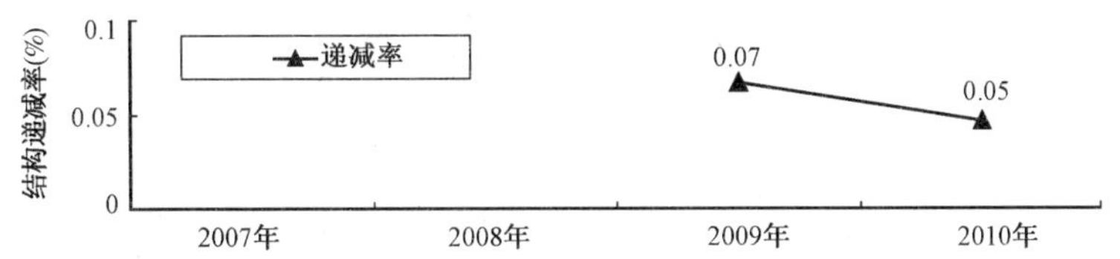

图 2　投产新井结构递减率曲线

现大幅度递减，结构递减率达到 0.60%。通过总结具有代表性的措施结构递减情况，可以指导相似区块，相近层位的措施预测(图 3)。

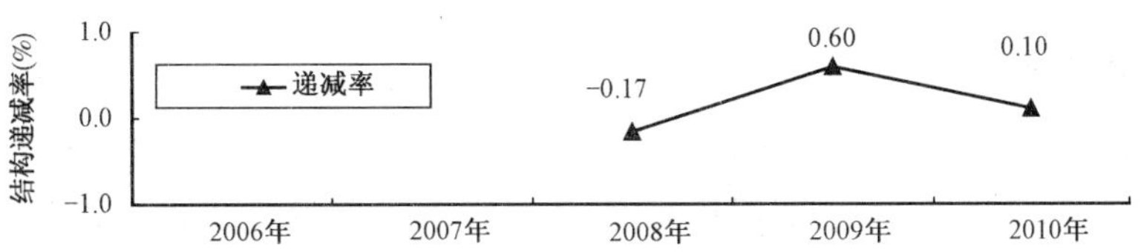

图 3　补孔井结构递减率曲线

三、预测水驱递减率变化趋势

应用结构分析思想，剖析影响自然递减率的因素，还原年对年的正常递减率，通过拟合回归，确定正常递减的经验公式。在此基础上，依据统计分析总结的结构递减规律，预测即将发生的结构因素对正常递减率的影响，进而确定规划年的自然递减率。

(一)确定相同井历年产量

为了总结出能够代表目前油田开发形势的递减率，需要以一定时间单元为基础，本文时间单元确定为五年。为了便于计算，过滤掉井数变化所带来的影响，以 2010 年的水驱井数为准，重新计算这些相同井在 2006—2010 年的产量构成(表 1)。

表 1　某开发区相同井产量构成表

项目		2006 年	2007 年	2008 年	2009 年	2010 年
产油量($\times 10^4$t)	未措施	546.12	517.36	500.44	467.02	444.62
	措施	22.14	23.13	11.29	10.89	6.82
	新井	0.32	0.49	5.20	10.97	3.79
	水驱合计	568.59	540.98	516.93	488.88	455.23

（二）正常递减率的恢复

应用相同井历年实际产量计算相同井历年实际自然递减率，并统计各项结构因素对相同井实际自然递减率的影响，扣除这些因素的影响，进而恢复正常递减率（表2）。

表2　正常递减率测算表

时间	相同井实际自然递减率（%）	结构递减率（%）								恢复后正常自然递减率（%）
		上年新井贡献	长关井治理贡献	注采系统调整	上年补孔贡献	补孔递减	当年封堵影响	钻关多影响	聚驱投注水驱未封堵	
2006	8.15	-0.43	-1.03	—	—	—	0.32	0.33	—	8.96
2007	9.01	-0.01	-0.35	-0.20	-0.14	—	0.00	0.64	0.28	8.78
2008	7.49	-0.84	-0.81	-0.10	-0.56	—	0.20	0.93	—	8.68
2009	9.65	-0.13	-0.41	0.43	-0.19	0.59	0.15	0.67	—	8.55
2010	9.05	-1.30	-0.51	—	-0.23	0.22	0.10	3.03	-0.72	8.46

（三）正常递减率应用

图4表明，应用结构分析恢复正常递减率，与实际自然递减率进行对比，正常递减率具有很好的递减趋势，能够代表油田目前的开发形势。对2006—2010年正常递减率进行拟合，公式为：

$$D_{t} = 9.0569e^{-0.014x}, R^{2} = 0.9852$$

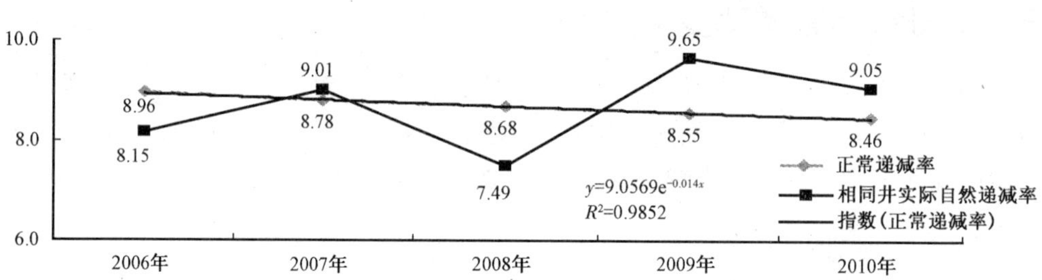

图4　正常递减率与实际递减率对比曲线

应用该公式，对规划年2011年正常递减率进行预测，$D_{2011正常}=8.33\%$。在此基础上，通过参考已发生结构因素的递减规律，对2011年影响正常递减率的各项因素进行预测分析，进而确定2011年自然递减率指标为6.21%（表3）。

表3　2011年自然递减率测算表

正常递减率（%）	结构递减率（%）							2011年自然递减率（%）
	上年新井贡献	长关井治理贡献	上年补孔贡献	封堵影响	钻停	转聚影响	小计	
8.33	-1.68	-0.18	-0.13	0.66	-1.10	0.31	-2.12	6.21

四、结论

（1）运用结构递减，将影响递减率因素进行分解，总结结构因素的递减规律，对以后将发生的类似因素指标的预测具有借鉴和指导意义。

（2）为了便于计算和更好的总结递减规律，应以相同井为研究对象。建议以规划年上一年的井数为基础，重新计算相同井的产量构成。

（3）以 5 年为一个时间单元，运用还原后的正常递减率进行拟合，确定开发区的递减经验公式为 $D_t = 9.0569e^{-0.014x}$。

（4）根据经验公式，可确定 2011 年正常递减率应为 $D_{2011正常} = 8.33\%$。并对 2011 年各项影响因素进行预测，最终确定 2011 年开发区的自然递减率指标为 6.21%。

参考文献

[1] 田晓东．油田开发指标结构分析方法．大庆石油地质与开发. 2007, 26(3): 47－50.

[2] 杨菊兰．油田开发规划计划编制的产量结构方法．大庆石油学院学报. 2009, 33(1): 36－40.

[3] 赵晓燕．水驱油藏产量递减率影响因素诊断模型研究．西南石油大学学报. 2009, 31(4): 99－102.

作者简介：

高鹏，男，大庆油田有限责任公司第二采油厂地质大队，助理工程师。

应用统计分析方法提高注水井测试效率

皇甫慧宇　王 丹　夏 明

摘　要:通过对分层注水井测试周期的统计分析,寻找影响注水井测试效率的主要原因,从而探索提高测试效率的有效途径,更好的提高全厂的测试质量、注水质量,同时为油田全面推广三次测调工作的奠定基础,从而达到油田注够水、注好水的目标。

关键词:测试效率　测试质量

一、注水井分层测试周期现状的统计分析

统计水驱 2260 口分层注水井,平均单井分层测试时间为 4.2d,通过分析,我们可以看到以下规律(表 1)。

表 1　单井测试时间调查表

调查范围	测调平均时间(d)				
	一级二段	二级三段	三级四段	四级五段	五级六段以上
a 班组	2.8	3.0	4.1	4.6	5.0
b 班组	4	5	5	6	7
c 班组	3.3	3.8	4.2	4.3	7.7
d 班组	1.5	2.5	3	4	5
e 班组	2	3	4.5	5.5	5.85
f 班组	2.4	3.7	4.8	6.1	7
全部	2.7	3.5	4.3	5.1	6.3

一是随着层段数增加,测试难度加大,测试周期延长。一级两段注水井平均单井测试需要 2.7d,而五级六段以上注水井平均单井测试时间为 6.3d。

二是地下油层地质条件的差异影响,导致每个层段吸水能力的差异,进而影响单井的测试周期,从统计上看:总的趋势,由北向南,测试难度加大,测试时间延长。

三是不同开发层系的测调周期有较大差异,基础井网平均单井测调周期 3.8d,二三次加密调整井网平均单井测调周期 4.7d,主要原因是开采层位不同,油层物性条件差异导致的。

二、影响注水井测调效率主要原因的统计分析

通过对影响测试效率原因统计分析,主要存在以下几方面:

(一)注入水质的不合格导致测试效率降低

注入水质是影响注水质量的最主要的原因,虽然近年来加强对注入水质的治理,但注入污水在干线、管柱内结垢(表 2),影响测试井下工具的正常使用,进而导致测试工作无法正常进行,尤其对非集流测试影响较大,降低测试效率,导致注水质量下降。受水质影响目前

ϕ2.0mm 以下水嘴已经不再下井，导致水量调整范围减小。

表2　污水处理站水质现状统计表

污水类别	污水站名称	上半年			下半年		
		含油量 mg/L	悬浮固体 mg/L	硫酸盐还原菌 个/ml	含油量 mg/L	悬浮固体 mg/L	硫酸盐还原菌 个/ml
水驱普通含油污水	a1	6.37	6.4	10	5.11	6.4	20
	a2	5.19	8	9	0.59	3.2	10
聚驱普通含油污水	b1	18.6	9.6	4500	10.91	17.6	4500
	b2	18.31	18.4	15000	48.31	20	250
	b3	8.6	19.2	250	0.75	17.33	25
	b4	17.08	16.8	900	18.56	19.33	50
	b5	10.08	17.6	4500	19.32	36	4500
	b6	13.04	7.2	2500	0.63	6.4	50
	b7	8.92	8	4	3.67	12	40
	b8	32.7	17.6	4500	44.6	35	1500
	b9	13.04	36.8	9500	17.89	44.8	9500
	b10	30.47	25.6	4500	55.47	16.67	80
	b11	31.79	28	90	57.44	39.09	90
	b12	—	—	—	12	9.2	—
水驱深度含油污水	c1	1.77	2.4	15	3.63	13.6	15
	c2	1.21	2.86	9	0.69	2.4	9
	c3	4.49	2.31	20	0.51	2.31	40
聚驱深度含油污水	d1	4.5	4.3	4000	0.63	10.4	400
	d2	3.51	3.2	4500	3.03	3.2	45
	d3	3.73	2.4	4	0.82	4.8	4
	d4	0.59	2.67	9	0.69	3.2	9
	d5	2.7	3.9	—	3.62	4	—
	d6	9.21	14.4	70	2.09	3.85	70
	d7	36.62	11.2	4500	0.37	1.6	4500
	d8	18.31	16.8	250	4.02	27.2	75
地面污水	e1	—	32.8	—	停产		
	e2	停产			停产		
	e3	—	8	400	—	7.2	400
全区	平均	12.53	10.99	2502	12.61	14.11	1091
	合格率(%)	75	69.23	41.67	84	73.08	62.5

（二）洗井困难导致测试效率降低

目前在测试前虽然基本做到洗井，但目前罐车洗井水量为 20m^3，简易洗井车洗井水量为 20～30m^3，难以达到洗好洗彻底的目的，而且部分注入井洗井问题无法解决，导致测试难度增大，测试效率降低，测试质量下降。目前由于地面原因和井下管柱原因不能洗井约 595 口 2040 个层段，其中导致测试不合格的井 301 口 669 个层段（表 3）。

表 3　不能洗井原因统计表

调查范围	地面原因		井下管柱原因		小计		影响注水合格率	
	井数（口）	层段数（个）	井数（口）	层段数（个）	井数（口）	层段数（个）	井数（口）	层段数（个）
a 班组	148	539	6	23	154	562	36	99
b 班组	56	200	28	106	84	306	21	50
c 班组	54	174	23	94	77	268	63	174
d 班组	55	186	2	6	53	192	40	83
e 班组	165	518	204	176	221	694	135	245
f 班组	3	10	3	8	6	18	6	18
全部	481	1627	266	413	595	2040	301	669

（三）吸水能力变差井逐年增多，增加测试难度，降低测试效率及质量

目前水驱吸水能力变差井较多，完不成配注，增加测试难度，降低测试质量。统计有 797 口井完不成配注井，占分层井总数的 35.2%，总层段数 2678 个，其中不合格层段 1394，达到 52% 左右。其中加密调整井网完不成配注井为 588 口，占总数的 73.8%（表 4）。

表 4　完不成配注分层注水井统计表

井网	全　井				完不成配注层段		
	井数	层段数	配注	实注	层段数	配注	实注
基础井网	97	424	17085	11165	185	9135	3403
一次加密井网	144	503	16730	10261	279	11545	4153
二次加密井网	342	1175	29260	18228	551	18737	7606
三次加密井网	102	348	6355	2581	180	3775	1341
高台子	112	228	6840	3867	199	5325	2150
合计	797	2678	76270	46102	1394	48517	18653

（四）井口设备的缺失对测试效率的影响

个别井测试总闸门损坏没有及时更换，增加测试工作操作难度，也对测试工作带来影响。

（五）测试员工的技术水平制约测试效率的提高

测试员工的技术素质及工作责任心的参差不齐，影响测试质量，近年来，随着新投井的不断增加，测试队伍不断壮大，测试员工的技术水平存在较大差异，间接影响测试质量。

三、提高注水井测调效率的有效途径

（一）推广测试新技术，提高测试效率

1. 推广分层注水井高效测调联动技术，努力提高测试效率

该仪器系统采用地面控制系统与井下测调仪两部分组成实时数据采集系统，对注水井的

流量、温度和压力进行录取和存储。该仪器测量系统通过井下测调仪把井下每层的压力、温度和流量的实时数据传送到地面控制系统经计算机处理后，由计算机给井下测调仪发出指令启动流量调节执行机构来调节井下的可调式堵赛器来调节配置水量，边调节边把实际水量数据送到计算机显示直到达到要求为止（图1）。

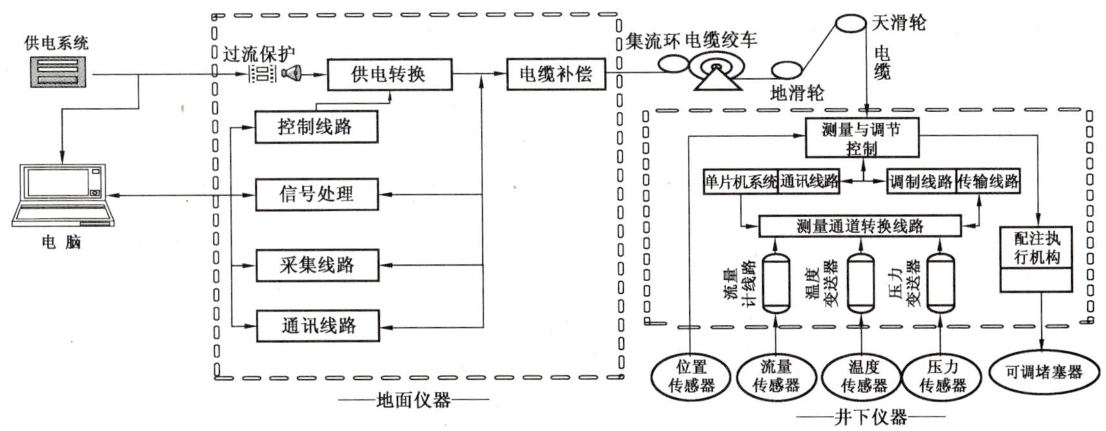

图1　高效测调仪数据采集系统（软件截图）

2010年，水驱分层注水井在2009年现场试验的基础上，引入10套高效测调技术装备，测试完成114口187井次。对部分常规非集流测试技术统计279口井，层段从2到7个层段（扣除计划停注层段）平均测试完成时间4.6d（指不包括天气、压力波动、车辆因素等不能测试时间后有效测试时间），高效测调联动技术统计90口井，平均测试完成时间3.7d，较常规非集流测试缩短0.9d，这部分联动技术所测井在后续测试中由于不必反复投捞堵塞器，测试时间将进一步缩减，极大提高测试效率（表5）。

表5　相同条件下常规技术与联动技术测试效率对比表

测试技术	总井数（口）	平均测试时间（d）	2个层段		3个层段			4个层段			5个层段			6个层段			7个层段		
			井数（口）	测试时间（d）	井数（口）	测试时间（d）	与2个层段测试时间差（d）	井数（口）	测试时间（d）	与3个层段测试时间差（d）	井数（口）	测试时间（d）	与4个层段测试时间差（d）	井数（口）	测试时间（d）	与5个层段测试时间差（d）	井数（口）	测试时间（d）	与6个层段测试时间差（d）
常规技术	279	4.6	45	2.5	76	3.3	0.8	79	4.8	1.5	56	6.3	1.5	14	7.2	0.9	9	8.8	1.6
联动技术	90	3.7	6	1.5	21	2.4	0.9	41	3.6	1.2	16	5.2	1.6	2	6.3	1.1	4	8.1	1.8
平均测试时间差（d）	—	-0.9	—	-1.0	—	-0.9	—	—	-1.2	—	—	-1.1	—	—	-0.9	—	—	-0.7	—

2. 推广双作用投捞器现场试验，提高投捞效率

双作用投捞器可提高投捞效率1倍左右，打捞和投送成功率分别为92.1%和91.0%，可以替代普通投捞器使用。

3. 应用可旋转自动防喷管，提高测试效率

对现有测试防喷管进行改进，能够实现在地面上可调整防喷管，减少测试劳动强度，同时可以达到安全标准。

（二）加强测试队伍管理，提高测试效率

1. 实施“同步”测试法提高测试效率

所谓同步测试法就是一个测试班组同时测试两口井，既能达到测试的目的，也能高测试效率。由于地层压力的波动或调整水嘴时地层压力不能马上恢复，需要稳定一段时间，否则测试水量不准确，甚至容易造成超测试误差，我们在稳定压力的这段时间内同时测试另外一口井，待压力稳定后再进行测试。由此可以延伸到三口井同时测试，有利于提高测试效率。

2. 优化测试队伍管理，提高测试有效时间

一是对全年测试任务进行分解，分别制定了年计划、月计划、周计划，严格按计划抓好工作落实。采取测试班组“分队分井质量承包制”，把每个班组所测的井相对固定下来，使每个班组熟悉自己所测的井，有利于提高测试效率，保障测试质量。

二是在测试任务安排上实行“四优先”：即作业井、方案井、钻开井、注水异常井优先。我们在按计划完成测试任务的同时，对临时出现的作业井、方案井、钻开井及注水异常井优先测试，并快速上报测试资料。

三是在日常工作中掌握灵活性，即根据天气情况，做到好天气抢前抓早，坏天气加强设备车辆保养；利用节假日休息时间抢干测试任务，保证正常任务的顺利完成；开展午餐送到井场，相应的增加了工作时间，提高测试效率。

3. 开展技术培训，提高测试员工的操作技能

举办测试技术培训交流学习班，学习掌握井下工具、管柱及测试技术原理的基本理论，注重现场疑难状况的分析、判断、处理操作技能水平的提升。

（三）规范精细管理，为保障测试效率提供保障

1. 加强注水水质治理，控制源头，提高测试效率

通过深入挖潜，加强管理，不断改善油站放水水质，完善污水站工艺，加强二次污染治理，加大科研攻关及新技术推广力度，使我厂水质状况得到一定改善。

努力改善油站放水水质，根据我厂脱水站、放水站的放水含油情况，把油站放水水质改善作为重点。治理工作主要从工艺完善、设备改造、优选药剂、强制收油、加强管理等几个方面入手。力争油站放水水质达到了油田公司（水驱含油量≤300mg/L，聚驱含油量≤500mg/L）的要求。

完善工艺与管理并重，持续改善污水站污水水质。我厂现有污水站30座，其中普通污水站19座，日均处理含油污水$28.5\times10^4m^3$；深度污水处理站11座，日均处理深度污水$12.5\times10^4m^3$。通过加大物理化学杀菌应用力度，加强污水站、注水站的污油回收管理及日常生产运行管理，使污水站外输水质得到改善。

2. 提高洗井质量，确保测试效率提高

在各作业区成立专业的洗井班组，配备相应的洗井设备，制定相关的洗井标准，确保洗井质量。在测试前达到口口洗井，进而提高测试效率。

3. 编制测试操作规范，有效指导测试员工操作

地质大队编制分层测试操作规范，有效的指导测试员工现场规范操作，提高测试效率。

4. 保持地面管网压力稳定，减少注水井测调的复测比例

一是保持注水管网压力稳定，提高注水合格率。当管网压力波动时，单井注水压力、注水量随之变化，注水合格率下降；同时给分层测试调配工作带来极大难度，严重影响测试速度和测试质量。因此，保持注水管网压力稳定，对提高注水合格率具有重大意义。

二是保证单井注水平稳，提高注水合格率。保证平稳注水在一定程度上可以减少超误差井数，保证注水合格率。注水稳定，地层压力变化相对较小，可以延长测试资料使用周期，减少超误差井。

三是加强资料监督检查，保证注水合格率。第二采油厂地质大队将结合综合调整方案下移的有利条件，加强资料检查管理人员力量。每月定期按一定比例现场抽查注水井资料、测试资料，验封资料等，保证资料录取的真实准确。

5. 强化现场监督机制，保证测试质量

严格执行采油队、地质工艺队、地质大队测试质量“三级监督”制度。首先是测试完成后由采油队技术员现场测试检查卡片，重点对“第一张检卡和最后一张检卡”进行现场监督，严把测试资料现场审核把关，地质大队将对技术员现场测试检查卡片进行监督；其次是加强地工队主管人员的现场监督，每月保证验证 10 口井以上；再次是地质大队要继续坚持对测试队测试质量进行抽查，每月抽检不少于 14 口井。

测试资料“三级审核”制度，采油队技术员把好资料合格关，测试队技术员把好测试卡片质量关，地质工艺队监测岗把好质量验收关。

四、结论

（1）注入水质是影响测试效率的主要原因，通过地面工艺改造和加强水质管理，使我厂注入水质达到油田公司标准。

（2）加快高效测调新技术的推广，是提高我厂测试效率的有效途径。

（3）通过精细测试及测试队伍管理，为提高测试效率提供有效的保障。

参考文献

[1] 陈元千，李去．现代油藏工程．北京：石油工业出版社，2001：67－73.

[2] 试井及手册编写组．试井手册．北京：石油工业出版社，1992：35－38

[3] 巢华庆．大庆油田油藏工程．北京：石油工业出版社，1999：25－36

作者简介：

皇甫慧宇，经济师，大庆油田有限责任公司第二采油厂器材站。

三类油层聚合物驱现场试验开发效果分析与认识

崔长玉

摘　要:针对二类油层在平面上和纵向上不集中分布地区,不能单独形成一套井网开发,而三类油层大面积发育,因此为落实三类油层潜力,为油田可持续发展储备三类油层聚驱技术,对有效厚度不大于0.5m的油层开展聚合物驱试验,扩大了聚合物驱应用范围。通过试验区注入采出井动、静态资料进行数据统计和分析,结果表明试验区注入500万到800万相对分子质量聚合物与油层配伍性强,能够实现连续注入,试验区形成了三类油层配套的开发调整技术,定量化评价了不同类型砂体聚驱开发效果,中心井含水率下降6.6%,中心井采收率提高5.63个百分点,具有较好的经济和社会效益。

关键词:三类油层　聚合物驱　提高采收率

一、试验区基本情况

三类油层试验区为注采井距110m的五点法面积井网的9注16采井组。试验区开采油层属于三角洲外前缘相沉积,试验目的层主要为有效厚度不大于0.5m的油层,开采对象主要为表外层和非主体砂,平均单井钻遇砂岩厚度为12.7m,有效厚度为4.0m,平均有效渗透率169.8mD,钻遇河道砂比例为1.4%,层间变异系数0.90,层间渗透率级差为7.0,单井之间渗透率级差为4.0。三类油层试验区2006年3月30日开始注入聚合物,2008年7月21日转为后续水驱。三类油层试验区累计注入油层孔隙0.7664PV,聚合物用量842.2mg/L·PV。试验区中心井采出程度39.45%,阶段采出程度7.51%,采收率提高5.63%,含水率下降6.6%。

二、试验区采出井单井效果评价

根据采出井井区提高采收率幅度进行分类,其中提高采收率幅度小于3%井定义为D类,3%~5%井定义为C类,5%~10%井定义为B类,大于10%井定义为A类。根据实际每口井提高采收率幅度,分别进行了归类(表1)。

表1　采出井提高采收率幅度统计表

类别	井区	提高采收率(%)
D	井区4	1.37
	井区8	1.55
	井区1	2.33
C	井区13	3.22
	井区12	3.35
	井区7	3.63
	井区10	4.75

续表

类别	井区	提高采收率(%)
B	井区 2	5.17
	井区 3	5.80
	井区 9	6.04
	井区 6	7.09
	井区 11	8.25
A	井区 5	11.28
	井区 16	11.88
	井区 15	11.93
	井区 14	11.99

采出井单井之间开发效果差异性比较大,根据每口采出井提高采收率类别,进行效果分析评价。通过注、采两方面进行统计分析,认为影响采出井提高采收率的主要因素包括注入参数设计、聚驱控制程度、油层动用状况、注入井措施情况、采出井措施情况等相关内容。

三、试验区聚合物驱开发效果分析

(一)试验区驱替剂优选和注入参数设计合理,油层得到很好动用

南四区东部三类油层试验区与一类油层条件相比具有渗透率偏低,小层层数多,厚度小,纵向上渗透率变化大的特点。因此相对分子质量的选择上保证有较多的薄差油层进入聚合物。根据室内实验得出普通聚合物相对分子质量与油层渗透率极限的线性关系(图 1),与试验区三类油层相匹配的聚合物相对分子质量是 500 万。注入井在注入 500 万相对分子质量聚合物情况下,统计 9 口注入井不同渗透率油层,平均每口井满足注聚标准的小层达到 60%,聚驱控制程度在 50% 以上,有效厚度占总有效厚度 70% 以上,表明聚合物与油层配伍性好。

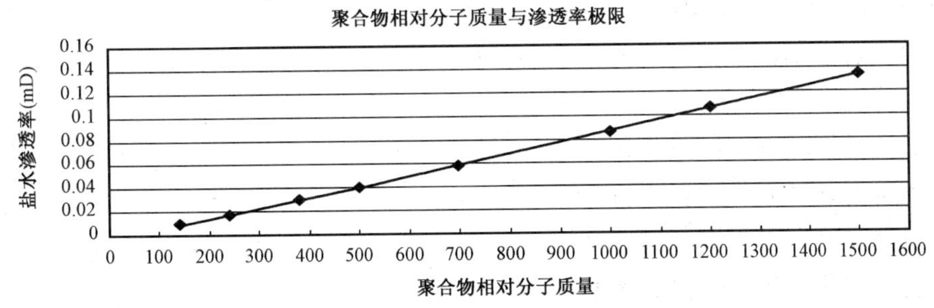

图 1 聚合物相对分子质量与油层渗透率关系

试验区设计注入 500 - 800 万的相对分子质量聚合物,注入浓度设计为 800 ~ 1000mg/L,黏度在 18 ~ 40mPa · s。统计三类油层注聚过程中压力明显上升,整个注聚过程注入压力上升 5.2MPa,升幅 55%。在聚合物注入孔隙体积 0.15PV、聚合物用量 180mg/L · PV 之前升幅较大,压力上升 3.2MPa;聚合物用量 180mg/L · PV 之后升幅变缓,阶段压力上升 0.72MPa;聚合物用量 415mg/L · PV、注入孔隙体积 0.37PV 后随着注入井的分层注聚压力升幅明显加大,阶段注入压力上升 1.3MPa。根据注入井各个阶段注入压力升幅变化,同时结合各个阶段不同类

型砂体动用状况统计结果，说明三类油层注聚初期主要进入的是油层发育相对好的油层，由于聚合物的滞留，导致渗透率明显下降，压力上升较快，后聚合物吸附捕集达到了一定平衡后，渗流阻力趋于稳定，注入压力缓慢上升。随着注聚的深入，注入井开始分层注入，注入压力进一步上升，当注入压力上升到薄差层启动压力时，非主砂和表外层动用的小层增加，层间矛盾得到了缓解。从阶段注入状况看（图2），三类油层注入参数设计合理，聚合物驱体系可实现连续注入。

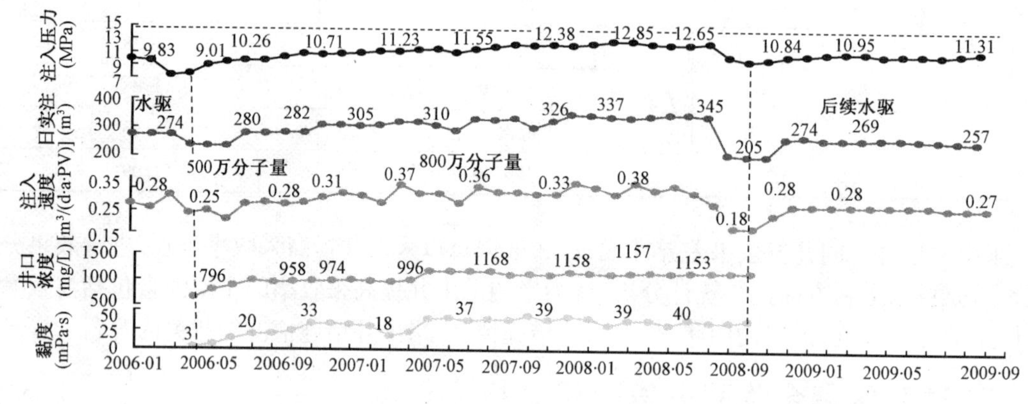

图2　试验区注入井注入曲线

（二）三类油层不同类型砂体吸液情况

根据注入井注入剖面统计结果，三类油层不同类型的砂体吸液状况存在着明显差异（表2）。外前缘Ⅰ、Ⅱ类砂体，即主体砂、非主体砂相对发育，吸液状况稳定，是全井的主要吸液层，吸液砂岩厚度比例77.5%，吸液量占全井的60%以上。外前缘Ⅱ类砂体中二类渐变的表外层，平面上为薄而不稳定的砂体分布，与连通的采出井多为薄注厚采型关系，以非主体砂发育为主，由于连通关系复杂，吸液状况较差，吸液砂岩厚度比例22.8%，吸液量占全井的11.4%。外前缘Ⅲ类砂体中表外层，油层物性差，吸液砂岩厚度比例22.3%，吸液量占全井的25%，这类砂体中与非主体砂渐变发育的表外层和大面积稳定发育的独立型表外层吸液状况好于不稳定发育的独立型表外层。外前缘Ⅳ类砂体中独立型表外层，尖灭区发育，由于有注无采或有采无注，基本不吸液。总体上渐变的表外层吸液状况好于独立型表外层。通过对连续剖面的分析认为，三类油层注聚后动用厚度增加，水驱、聚驱均不动用的层主要是二类独立表外，层数占该类砂体的31.6%，厚度占32.0%。三类油层注聚对象下限应定为与有效层渐变发育的表外层。

（三）三类油层试验区分层注聚提高采收率

统计三类油层试验区分层注聚分为两个时期，一是注入油层孔隙体积0.18PV时分层注聚5口井，分层后0.5～1m的主体砂的吸水厚度比例明显增加，连通采出井含水回升的势头得到控制；二是注入油层孔隙体积0.29PV时分层3口井，进一步细分注聚3口井。细分后0.2～0.4m的非主体砂的吸水有效厚度比例比细分前增加，试验区采出井进入缓慢的含水回升阶段，部分井出现明显的含水二次下降（表3）。由此可见，早分层、细分层注聚是改善非均质严重的三类油层聚合物驱开发效果的重要措施，可以进一步扩大波及体积，采出井二次见效明显。统计结果表明，分层注聚采收率提高0.91个百分点。

表 2　不同类型砂体聚驱吸液能力

<table>
<tr><th colspan="3" rowspan="2">砂体类型</th><th rowspan="2">连通类型</th><th colspan="2">外前缘Ⅰ类</th><th colspan="2">外前缘Ⅱ类</th><th colspan="2">外前缘Ⅲ类</th><th colspan="2">外前缘Ⅳ类</th></tr>
<tr><th>吸液厚度比例（%）</th><th>相对吸水（%）</th><th>吸液厚度比例（%）</th><th>相对吸水（%）</th><th>吸液厚度比例（%）</th><th>相对吸水（%）</th><th>吸液厚度比例（%）</th><th>相对吸水（%）</th></tr>
<tr><td rowspan="5">表外层发育</td><td>薄而稳定分布</td><td>独立</td><td>与稳定薄层相连</td><td>—</td><td>—</td><td>—</td><td>—</td><td>22. 3</td><td>13. 0</td><td>—</td><td>—</td></tr>
<tr><td rowspan="4">薄而不稳定分布</td><td rowspan="2">独立</td><td>与各类砂体相连</td><td>—</td><td>—</td><td>—</td><td>—</td><td>21. 5</td><td>4. 5</td><td>—</td><td>—</td></tr>
<tr><td>与尖灭相连</td><td>—</td><td>—</td><td>—</td><td>—</td><td>—</td><td>—</td><td colspan="2">不吸</td></tr>
<tr><td rowspan="2">渐变</td><td>薄注厚采型</td><td>—</td><td>—</td><td>22. 8</td><td>11. 4</td><td>—</td><td>—</td><td>—</td><td>—</td></tr>
<tr><td>与各类砂体相连</td><td>—</td><td>—</td><td>—</td><td>—</td><td>13. 8</td><td>7. 5</td><td>—</td><td>—</td></tr>
<tr><td colspan="3">厚而稳定分布砂体</td><td>与厚层砂体相连</td><td>87. 7</td><td>32. 2</td><td>—</td><td>—</td><td>—</td><td>—</td><td>—</td><td>—</td></tr>
<tr><td colspan="3">厚而不稳定分布砂体</td><td>与各类砂体相连</td><td>—</td><td>—</td><td>71. 4</td><td>31. 4</td><td>—</td><td>—</td><td>—</td><td>—</td></tr>
</table>

表 3　三类油层不同时期不同类型砂体吸液厚度比例变化

分类	表外层		非主体砂 0. 2 ~ 0. 4m			主体砂 0. 5 ~ 1m			≥1m			试验区	
	砂岩（%）	吸液比例（%）	砂岩（%）	有效（%）	吸液比例（%）	砂岩（%）	有效（%）	吸液比例（%）	砂岩（%）	有效（%）	吸液比例（%）	砂岩（%）	有效（%）
水驱	29. 7	37. 1	46. 3	44. 0	15. 2	60. 0	63. 4	29. 7	100. 0	100. 0	18. 0	44. 5	61. 9
注聚初期	12. 3	24. 3	15. 8	16. 7	21. 5	37. 3	36. 4	31. 1	100. 0	100. 0	23. 1	23. 8	38. 9
分层注聚初期	23. 8	43. 0	23. 2	17. 9	12. 0	82. 2	57. 0	38. 7	100. 0	100. 0	6. 3	39. 8	49. 1
细分层	25. 1	26. 7	51. 0	50. 0	34. 0	55. 1	52. 3	23. 7	100. 0	100. 0	15. 6	42. 6	58. 8
注聚后期	14. 8	22. 5	70. 5	58. 2	52. 4	53. 3	52. 1	16. 6	100. 0	100. 0	8. 5	47. 4	58. 9

（四）采出井压裂是取得比较好开发效果的重要保证

统计试验区采出井，其中提高采收率幅度达到 A 类 4 口井全部采取过压裂措施，而自然见效井提高采收率幅度以 B 和 C 类为主。统计三类油层压裂后，产液砂岩厚度比例 92. 8%，产液有效厚度比例 93. 5%，与压裂前对比，产液砂岩厚度比例增加 12. 9%，产液有效厚度比例增加 5. 7%。统计试验区 5 口压裂井，平均单井增油 1745. 2t，单位砂岩厚度增油 107. 46t/m，单位有效增油 400. 27t/m，与其油层条件相同的 5 口自然见效井对比，压裂井平均单井累计多增油 1278. 38t，单位有效增油 368. 03t/m。因此，根据注聚后采出井的动态变化，有针对性地采取压裂改造，是聚驱取得比较好开发效果的重要保证，三类油层试验区未措施井与措施井见效程度存在明显差异（表 4）。

表 4　三类油层不同井增油统计

井数（口）	分类	砂岩（m）	有效（m）	聚驱增油（t）	单井增油（t）	单位砂岩厚度增油（t/d · m）	单位有效厚度增油（t/d · m）
5	压裂见效井	81. 2	21. 8	8725. 8	1745. 2	107. 46	400. 27
5	自然见效井	72. 4	22. 3	2334. 1	466. 82	32. 24	104. 67
13	见效总井数	200. 1	54. 8	12289. 9	945. 38	61. 42	224. 27
16	试验区	250. 1	68. 7	12289. 9	768. 12	49. 14	178. 89

（五）试验区提高采收率幅度评价

三类油层聚合物驱现场试验2006年3月底注聚，注入6个月后开始见效。单井见效后含水下降1.0%～18.2%，见效井增油倍数1.0～1.6倍。聚驱阶段，试验区中心井采出程度39.45%，阶段采出程度7.51%，采收率提高5.63%，含水率下降6.6%。

四、结论与认识

（1）试验区通过对三类油层中不同类型砂体动用状况的分析，客观评价了三类油层的动用状况及驱油效果，进一步明确了三类油层聚驱对象。

（2）三类油层注入低相对分子质量聚合物取得了较好的开发效果，驱油方案设计注入参数合理，采收率提高5.63%。

（3）三类油层在开发时，及时加大相对分子质量、注入速度、分层和压裂等有效跟踪调整技术的应用力度，是取得好的开发效果的重要保证。

作者简介：

崔长玉，工程师，1997年毕业于西南石油大学，大庆油田有限责任公司第二采油厂地质大队三采室。

数值模拟中产注量劈分方法

任云鹏　张忠勋

摘　要:本文针对数值模拟工作中传统的油水井劈分方法所存在的问题和矛盾,结合动态开发特征,综合分析连通状况、注采比、有效厚度和渗透率等因素对劈分的影响,根据达西定律,引入连通系数、注采因子等参数,提出产注量劈分的解决办法。

关键词:产注量劈分　注采比　注采强度　地层系数

一、问题提出

目前数值模拟领域传统的油井劈分方法有很多,如按照有效厚度、渗透率、注采强度等影响因素劈分,但是这些方法的依据只是影响注采量劈分的一个因素,没有综合考虑多因素的影响结果。生产层位的有效厚度可以忽略在生产过程中的变化,认为它是个稳定值,有效厚度越大,通过它的流体(此处只研究油和水两相流体)也越多,在同一个射孔层位储层中一定有效范围的物性参数相近,变化不会太大。依据渗透率劈分,渗透率值越大,允许流体通过它的能力也就越强,这是劈分的依据。如果有效厚度很大,渗透率是相对较小值,按照有效厚度劈分会偏大,而按照渗透率则偏小;反之渗透率很大,有效厚度相对较小值,按照渗透率劈分会偏大,而按照有效厚度则偏小;不同的依据劈分结果就不同。按传统方法劈分,最终劈分结果不准确,影响模拟结果的精度。

二、劈分方法探讨

要准确劈分油水井应综合多方的影响因素,将这些影响因素放到同一个系统环境下综合研究。

(一)油水井连通状况、来水方向和断层

注入井和采出井的连通状况是影响劈分的基本因素,假如有 N 口井与之连通就要劈分 N 份,连通的每一口井劈分获得 1/N,引入连通系数 C 来表达这一概念。

五点法注水井网如图 1 所示,每口注水井周围有四口采油井与之相连通,在不考虑来水方向和断层的情况下,每口水井每层的的连通系数 $C = 1/4$;反之亦然,每口油井每层的连通系数也为 $C = 1/4$。但是地下实际情况错综复杂,必须要考虑影响连通关系的因素来水方向和断层封堵性。

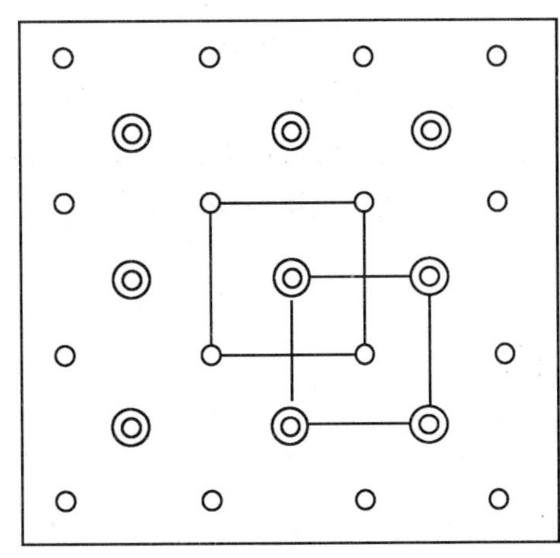

图 1　五点法注水

（1）根据来水方向与沉积区物源方向的关系，也就是古水流的方向，每个连通对应的每个小层的劈分权重即连通系数 C_i 也不同，来水方向顺着物源方向的油水井权重大于普通井，在劈分的时候这些层位的连通系数 C_i 应适当偏重于这些权重较大的连通井。

（2）断层的影响很不确定，它可能起到封堵作用，也可能形成水窜导流的通道，在具体劈分的时候，应了解断层的性质，包括断层面、上下盘、断距和断层走向等要素，其中断距越大，阻断作用越强于通道作用，断层的走向与沉积区物源方向的关系，两者垂直阻断作用强于通道作用，二者方向趋于平行时通道作用强于阻断作用。

（3）对于区块内部断层的判断，通过研究区内部可能存在的断层两侧注采关系的分析及油水井含水率的历史拟合，能够证实可能断层的存在与否。如果构造方面已经确认存在的断层，通过对断层两侧油井之来水方向及见水层位的历史拟合，来定量评估断层两侧相互接触的不同油层之间的导流能力，进而得到断层的封堵性。

断层的影响因素很难量化，在具体操作中，应该结合实际情况，做出正确的判断至关重要。断层可能导致一个方向的连通系数 C 为 0 或者是无限接近 1。

（二）有效厚度和渗透率

根据达西定律，即黏度为的流体，在压差 $\Delta p = p_1 - p_2$ 作用下，通过长度为 L，截面积为 A 的岩石，所测出的流体流量为 Q。

其公式如下：

$$Q = K\frac{A(p_1 - p_2)}{\mu L}$$

即：

$$K = \frac{Q\mu L}{A(p_1 - p_2)}$$

式中 K——岩石渗透率，D；

Q——流体通过量，m^3；

L——流通通过岩石的长度，m；

A——流体通过岩石的截面积，m^2；

μ——流体的黏度，Pa · s。

从上式看出，对不同的岩石，当几何尺寸、外部条件、流体性质一定时，流体通过量 Q 的大小取决于反映岩石渗透性的比例常数 K 的大小。K 称为岩石的渗透率（单位：D）。

将上述公式简化得到新的公式：

$$Q = KAM$$

$$M = \frac{(p_1 - p_2)}{\mu L}$$

$$A = Y \cdot J$$

式中 Y——有效厚度，m；

J——井径，m；

M——常数。

上式中，假设 M 是常数，井径 J 为定值，那么 A 就是射孔层位的截面积，它与有效厚度成正比，带入公式得：

$$Q = KY \cdot M$$

上式中的 KY 就是地层系数，而 JM 是常数，劈分量 Q 与地层系数成正比。地层系数的变化直接影响到 Q 的大小，所以地层系数是劈分的重要依据。

地层系数综合渗透率和有效厚度对流量的影响因素，能够比单个参数更加准确的反映真实的流量分配情况。

（三）注采比和注采强度

注采比是油水井劈分的重要因素，合理的注采比才能保证油水井生产的动态平衡，直接反应注采比的数据是注采强度，具体到单井，油井分为采油强度和采液强度，水井是注水强度。

油水井劈分必须要综合考虑注采比或是注采强度的因素，引入注采因子 G 的概念来说明问题，注采因子对于油水井是存在差异的：

参考采油强度的概念：单位有效厚度油层的日产油量。其公式为：

$$Q_{st} = \frac{q_o}{h}[t/(m \cdot d)]$$

结合上面地层系数的概念给出注采因子的概念及公式。

一段时间内单位地层系数注入或采出的液量，其公式为：

$$G = \frac{Q_l}{KY_t}$$

式中　G——注采因子；

Q_l——注入或采出总液量；

KY_t——劈分井网的总地层系数。

（四）劈分方法

通过上面的对各个影响因素的分析得出，综合考虑尽可能多的影响因素才能让劈分结果更接近实际情况，下面给出新方法的定义和公式。

对一段时期内确定井网已知液量的劈分，先计算出每一个射孔层的连通系数 Cin，掌握地下井网连通情况，再应用注采因子 G 给出各小层的劈分量 $Q_{l1}\cdots\cdots Q_{li}$（1 到 N 为整数），$\sum_{i=1}^{n} Q_{li} C_{in}$ 为一个连通方向的劈分量 Q_{ln}，以此类推计算出每一个连通方向的劈分量，就完成了整口井的劈分，如图 2 所示。由注采因子的公式得到总液量 Q_l，加入连通系数 C 得到一个小层的一个连通方向上的劈分量：

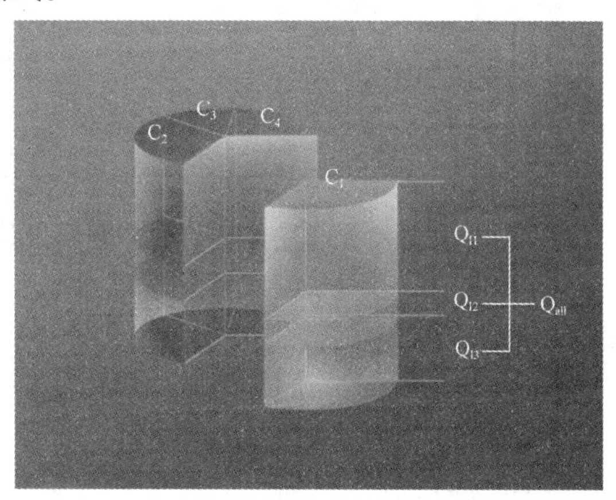

图 2　劈分方法示意图

$$Q_{lin} = Q_{li} \cdot C_{in} = GKY_t \cdot C_{in}$$

式中 C_{in}——第 i 个射孔层的第 n 个连通方向的连通系数；

Q_{li}——第 i 个射孔层的劈分量；

Q_{lin}——第 i 个射孔层的第 n 个连通方向的劈分量。

最后得到劈分公式：

$$Q_{all} = \sum_{i=0}^{n} GK_i Y_{ti} C_{in}$$

式中 Q_{all}——油井第 n 个连通方向的劈分量；

G——劈分区块的注采因子；

K_i——第 i 个射孔层的渗透率；

Y_{ti}——第 i 个射孔层的有效厚度；

C_{in}——第 i 个射孔层的第 n 个连通方向的连通系数(权重参数)；

i——为 1 到 N 为整数，射孔层位的个数；

n——为连通方向的个数(每个小层可能不同)。

三、实验数据统计对比分析

本文提出的劈分方法，需经过统计大量实际工作的数值模拟成果来验证其合理性和有效性，下面给出相关数据统计分析基本过程和方法。

(一)分析差异性

从井资料数据库中选取五个射孔层位的(一类)有效厚度和渗透率，计算出对应层位的地层系数，选取该井 2005 年全年的产油量 3234t 作为劈分对象，利用本文的的劈分思路，算出各层劈分结果，如表 1 表所示，给出这一结果并与其他方得出的结果进行对比。

表 1 不同劈分依据劈分结果数据对比

小层	有效厚度		渗透率		注采因子	
	一类	油	层	油	层	油
A1	0.9	55.2	95.5	90.4	85.95	52.5
A10	2.4	147.3	150.0	142.0	360	220.1
A15	1.6	98.2	80.0	75.7	128	78.3
B4b	2.4	147.3	100.0	94.6	240	146.7
C3a	0.6	36.8	100.0	94.6	60	36.7
合计	—	484.8	—	497.3	—	534

表 1 中的数据表明这三种方法劈分的结果是不同的；而且有的层位差距还比较大。

表 1 中的 A10 和 B4b 两个小层按照有效厚度劈分，结果是一样的，但是按照渗透率劈分两者相差 47.4，按照注采因子劈分差值进一步加大，差值达到 73.4。

表 1 中用不同参数对同层位劈分结果的差异说明了不同劈分依据劈分结果的差异性。

(二)合理性和有效性

1. 井的分类

分析要劈分的边井、角井和断层附近的井，对区块内临近边界的井进行分类。

(1)边井如图 3 所示，井 A 与边界之间存在断层，由于断层的遮挡封闭作用，井 A 的注采网络全部在研究区块内部，与区块外界不存在连通关系。所以井 A 不用劈分，井 B 需要劈分。

(2)角井如图 4 所示，三口井处于区块边界，井 B 和井 C 只有一个方向与边界相接，井 A 与两侧边界相接，处于研究区块的角落处，井 A 则需要查找二个方向的连通关系。

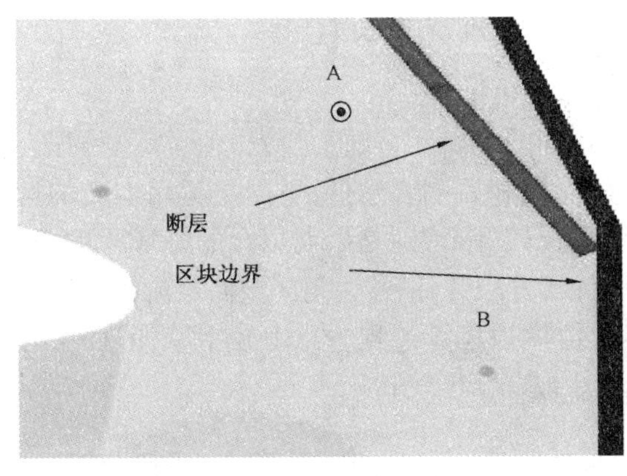

图 3　边井示意图

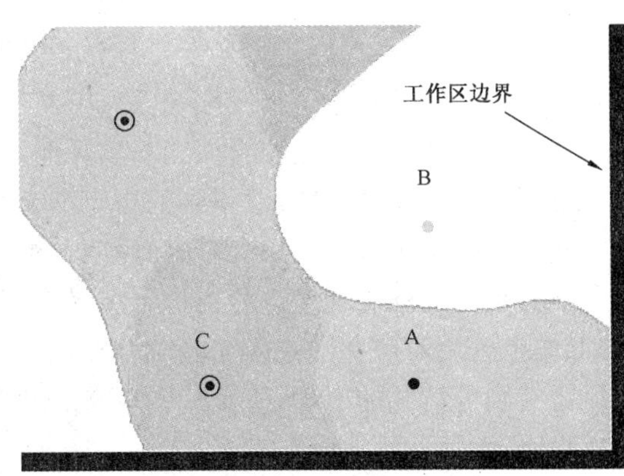

图 4　角井示意图

(3)断层遮挡井如图 5 所示，B 区两个注入井，在 A 区和 C 区分别有两口采出井。由于断层的存在，B、C 两区的连通关系被阻断，那么就只剩下的 A、B 两区之间相互连通。

(4)复杂关系边角井如图 6 所示，井 A 和井 B 都是边界井，井 A 受到断层的影响，对于这一类关系较复杂的井，劈分时要对注采历史数据综合分析相关的劈分参数。

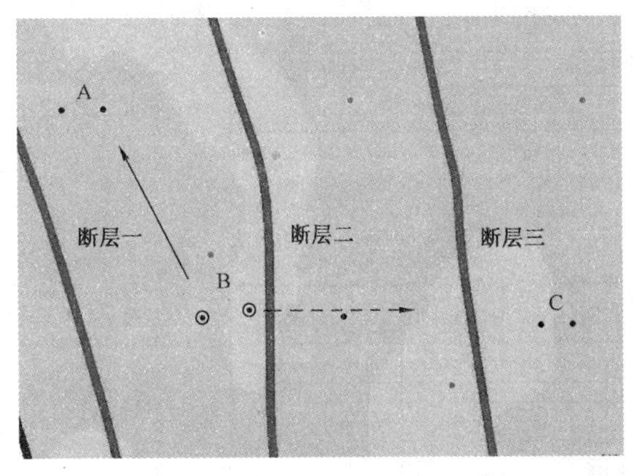

图 5　断层遮挡关系示意图

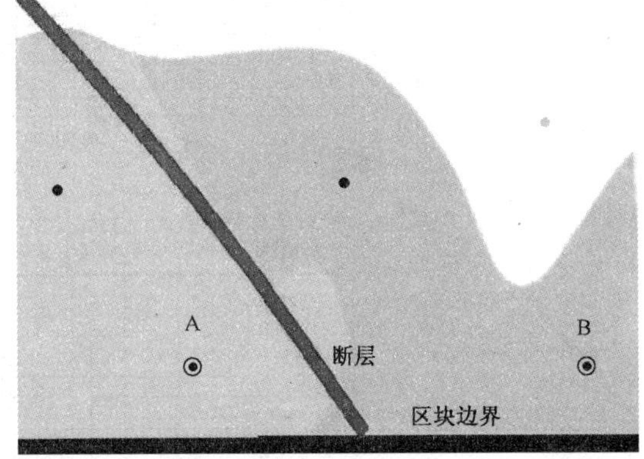

图 6　复杂关系边井示意图

研究区需要劈分的油水井共计 143 口，具体类别统计如表 2 所示。

表 2　劈分井井类别统计

井别	边井	角井	复杂边井	断层遮挡井	合计
油井	53	4	4	18	79
水井	50	1	4	9	64
合计	103	5	8	27	143

2. 数据处理及数值模拟

收集与区块边角井存在连通关系的油水井的资料(标准数据库数据、完井资料、射孔通知单、施工总结和小层连通图等),认真分析已有资料得到要批分井的连通系数 C。计算出需要的地层系数、注采因子和地层系数,运用本文的方法及公式进行计算完成劈分。借助前期处理软件处理数据,生成数值模拟数据流,运用相同的地质模型进行历史拟合。

3. 历史拟合结果变化较大指标对比分析

研究区块的含水历史拟合曲线与实际曲线对比,如图 7 所示,浅色是历史值,深色是拟合值;上图是运用老的劈分方法得到的历史拟合结果,前期和后期含水低;下图是运用本文的劈分方法得到的历史拟合结果,前期和后期含水曲线拟合较好;特别是后期拟合的好坏程度,直接影响到预测的准确程度。分析拟合结果提高原因:新方法劈分后,边角区域储层流体接近于实际,整个区块对应井网注采比趋于合理化,使得数值模拟运算过程中压力较平稳,减少了井底压力控制等情况的出现,各套井网 70% 以上的单井拟合精度较高。

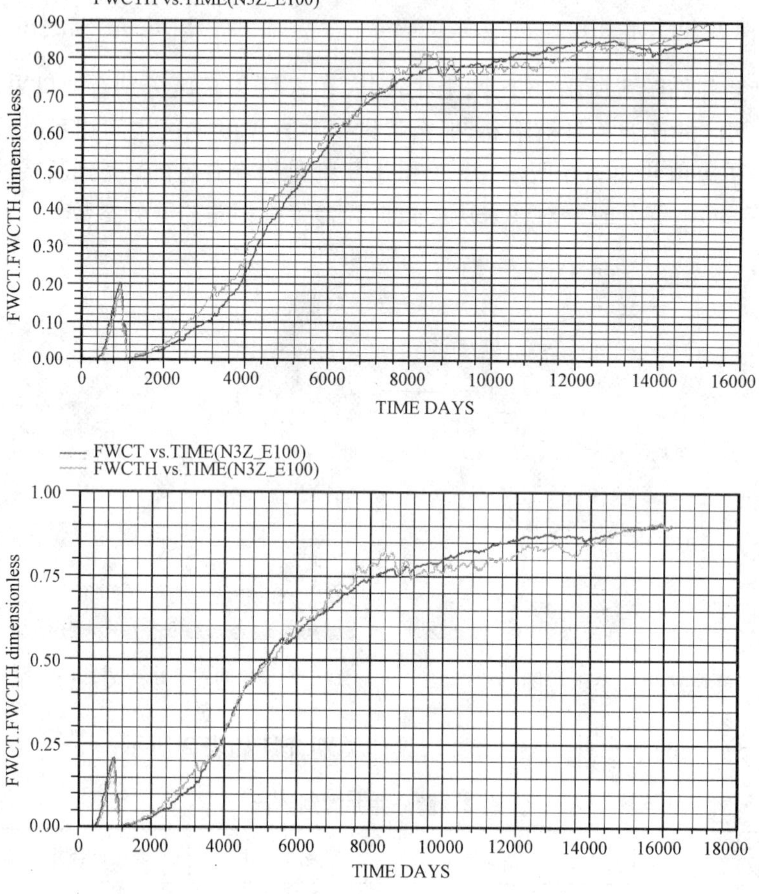

图 7　全区含水曲线拟合情况对比(软件截图)

研究区块的二次加密井网产油拟合曲线与实际曲线对比,如图 8 所示,浅色是历史值,深色是拟合值。上图是老劈分方法得到的历史拟合结果,后期没有拟合上;下图是运用本文劈分方法得到的历史拟合结果,前期变化不太大,基本保证趋势;后期两条曲线拟合的较好,曲线从整体上拟合效果好于老方法得到结果。分析原因：二次加密井网依据新方法劈分后，控制了前期注水量，降低了压力，前期模拟产油量得到控制，为后期模拟产油的稳定性提供依据。

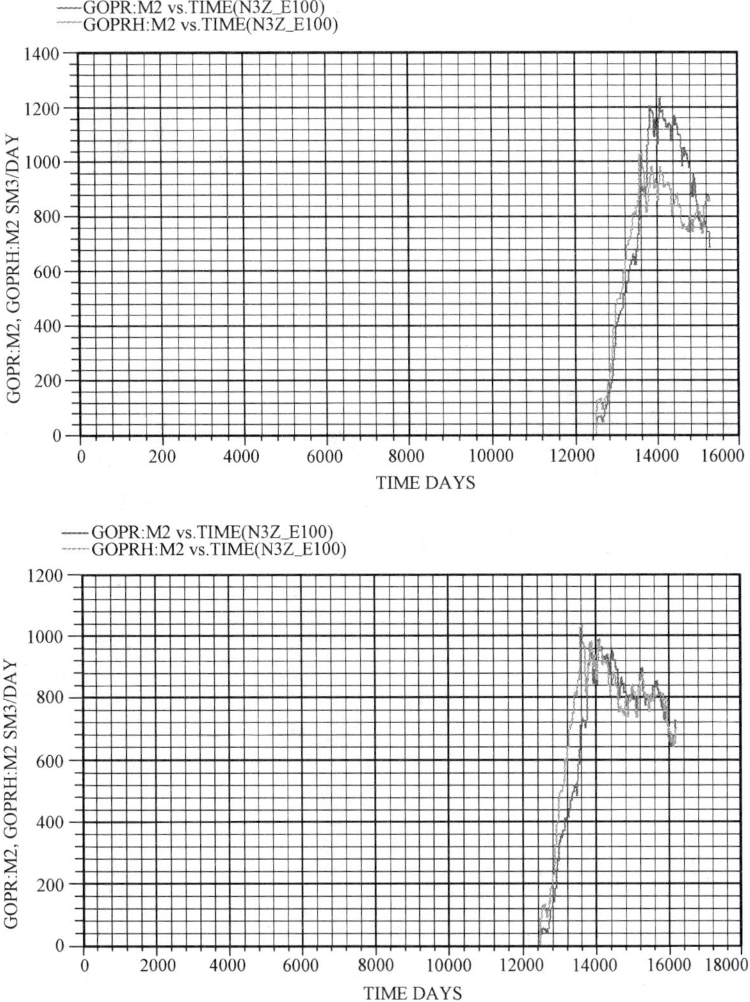

图 8　全区二次加密井网产油曲线拟合情况对比（软件截图）

经过工作中多区块多次数模成果的统计分析，新的劈分方法合理化区块注采比，稳定压力变化，使研究区流场动态更接近生产实际。

四、认识与结论

（1）新方法和新参数更能真实的反应地层的好坏情况，劈分的液量更接近生产实际，在数值模拟的过程中提供更加准确的时变数据流，模型提高模拟结果的精度。

（2）在实际应用中应灵活分析各要素，充分利用现有资料，提高对相关因素定性定量判断结果的准确度。

（3）该方法对油水井均适用。

参 考 文 献

[1] 赵国忠．大庆长垣多学科集成化油藏研究技术与应用．大庆石油地质与开发．2009,28(5).

[2] 叶庆全,袁敏．油气田开发常用名词解释(第二版)．北京:石油工业出版社,2002:78－79.

作者简介:

任云鹏,男,1984 年 10 月出生,大庆油田有限责任公司采油二厂地质大队,主要从事油藏数模模拟工作。

限流法压裂完井效果分析

姚 旭 刘 扉

摘 要:本文针对油田某区块加密调整井中限流法压裂完井比例高,且产量递减较快的实际,分析了限流法完井后渗流条件的变化及产量递减原因,提出了限流法完井后进一步挖潜的方法,来指导今后挖潜工作。

关键词:渗流阻力 限流法 补孔 重复限流

一、问题的提出

限流法压裂完井工艺技术自1985年开始在现场推广应用以来,使长垣内部油田原来无法充分动用的表外薄互层得到了有效的开发,增加了可采储量,在油田持续高产稳产中发挥了重要作用。经过近20年的推广应用,这项技术已日趋完善,限流法压裂完井是通过严格控制压裂目的层段的射孔炮眼数量和炮眼直径,并以尽可能大的注入量进行施工,利用最先被压开层大量吸收压裂液时产生的炮眼摩阻,在逐步提高井底压力的同时,迫使压裂液分流,相继压开压力较高的其他目的层,达到一次加砂可同时处理多个油层的目的。限流法压裂完井技术较好地解决了表内薄差油层及表外低渗透油层的改造挖潜难题,表1展示了在对某区块一次加密调整井中,针对油层发育差、渗透率低且在纵向相对集中等情况的目的层段采取了限流法压裂完井,见到了很好的效果。该区块2008年一次加密以来用限流法压裂完井72口井,平均单井初期产能达到6.9t/d,比设计产能高3.9t/d,比普通射孔井高5.7t/d采油强度达到2.3t/d·m,而普通射孔井只有0.69t/d·m,高出1.61t/d·m。

表1 限流法压裂完井与普通完井效果对比表

项目 / 分类	采油井		注水井	
	初期产油(t)	采油强度(t/d·m)	启动压力(MPa)	视吸水指数(m^3/d·MPa)
限流法完井	6.9	2.3	6.55	5.68
普通射孔	1.2	0.69	10.54	3.41

限流法压裂完井的采油井初期开发效果好,随着开采时间的延长,含水率逐渐升高,各层动用差异越来越突出,同时,随着井区注水井吸水能力的增强,限流法压裂完井井孔眼处的渗流条件发生变化。另外限流法压裂完井后,再次压裂时,因受完井工艺限制,只能采取重复限流。为进一步挖掘生产潜力,改善油层动用状况,非常有必要研究其进一步挖潜方式。

二、限流法压裂完井后产液量变化及渗流条件变化分析

通过对近4年该区块一次加密地区限流法压裂完井72口井投产以来产液量的变化分析,我们发现大部分井产液量递减较快,只有24%的井产液量一直较稳定,在井区注水状况基本稳定的条件下,分析了其产液量变化原因。

（一）渗透率与流动系数的影响

通过分析限流法压裂完井后两次试井资料，我们发现随着投产时间的延长，试井解释的渗透率和流动系数呈下降趋势。统计目前和投产初期有对比资料的 4 口井，投产初期 4 口井日产液 237t，试井解释平均渗透率为 27mD，流动系数为 65.9mD/mPa·s，表皮系数为 -2.9521，影响半径为 344.65m，其中 4 口井出现径向流直线段；目前日产液下降到 130t，试井解释平均渗透率为 10.4mD，流动系数为 30.7mD/mPa·s，表皮系数为 -3.64774，影响半径下降到 168.5m。

（二）油层发育差的影响

该区块加密井网调整的对象主要为动用差的表外储层及薄油层，由于油层物性差，单井可调厚度小，部分采油井投产后初期产能低，形成低效。

（三）投产初期参数的影响

此类低效井有 2 口，表 2 中的 2GXX－66、2GXX－67，占总分析井数的 13.3%。主要是投产初期参数不合理，单井沉没度高，流压高，有一定的供液能力。通过调参放大生产压差，减缓层间干扰，提高采液强度。

表 2　区块一次加密新井初期产能表

井号	条带	可调厚度（m）	射开		投产初期				调参后			
			砂岩（m）	有效（m）	日产液（t）	日产油（t）	含水率（%）	沉没度（m）	日产液（t）	日产油（t）	含水率（%）	沉没度（m）
2GXX－66	1	1.5	20.4	1.1	26	0.9	96.5	942	56	3.0	94.6	720
2GXX－67	1	2.7	24.3	3.2	18	1.0	94.8	952	36	3.4	90.6	559
合计 2 口井	—	2.1	22.4	2.2	22	1.0	95.7	947	46	3.2	93.0	639

如 2GXX－67 井，位于油层 a～b 内油水边界线之间，2007 年 12 月 26 日投产，限流法压裂完井，采用螺杆泵生产，全井可调厚度 2.7m，射开砂岩厚度 24.3m，有效 3.2m，射开表外 25 个，小层最大有效厚度 0.7m，，投产初期日产液 18t，日产油 1t，综合含水率 94.8%，沉没度 952m。为了放大生产压差，减缓层间矛盾，通过调改转速，日产油由投产初期的 1t 增加到 2008 年 4 月的 2.9t/d。至 2010 年 6 月，泵型由 KGLB300－21 换成 KGLB400－18，理论排量由 59.5m^3 增加到 79.5m^3，日产油量稳步提升，目前日产油保持在 3.4t 的水平。

（四）孔密对产液量的影响

由于受限流法压裂完井孔眼数量的限制，随注水受效，油井采液强度不断增大，在限流段一些出液能力相对较强的油层，炮眼磨阻也不断增大，在一些油层出现了非径向流，阻碍了产能的进一步发挥。根据张士诚等人的研究，射孔炮眼磨阻计算方法如下：

$$\Delta p_{\mathrm{p}} = 2.34 \times 10^{-10} \frac{Q^2 \rho}{n^2 D^4 \alpha^2}$$

式中　n——压力层段内射孔炮眼数；

Δp_{p}——炮眼磨阻，MPa；

Q——流量，m^3/min；

ρ——流体密度，kg/L；

α——孔眼流量系数；

D——炮眼直径，m。

根据上述公式，当油层出液能力大于3.2t/d，该层的一个孔就不能满足油层出液的需要，出现非径向流而影响产能的进一步发挥。对这部分井层及时补孔，减少井筒附近的渗流阻力，能取得较好措施效果。同时，对孔眼处渗流阻力增加的注水井，也可增加孔密。

三、挖潜方法研究

（一）重复限流方法研究

根据以上分析，对产量递减快、产液指数下降、渗流能力下降井，应采取重复限流措施。

重复限流层段选择上有三种方法：一是原限流段完全重复；二是避开高含水层部分层段重复限流；三是重新组合限流层段，选择动用状况差的油层段，同时尽量把物性相近的储层合理组合在一个压裂层段内。

2010年该区块一次加密地区共设计10口（表3）重复限流井，16个层段，其中完全重复段1个，部分重复段15个。压裂后初期日增液267t，日增油67.1t，平均单井初期日增液26.7t，日增油6.7t，总体效果较好。

从表3中可以看出2GXX－70井等4口井目前与压前相比日增油仍大于6t，2GXX－71井投产初期产量递增很快，日产液51.5t，日产油18.5，含水率64.1%，重复限流前日产液24t，日产油3.6t，含水率85%，压裂3个层段，其中1段为部分重复限流，2段为普通压裂，压裂后日增液26.5t，日增油14.9t，含水率下降14.9个百分点。以上10口井压裂有效期已经达到420天以上，2010年12月与压裂前对比，日增液185t，日增油40.8t，含水率下降5.34%。但个别重复限流井效果一般，通过对重复限流井的环空找水资料分析，发现完全重复层段，含油饱和度已较低，再次压裂价值不大。例如2GXX－72井，2007年12月24日投产，限流法投产时压裂4段，普通射孔1个，2010年8月重复限流，压裂前日产液4t，日产油0.3t，含水93%，压裂3段，其中部分重复2段，压裂后初期日增液只有15t，日增油3.4t，含水率下降12.4%。

由以上分析可知，选择重复限流层段时，应尽量避开完全重复段，采取部分层段重复限流或重新组合限流层段。

（二）采油井补孔挖潜方法分析

通过敏感性分析，确定了在同卡距内同时处理多个小层的方法。影响裂缝参数的主要因素有以下两个方面：

（1）射孔数对裂缝参数的影响。限流法压裂时，各层的炮眼数是影响层间流量分配的最主要因素，通常的情形是炮眼个数多的层段，其流量分配大；炮眼个数少的层段则流量分配小。如果地层参数相同，那么流量大的裂缝延伸得快，裂缝内阻力增加的快，流量分配会逐渐减小，且其支撑半径和支撑缝宽都较大。因此，可以通过控制射孔数目，来控制各小层的裂缝参数。

表 3　区块一次加密井重复压裂效果表

井号	压裂日期	限流法完井层数	重复限流法压裂层数	射开		压裂前				压裂初期				2010. 12			
				砂岩（m）	有效（m）	日产液（t）	日产油（T）	含水率（%）	沉没度（m）	日产液（t）	日产油（T）	含水率（%）	沉没度（m）	日产液（t）	日产油（T）	含水率（%）	沉没度（m）
2GXX－68	7. 25	2	2	17. 9	2. 4	11	2. 2	80	54	38. 1	7. 6	80	48. 8	18	3. 2	81. 9	41. 83
2GXX－69	7. 7	3	2	22. 4	5. 3	8	1. 1	86. 3	160. 8	21	3. 9	81. 4	952. 2	43	12. 7	70. 7	275. 7
2GXX－70	7. 4	4	1	20. 4	2. 6	18	1. 9	89. 4	79	79. 5	16. 7	79	614. 7	53	8. 2	84. 5	132. 4
2GXX－71	7. 4	3	1	19. 5	1. 6	24	3. 6	85	59	51. 5	18. 5	64. 1	304. 3	40	11. 4	71. 8	141. 4
2GXX－72	8. 29	4	2	18. 8	2. 3	4	0. 3	93	232. 7	19	3. 7	80. 6	134. 8	12	1. 1	90. 8	206. 4
2GXX－73	7. 23	3	2	16	4. 4	9	0. 6	93. 3	280	32. 5	4. 5	86. 2	133. 9	21	0. 8	96. 3	129. 6
2GXX－74	7. 29	3	1	19. 1	5	9	0. 6	93. 3	215	44. 1	7. 5	82. 9	760. 3	45	6. 9	84. 5	121
2GXX－75	7. 22	3	2	24. 2	3. 3	13	0. 8	93. 8	110	31. 1	1. 4	95. 5	244. 3	22	1. 4	93. 6	220
2GXX－76	7. 3	3	1	22. 3	3. 6	11	2. 6	76. 4	902	35. 1	10. 1	71. 1	174. 6	16	4. 7	70. 7	155. 1
2GXX－77	7. 11	3	2	24. 5	4	14	2. 3	83. 6	84	36. 1	9. 2	74. 5	951. 6	36	6. 4	81. 9	280. 7
合计	—	31	16	205. 1	34. 5	121	16	86. 78	217. 7	388	83. 1	78. 58	432	306	56. 8	81. 44	170. 4

(2)渗透率对裂缝参数的影响。图1和图2是同一卡段内,不同渗透率的5个小层,均布2个孔时的模拟计算结果。可以看出,不同渗透率的油层造缝长、支撑缝长和造缝宽均随渗透率的增大而减小,支撑缝宽则随渗透率的增大而增加。地层渗透率的影响主要体现在综合滤失系数上,地层渗透率高,综合滤失系数大。在同一压力系统内,孔数相同时,进入各小层内前置液和混砂液量差异不大,但由于高渗透层中的压裂液滤失速度快,前置液滤失完在缝端产生脱砂后,支撑剂很快就会堆积到缝口造成砂堵。因而高渗透层的造缝长和支撑缝长相对较短,而支撑缝宽却相对较大。因此若要使同卡段内不同渗透率的小层改造差异减小,可通过增加高渗透层的射孔数来实现。此外,通过模拟分析发现,排量增加时,造缝长、缝宽、支撑缝宽均有增加的趋势,而支撑缝长却有减小的趋势;压裂液黏度增加,形成的缝较宽,而半径却较短;在目前的施工及地层条件下,一直到施工结束滤失也达不到饱和,因而厚度对裂缝参数的影响较小。

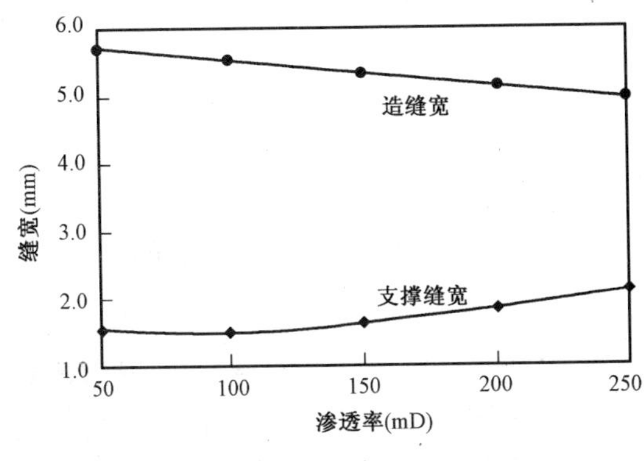

图1　布2个孔时渗透率与缝宽关系

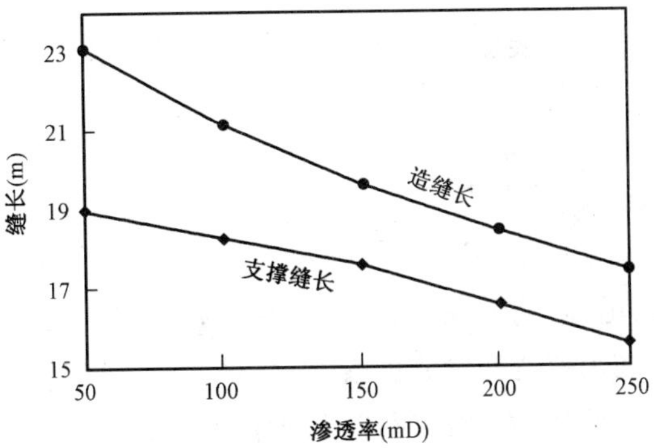

图2　布2个孔时渗透率与缝长的关系

由于该区块一次加密井开采的油层渗透率都较低而且各小层间渗透率差异不大,目前仍按照厚度来布孔。根据以上分析,针对限流法完井后,受孔密影响,渗流阻力增加,产液能力未得到提高井,可采取补孔措施,改善炮眼处的渗流条件,同时还可以进一步采取其他水力压裂措施。

四、几点认识

(1)限流法压裂完井技术较好地解决了表内薄差油层及表外低渗透油层的改造、挖潜难题,有效地提高了单井初期产能。

(2)采油井限流法压裂完井后,如何进一步挖潜是一个非常值得探讨的问题,针对限流后不同的渗流及动态变化,有针对性地采取重复限流、增加孔密及增加孔密后进一步压裂措施,可取得较好的挖潜效果。

参考文献

[1] 张士诚,王世贵,张国良,张有才,董建华. 限流法压裂射孔方案优化设计. 石油钻采工艺. 2000,22(2):60.

[2] 曹立岩,张永春,董建华. 限流法压裂布孔方法的优化. 大庆石油地质与开发. 2001,20(4):48.

作者简介:

姚旭,大庆油田有限公司第二采油厂地质大队动态室。

刘扉,大庆油田有限公司第二采油厂第一作业区采油47队。

油井压裂分析评价方法的应用

马景辉

摘　要:建立油井压裂的经济界限分析公式,利用油田效益评价分析系统,运用油价、生产成本等经济参数计算了不同评价区块油井压裂的经济界限,认为当油价达到60美元/桶后,各区块油井压裂要达到经济界限所需的阶段增油量较低,而油价波动对吨油成本费用高的区块影响更大。

关键词:压裂　效益评价　经济界限

一、引言

随着油田开发的深入,含水率不断升高,在油田原油产量基本稳定的情况下,生产成本持续走高,利润减少,片面追求高产量的做法已不符合经济效益最大化的要求。近年来应用的“油田效益评价分析系统”就是通过开展已开发油气田单井和评价区块的效益评价,及时掌握油气田的生产经营状况,为油田生产、投资决策及成本控制等提供依据。通过深入了解该系统,我们深刻地体会到,以往在计算油井效益时仅依据产量平均分配成本有一定的弊端,该系统克服了这一弊端,可以依据油价、措施投入、操作成本等参数确定措施投入的可行性,并可对措施投入方向提供决策依据,优化措施结构,提高措施投入的整体效益水平,促进油田的高效开发,在经济评价及分析方面具有一定的优势。而且,进一步开发利用该系统还能做更多的事情。如,一直以来,油水井措施都是以追求增油量为唯一标准,但是在实际生产中,由于区块开发难度、生产成本、井况等有着明显的区别,获得同样的增油量付出的代价是不同的,效益相差很多。因此,利用“油田效益评价分析系统”探索措施优选及经济界限,进行措施后评价是一项比较有意义的工作。本文就是将已开发油气田单井和评价区块的效益评价结果作为依据,通过探讨不同开发区块油井压裂需达到的经济界限摸索措施评价方法,为今后更好地利用“油田效益评价分析系统”指导油田高效生产提供借鉴。

二、影响油井压裂效益的因素分析

措施井的效益分析,主要是对投入和产出的分析,即对措施增油量和措施费用的分析,按照投入应大于产出的原则,投入和产出应满足以下关系:

措施增油收益 > 措施费用 + 措施增油量 × 吨油成本费用

其中,措施增油收益是指措施增油量的税后收入,即措施增油的商品量与税后价的乘积;吨油成本费用是借鉴股份公司对已开发油气田单井效益评价的定义,为该井的生产成本和应分摊的其他财务费用,吨油成本费用需要因措施井所在的评价区块不同而采用不同的数值。

因此,措施增油量需满足下式:

措施增油量 > 措施费用/(商品量 ×(原油价格 − 单位税金吨油成本费用)

三、经济界限分析

(一)参数的选取

在应用油田效益评价分析系统进行已开发油气田单井和区块的效益评价时,按照水、聚合物两驱分开评价、地面和地下尽可能一致的原则,区块共划分16个评价单元。其中水驱分4个评价单元,三次采油井的评价单元按照现有的开发区块来确定,共分8个评价单元,这16个评价单元都为效益一类区块。考虑到各评价单元的地质条件和开发特点,将这16个评价单元合并为三个水驱区块(区块a、b、c)、聚合物驱和聚后水驱共5个大的评价区块,这5个大的评价区块的吨油成本费用如表1所示。

表1　评价区块吨油成本费用表

评价区块	吨油生产成本(t/元)	吨油成本费用(t/元)
区块a	438	703
区块b	418	683
区块c	709	974
聚合物驱	640	905
聚后水驱	566	831
全区	525	790

注:聚后水驱,指在停止对开发区块注入聚合物之后,在区块综合含水不低于98%的情况下还继续注水进行开采。

影响油井压裂效益的因素除吨油成本外,还有单井的压裂费用。区块油井平均压裂费用采用26.5万元/口井,其中,水驱油井平均压裂费用采用22万元/口井,聚驱采油井平均压裂费用采用31万元/口井。原油销售税金及附加采用151.95元/t。区块的原油商品量为98.83%。

(二)确定经济界限

在选取了吨油成本和单井的压裂费用后,按照达到经济界限需满足的措施增油量公式,计算出各评价区块压裂油井要达到经济界限所需的累计增油量(表2)。

表2　油井压裂经济界限内阶段增油量表

评价区块	吨油生产成本(t/元)	吨油成本费用(t/元)	阶段增油量(t)				
			25美元/桶	40美元/桶	60美元/桶	80美元/桶	100美元/桶
区块a	438	703	529	186	100	68	52
区块b	418	683	505	183	99	68	51
区块c	709	974	1558	242	114	74	55
聚合物驱	640	905	1501	324	158	105	78
聚后水驱	566	831	1108	301	152	102	77
全区	525	790	666	247	128	86	65

由表2可见,油价波动对所有区块在经济界限内的阶段增油量都有影响,但对吨油成本费用高的区块影响更大。当油价低于25美元/桶时,只有区块a和区块b的油井压裂后勉强可以实现盈利,区块c、聚合物驱和聚后水驱要达到经济界限所需的阶段增油量较多;当油价达

不到40美元/桶时,聚后水驱油井压裂不能盈利;当油价达到60美元/桶以后,各评价区块要达到经济界限所需的阶段增油量基本都在150t以下,各区块的油井压裂后都能盈利。

四、已实施压裂井效益统计

统计区块压裂的180口油井,压裂前后平均单井年增产油558t,其中,区块a平均单井阶段增油量最大,达到659t,聚后水驱平均单井阶段增油量最小,为175t。根据近几年平均油价(78美元/桶)对这些井的经济效益进行计算,统计结果如表3所示。

表3 各评价区块油井压裂阶段增油量及利润统计表

区块	压裂井数(口)	平均单井阶段增油量(t)	平均单井压裂收益(万元)
区块a	66	659	207
区块b	24	559	173
区块c	29	433	115
聚合物驱	60	514	134
聚后水驱	1	175	23
全区	180	558	161

五、低效无效压裂井分析

分析180口井的单井压裂效果,在油价为25美元/桶时,低效无效井达到129口井,在油价为100美元/桶时,低效无效井为50口井。其中,聚合物驱的低效无效压裂井数最多,各区块低效无效压裂井数如表4所示。

表4 低效无效压裂井统计表

单位:口

评价区块	25美元/桶	40美元/桶	60美元/桶	80美元/桶	100美元/桶	总井数
区块a	32	21	17	15	15	66
区块b	14	9	8	7	7	24
区块c	28	12	6	5	4	29
聚合物驱	54	41	27	26	24	60
聚后水驱	1	1	—	—	—	1
全区	129	84	58	53	50	180

水驱低效无效压裂井的主要原因是油层发育差、水井注入不好;聚驱压裂井主要受注聚阶段影响,注聚后期的油井成为低效无效压裂井的可能较大。此外,施工效果不好,没压开目的层,也是造成低效无效压裂井的一个原因。

六、结论

(1)通过某区块压裂效益统计结果可以看出,在油价较高的情况下,实施压裂经济效益较好,普遍盈利,但不同开发区块实施压裂后的效益差别很大,通过开展措施效益评价,优选压裂井可以有效提升经济效益,具有很强的实际意义。

(2)根据国际油价变动合理选择措施时机,能有效地提高效益。为了追求效益最大化,只有在油价较高或生产任务吃紧的情况下,才能考虑对区块c和聚后水驱这样的措施低效区块内的油井实施压裂。

(3)增油量是压裂井措施效益的根本,应在油井措施前要对井况进行充分论证,确保措施后累计增油量超过经济界限油量。就目前情况看,累计增油量在558t以上是理想的选择。

(4)随着油田开发的深入,措施效果会不断发生变动,经济界限会因此变化。定期对油水井措施后经济效益进行统计分析,及时掌握变动信息、调整计算参数,有助于更合理地确定措施井,提高油田整体经济效益。

参考文献

[1] 杨惠贤,周淼. 单井效益评价指标及其应用. 天然气工业. 2007,(12):144-146.

[2] 肖毓. 油田单井效益经济评价动态分析方法研究. 内江科技. 2011,(02):125.

作者简介:

马景辉,油藏工程师,大庆油田有限责任公司第二采油厂地质大队开发室,从事开发规划及单井效益评价工作。

应用含油产状法和经验统计法综合确定油田表外厚度物性下限

徐冬燕　曹智勇

摘　要:以测井理论为指导,以取心资料、测井资料为基础,采用岩心刻度测井的方法,在储层四性特征及相互关系研究的基础上,采用含油产状法和经验统计法,综合确定了油田表外厚度物性标准下限,应用表外储层样品的孔隙结构测定及水驱油试验结果,验证了所确定的表外厚度物性标准的可靠性。

关键词:表外厚度　物性标准　含油产状　试油

一、引言

表外储层是在松辽大型浅水湖盆的三角洲沉积环境下沉积的,是由粉砂质与泥质以多种形式不均匀地掺混在一起的特殊储层。表外厚度与有效厚度在纵向上间互,横向上与有效厚度镶边搭桥出现,表现类型多样。在20世纪80年代末期,通过试油方法认识到表外厚度具有产油能力,但由于单层试油资料少,取心井的表外储层样品也少,从而给研究表外储层的物性标准带来很大困难。目前表外储层经过20余年的开发,录取了大量的密闭取心井岩性、物性、含油性分析资料,为开展表外储层的物性标准研究奠定了基础。

二、应用密闭取心井确定表外厚度含油产状下限

厚度物性标准是研究现有开采工艺条件下,能够对工业油流具有贡献的岩性、物性、含油性的下限值。由于试油资料试油层位均为合试,没有油浸、油斑或油迹单独的试油层,因此很难确定含油产状下限,还需寻求其他方法来确定表外厚度含油产状下限。

1990年以后完钻的密闭取心井加大了对表外厚度样品的录取工作,并且对于独立型表外厚度进行了水洗程度的解释,解释出的动用厚度可以直接证明表外厚度出油状况。通过对4口密闭取心井表外厚度分含油产状进行动用厚度统计,从表1看出,泥质粉砂岩油浸动用厚度为17.5%,油斑的动用厚度为7.0%,含油面积小于5%的油迹动用厚度为零(表1)。由此,应用密闭取心检查井水洗解释成果代替试油资料,改变了单纯依赖试油法确定物性下限的状况,确定的表外厚度含油产状下限是油斑。

表1　某油田表外二类厚度动用厚度统计表

泥质粉砂岩油浸(m)			油斑(m)			油迹(m)		井数(口)
厚度	动用	动用厚度(%)	厚度	动用	动用厚度(%)	厚度	动用	
34.8	6.1	17.5	78.8	5.5	7.0	65.7	0	4

三、含油产状法确定表外储层物性下限

储层的岩性、物性、含油性和电性之间的关系是研究表外厚度物性标准的基础，只有搞清储层的岩性、物性、含油性和电性的关系，即“四性关系”，才能使标准准确可靠。

（一）表外储层的“四性”关系研究

1. 表外厚度的岩性与含油性关系研究

研究储层的岩性与含油性关系，就是了解储层不同的岩性与含油性之间的关系，对于砂泥岩储层，一般岩性越粗，储层含油越饱满，含油级别越高；而岩性越细，储层含油性越差，含油级别也越低。

应用14口取心井5763块表外储层样品分析了表外厚度岩性频率分布，某油田表外厚度泥质粉砂岩占91.8%，粉砂岩占8.2%，细砂岩占0%，泥质粉砂岩在表外厚度岩性中所占比例非常大。

从表外厚度的产状构成看出（表2），泥质粉砂岩油浸、油斑厚度占总表外厚度的77.3%。由此可见，表外储层含油产状主要以油浸、油斑为主。

表2　表外储层各类厚度产状构成汇总表

油层	油砂厚度（m）	含油厚度（m）	粉砂岩油浸厚度（m）	泥质粉砂岩油浸厚度（m）	油斑厚度（m）	总厚度（m）	油砂、含油、粉砂岩油浸		泥质粉砂岩油浸、油斑	
							厚度（m）	占总厚度百分比（%）	厚度（m）	占总厚度百分比（%）
S	0.6	1.8	3.1	2.0	14.0	21.6	5.5	25.6	16.0	74.4
P	0.5	1.1	2.2	2.6	13.1	19.4	3.7	19.2	15.7	80.8
G	0.1	0.5	0.5	1.1	2.2	4.4	1.0	23.3	3.4	76.7
小计	1.2	3.3	5.8	5.8	29.3	45.4	10.3	22.7	35.1	77.3

2. 表外厚度的岩性与物性关系研究

研究储层的岩性与物性关系，是为了了解储层不同的岩性与有效孔隙度和空气渗透率的关系。表外厚度具有物性差、泥质含量高、分选差、粒度孔径小的特点。

从图1中可以看出，某油田表外厚度有效孔隙度主要分布在22.0%～26.0%，从图2中可以看出，粉砂岩、泥质粉砂岩为表外厚度最好的储层，且岩性越粗（大气泡）、孔隙度和渗透率越大、含油级别越高；反之岩性越细（小气泡）、含泥量越高、孔隙度和渗透率越小、含油级别越低。

3. 表外厚度岩性、物性、含油性与电性关系研究

研究储层的岩性、物性、含油性与电性关系，是为了了解储层的物性在测井曲线上的响应特征，从而更好地利用测井资料定量计算储层的物性参数。

表外厚度的岩性、物性、含油性和电性之间具有四性关系一致的特点即：岩性越粗，孔隙度和渗透率越大、含油级别越高，反映到测井曲线上为视电阻率值越高、声波时差值越大、密度值越小、自然电位负异常越大；反之岩性越细，孔隙度和渗透率越小、含油级别越低，反映到测井曲线上为视电阻率值越低、声波时差值越小、密度值越大、自然电位负异常越小。

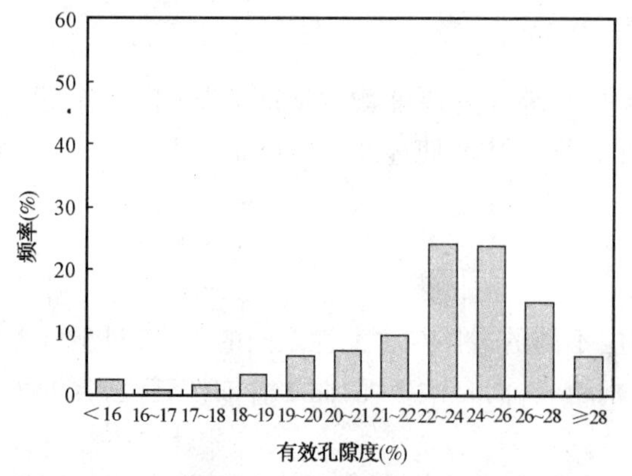

图1　表外储层有效孔隙度分布直方图

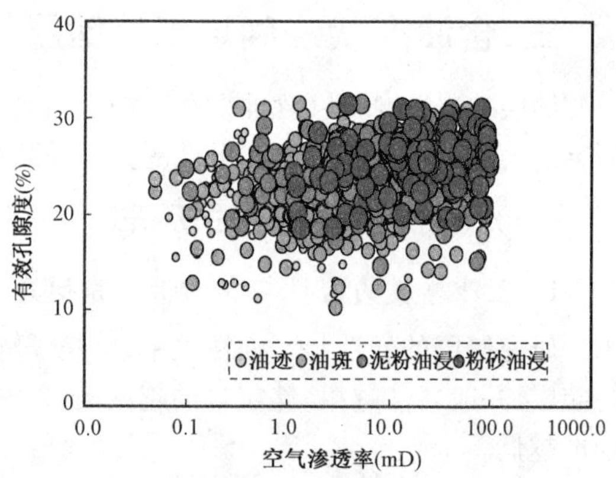

图2　表外储层岩性、物性、含油性关系图

(二)表外储层物性下限的确定

含油产状法是建立在四性关系研究基础上的，一般情况下随着有效孔隙度和空气渗透率值升高，岩心含油产状级别也升高。因此，当确定出含油产状下限后，根据含油产状与有效孔隙度、空气渗透率的关系，就可以求出相应的表外厚度物性下限。

以取心井岩心分析为基础，应用表外储层岩心样品资料编制有效孔隙度、空气渗透率与含油性关系图(图3、图4)，图中交点即为有效孔隙度、空气渗透率下限值。从图中可以看出，应用该方法确定的某油田表外厚度物性下限为有效孔隙度20.6%，空气渗透率1.4mD。

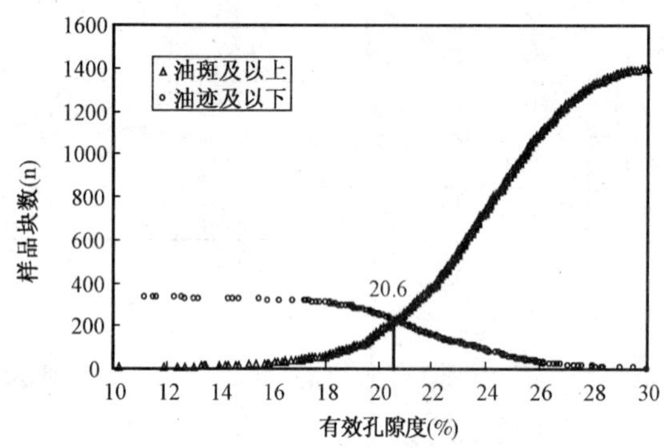

图3　表外储层有效孔隙度与含油性关系图

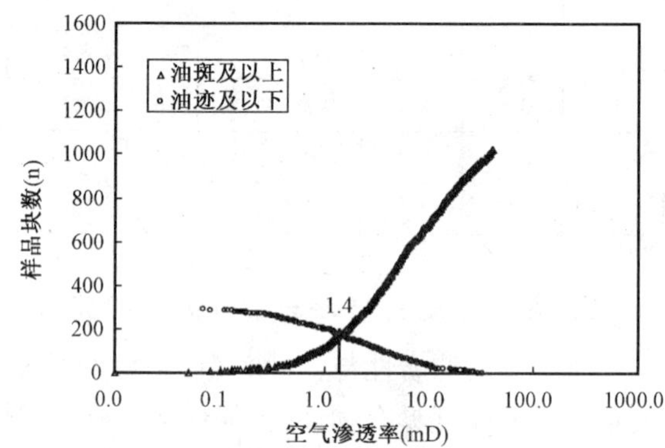

图4　表外储层空气渗透率与含油性关系图

四、经验统计法确定表外储层物性下限

经验统计法是以岩心分析有效孔隙度和空气渗透率资料为基础，以低孔渗段累积储渗能力丢失占累积总能力的10%左右为界限(这个值表明被丢失的储集能力很小)，确定物性下限的方法。

应用4口取心井表外岩心样品资料，编制取心井段表外储层内分析样品的有效孔隙度频率分布图(图5)。用此方法确定某油田表外厚度物性下限为有效孔隙度20.0%。

根据上述方法得到的有效孔隙度下限值，在空气渗透率与有效孔隙度关系图上(图6)即可得出其空气渗透率下限为0.8mD。

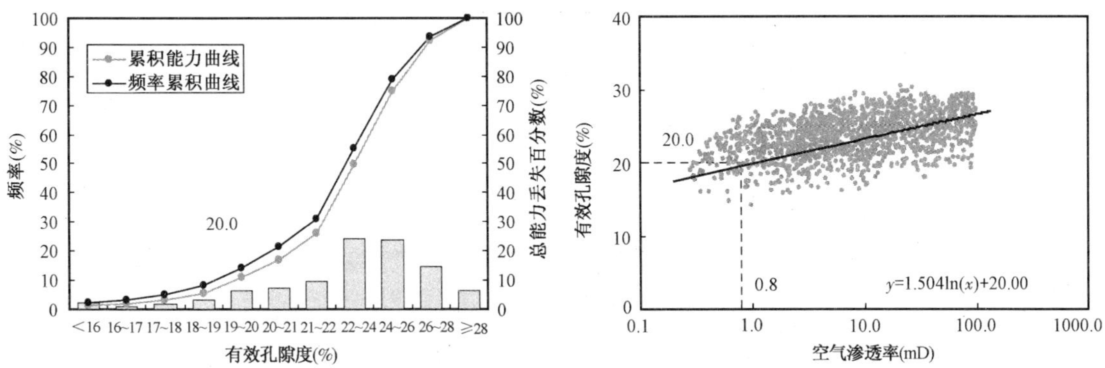

图 5 表外储层有效孔隙度频率分布图

图 6 表外储层空气渗透率与有效孔隙度关系图

根据含油产状法和经验统计法综合确定了某油田表外厚度的物性标准为:有效孔隙度为 20. 0% ,空气渗透率为 1. 0mD。

五、表外厚度物性标准可靠性检验

应用某油田表外储层 9 块样品的孔隙结构测定及水驱油试验结果,验证表外厚度物性标准的可靠性。根据表外储层毛管压力曲线特征、空气渗透率和驱油效率,将 9 块样品分为两组(表 3),1 号、38 号、262 号、379 号、419 号、568 号 6 块样品为一组,这 6 块样品的空气渗透率在 1. 03 ~ 6. 58mD 之间,平均空气渗透率为 2. 96mD,有效孔隙度在 20. 3% ~ 22. 4% 之间,平均有效孔隙度为 21. 3% ,驱油效率在 10. 9% ~ 26. 6% ,为可以动用的表外厚度。174 号、184 号、440 号 3 块样品为另一组,这 3 块样品的空气渗透率在 0. 55 ~ 0. 9mD 之间,平均空气渗透率为 0. 7mD,有效孔隙度在 16. 5% ~ 19. 4% 之间,平均有效孔隙度为 17. 7% ,驱油效率很低,为不可动用的表外厚度。

表 3 取心井表外厚度实验数据汇总表

动用类型	样号	层位	空气渗透率(mD)	有效孔隙度(%)	孔隙半径(mm)			驱油效率(%)
					最大	平均	中值	
可动用	1	S1	1. 03	22. 4	1. 071	0. 289	0. 098	10. 90
	38	S1	6. 58	21. 6	3. 571	0. 780	0. 089	26. 60
	262	S2	4. 43	20. 6	3. 571	0. 819	0. 060	25. 20
	379	S3	1. 31	21. 5	1. 786	0. 419	0. 058	11. 90
	419	S3	1. 83	21. 5	3. 571	0. 768	0. 149	12. 40
	568	P1	2. 68	20. 3	2. 679	0. 568	0. 110	18. 20
不可动用	174	S2	0. 90	17. 3	0. 179	0. 053	0. 027	0. 07
	184	S2	0. 64	19. 4	1. 786	0. 330	0. 035	0. 58
	440	P1	0. 55	16. 5	1. 786	0. 591	0. 202	0. 03

从图 7 中看出,空气渗透率在 1mD 处为可动用和不可动用之间分界点,由此可见所确定的表外储层物性下限是合理可靠的。

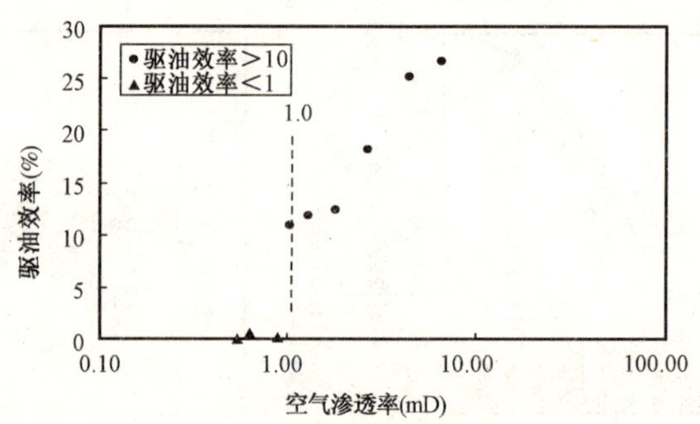

图7 表外储层空气渗透率与驱油效率关系图

六、结论

(1)通过表外储层四性关系研究,得到表外储层具有“四性关系”一致的特点,这为研制表外厚度的物性标准打下良好的基础。

(2)针对某油田表外储层缺少试油资料无法采用试油法研制物性下限的现状,应用密闭取心井表外厚度水洗解释成果资料,分含油产状统计表外厚度动用情况,得出了表外厚度的含油产状出油下限为油斑,应用含油产状法和经验统计法确定某油田表外厚度物性下限标准:有效孔隙度为20.0%,空气渗透率为1.0mD。

(3)应用表外储层样品的孔隙结构测定及水驱油试验结果,验证了所确定的表外厚度物性标准的可靠性。

参 考 文 献

[1] 金毓荪. 论陆相油田开发. 北京:石油工业出版社,1997:234-236.

作者简介:

徐冬燕,女,1973年1月出生,大庆油田有限责任公司第二采油厂地质大队地质室油藏高级工程师。

两种 ϕ70mm 整筒泵应用状况对比分析

韩桂欣　王连波　张　迁　陈红春　李庆梅

摘　要：ϕ70mm 抽油泵使用过程中，统计分析发现匹配 ϕ62mm 油管的 ϕ70mm 整筒泵与匹配 ϕ76mm 油管的 ϕ70mm 整筒泵对比检泵周期短、检泵率高，本文对此进行了论述。通过对两种 ϕ70mm 整筒泵现场应用数据对比及承载能力分析，结合经济效益评价，为今后两种 ϕ70mm 整筒泵的科学合理匹配应用提供参考依据。

关键词：检泵周期　检泵率　安全系数　经济效益

一、引言

目前油田 ϕ70mm 抽油泵应用广泛，检泵比例较高。统计在用 ϕ70mm 整筒泵的抽油机井，已占抽油机井总井数的30.59%，同其他泵径级别相比所占比例最高(表1)。统计2008年至2010年抽油机井检泵数据，ϕ70mm 整筒泵对整个井下作业管理指标影响较大，ϕ70mm 整筒泵抽油机井占当年检泵井总数比例最高(表2)。而 ϕ70mm 整筒泵存在两种泵型，一种泵上接箍外径为 ϕ108mm，匹配 ϕ76mm 油管；另一种泵上接箍外径为 ϕ88.9mm，并且上端攻有 ϕ62mm 油管母螺纹匹配 ϕ62mm 油管，同时与偏心井口及脱接器配套应用进行环空测试。现场应用过程中发现，匹配 ϕ62mm 油管的 ϕ70mm 整筒泵(以下简称 ϕ70mm 普通整筒泵)与匹配 ϕ76mm 油管的 ϕ70mm 整筒泵(以下简称大头泵)对比检泵率明显偏高、检泵周期缩短263.3天。为此，做好两种 ϕ70mm 整筒泵应用状况对比分析工作具有重要的现实意义。

表1　抽油机井不同泵径分布情况表

泵径(mm)	28	32	38	44	56/57	70	83	95
比例(%)	0.02	0.09	12.11	13.64	30.09	30.59	10.51	2.93

表2　2008—2010年不同泵径抽油机检泵井比例对比表

泵径(mm) 比例(%) 年份	32	38	44	56/57	70	83	95
2008年	—	4.51	9.20	24.32	38.69	14.84	8.45
2009年	—	5.66	8.72	26.65	36.24	15.87	6.86
2010年	0.05	4.51	9.20	25.77	37.69	16.71	6.07

二、两种 ϕ70mm 整筒泵现场应用数据对比

统计2008年至2010年检泵井中，使用 ϕ70mm 普通整筒泵的抽油机井，年均检泵533井次，平均检泵率70.96%，平均检泵周期为385.3d；而应用大头泵的井年均检泵267井次，平均

检泵率 45.88%，平均检泵周期为 648.6d。对比 ϕ70mm 普通整筒泵平均检泵率比大头泵高 25.08 个百分点，平均检泵周期较大头泵缩短 263.3d（表 3）。

表 3　两种 ϕ70mm 整筒泵检泵周期与检泵率统计

项目	检泵周期(d)	检泵率(%)
ϕ70mm 普通整筒泵	385.3	70.96
ϕ70mm 大头泵	648.6	45.88
差值	-263.3	25.08

对比 2008 年至 2010 年 ϕ70mm 普通整筒泵与大头泵检泵原因构成（表 4），ϕ70mm 普通整筒泵因油管问题检泵比例较大头泵高 8.96 个百分点，平均检泵周期缩短 337d；因偏磨问题检泵比例略低但检泵率较大头泵高 19.23 个百分点，平均检泵周期缩短 241d；因脱接器等其他问题，平均检泵周期缩短 385d。分析原因主要有三个方面：一是由于两种 ϕ70mm 整筒泵承载能力存在差异；二是 ϕ70mm 普通整筒泵需要配套使用脱接器来完成作业及生产过程，这样使整个杆柱增加了故障点，造成周期影响因素增多；三是 ϕ70mm 普通整筒泵（配 ϕ62mm 油管油管壁厚 5.5mm）与 ϕ70mm 大头泵（配 ϕ76mm 油管油管壁厚 6.5mm）相比杆、管的耐磨周期短。

表 4　两种 ϕ70mm 整筒泵检泵原因构成汇总表

项目	井次	检泵周期(d)	偏磨问题		油管问题		杆问题		其他问题	
			比例(%)	周期(d)	比例(%)	周期(d)	比例(%)	周期(d)	比例(%)	周期(d)
ϕ70mm 普通整筒泵	533	385.3	58.12	366	18.47	314	5.47	407	17.95	481
ϕ70mm 大头泵	267	648.6	61.22	607	9.51	651	6.84	549	22.43	866
差值	266	-263.3	-3.1	-241	8.96	-337	-1.37	-142	-4.48	-385

三、两种 ϕ70mm 整筒泵承载能力分析

针对两种 ϕ70mm 整筒泵的承载能力做深入研究，通过匹配两种不同油管的 ϕ70mm 整筒泵安全及疲劳系数计算对比可以看出，ϕ70mm 普通整筒泵静强度安全系数及疲劳安全系数均较低，承载能力大打折扣。

（一）静强度安全系数

1. ϕ70mm 普通整筒泵静强度安全系数

上冲程时，油管挂处悬点载荷 $F_{上}$：

$$
\begin{aligned}
F_{上} &= G + F_{上1} - F_{上2} - F_{上3} \\
&= G + \frac{\pi}{4}(D_{泵外}^2 - D_{油外}^2)\rho_{液}\, gh_{沉} - \frac{\pi}{4}(D_{泵外}^2 - D_{泵内}^2)\rho_{液}\, gh_{沉} - \frac{\pi}{4}(D_{泵内}^2 - D_{油内}^2)\rho_{液}\, gh \\
&= G + \frac{\pi}{4}(D_{泵内}^2 - D_{油外}^2)\rho_{液}\, gh_{沉} - \frac{\pi}{4}(D_{泵内}^2 - D_{油内}^2)\rho_{液}\, gh
\end{aligned}
$$

下冲程时，油管挂处悬点载荷 $F_{下}$

$$F_{下} = G + F_{下1} + F_{下4} - F_{下2} - F_{下3}$$

$$= G + \frac{\pi}{4}(D^2_{泵外} - D^2_{油外})\rho_{液}\, gh_{沉} + \frac{\pi}{4}D^2_{泵内}\rho_{液}\, gh - \frac{\pi}{4}D^2_{泵外}\rho_{液}\, gh_{沉} - \frac{\pi}{4}(D^2_{泵内} - D^2_{油内})\rho_{液}\, gh$$

$$= G - \frac{\pi}{4}D^2_{油外}\rho_{液}\, gh_{沉} + \frac{\pi}{4}D^2_{油内}\rho_{液}\, gh$$

其中：

角标“上”、“下”分别表示上、下冲程时的情况(如图1、图2)。

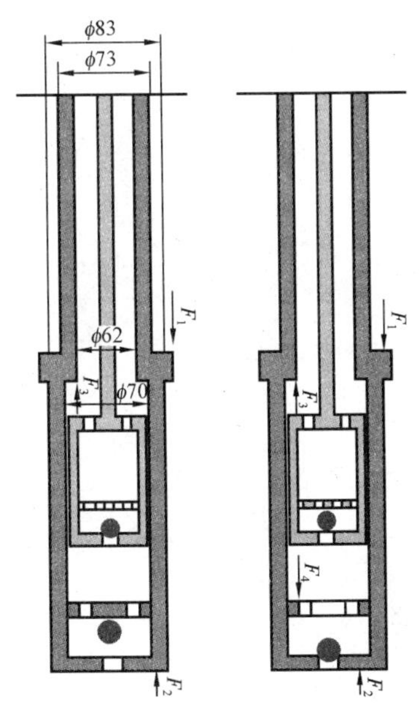

图1 ϕ70mm 普通整筒泵上下行程受力示意图

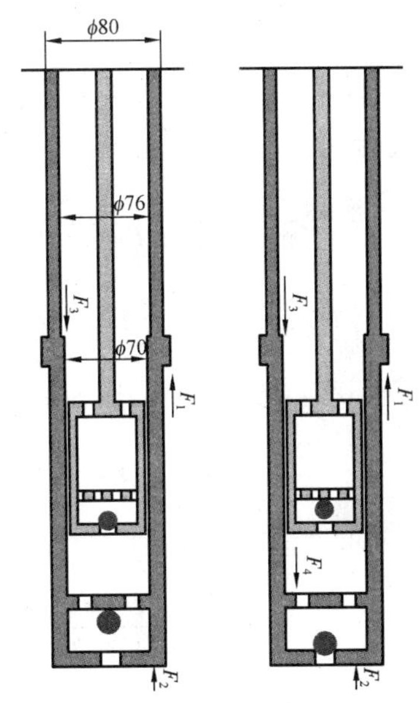

图2 ϕ70mm 大头泵上下行程受力示意图

G——油管柱自重,N;

F_1——由于油管与泵外径差的存在而由沉没压力产生的力,N;

F_2——由沉没压力作用在泵底部而产生的浮力,N;

F_3——由于油管与泵内径差的存在而由液柱压力产生的力,N;

F_4——液柱重量,N;

h——下泵深度,m;

$h_{沉}$——沉没度,m。

如载荷计算公式中的各参数按表5取值,则有:

表5 参数取值表

数据项	h(m)	$h_{沉}$(m)	$\rho_{液}$(kg/m^3)	g(m/s^2)
取值	900	200	0.9×10^3	9.8

$$F_{上} = 73.06\text{kN} \qquad F_{下} = 96.82\text{kN}$$

静安全系数 $n_{静整}$:

$$n_{静整} = \frac{\sigma_s \cdot A}{Max(F_{上}, F_{下})} = \frac{450\times\pi\times(73^2 - 62^2)}{4\times96.82\times10^3} = 5.4$$

2. 大头泵静强度安全系数

上冲程油管挂处悬点载荷 $F_{上}$：

$$F_{上}=G+F_3-F_1-F_2$$

$$=G+\frac{\pi}{4}(D_{油内}^2-D_{泵内}^2)\rho_{液}gh-\frac{\pi}{4}(D_{油外}^2-D_{泵外}^2)\rho_{液}gh_{沉}-\frac{\pi}{4}(D_{泵外}^2-D_{泵内}^2)\rho_{液}gh_{沉}$$

$$=G+\frac{\pi}{4}(D_{油内}^2-D_{泵内}^2)\rho_{液}gh-\frac{\pi}{4}(D_{油外}^2-D_{泵内}^2)\rho_{液}gh_{沉}$$

下冲程时油管挂处悬点载荷 $F_{下}$：

$$F_{下}=G+F_3+F_2-F_1-F_2$$

$$=G+\frac{\pi}{4}(D_{油内}^2-D_{泵内}^2)\rho_{液}gh+\frac{\pi}{4}D_{泵内}^2\rho_{液}gh-\frac{\pi}{4}(D_{油外}^2-D_{泵外}^2)\rho_{液}gh_{沉}-\frac{\pi}{4}D_{泵外}\rho_{液}gh_{沉}$$

$$=G+\frac{\pi}{4}D_{油内}^2\rho_{液}gh-\frac{\pi}{4}D_{油外}^2\rho gh_{沉}$$

公式中各参数按上表取值，则有：

$$F_{上}=81.51\text{kN}\qquad F_{下}=105.27\text{kN}$$

大头泵静安全系数 $n_{静大}$：

$$n_{静大}=\frac{\sigma_s\cdot A}{Max(F_{上},F_{下})}=\frac{450\times\pi\times(89^2-76^2)}{4\times105.27\times10^3}=7.2$$

$$n_{静大}/n_{静整}=1.33$$

大头泵的静强度安全系数 $n_{静大}=7.2$；ϕ70mm 整筒泵的静强度安全系数 $n_{静整}=5.4$；大头泵静强度安全系数是 ϕ70mm 普通整筒泵静强度安全系数的 1.33 倍，ϕ70mm 普通整筒泵的承载能力较低。

（二）疲劳安全系数 n_σ

无论是 ϕ70mm 普通整筒泵还是大头泵，其服役油管均承受着拉伸交变循环载荷，属非对称循环载荷条件下的疲劳校核，依据其疲劳安全系数计算公式：

$$n_\sigma=\frac{\sigma_{-1}}{\dfrac{k_\sigma}{\varepsilon_\sigma\beta}\sigma_a+\psi_\sigma\sigma_m}$$

式中 σ_{-1}——油管材质试样疲劳极限，MPa；

σ_a——应力幅，MPa；

σ_m——平均应力，MPa；

k_σ——形状影响系数；

ε_σ——尺寸影响系数；

β——表面质量影响系数；

ψ_σ——非对称循环影响系数，碳钢取 0.1～0.2。

同时依据 k_σ、ε_σ、β 取值图表，J55 油管取 $k_\sigma=2.15$，$\varepsilon_\sigma=0.78$，$\beta=0.9$，代入上式，得到两

种泵的疲劳安全系数比 n。

$$n = \frac{n_{\sigma大}}{n_{\sigma整}} = \frac{\frac{k_\sigma}{\varepsilon_\sigma \beta}\sigma_{a整} + \psi_\sigma \sigma_{m整}}{\frac{k_\sigma}{\varepsilon_\sigma \beta}\sigma_{a大} + \psi_\sigma \sigma_{m大}} = 1.4$$

大头泵疲劳安全系数是 ϕ70mm 普通整筒泵疲劳安全系数的 1.4 倍,大头泵的疲劳承载能力更强。

另外,在静强度和疲劳强度校核中,由偏心悬挂及井斜角而引起附加弯矩的存在势必造成 ϕ70mm 普通整筒泵环空测试管柱承载能力的降低。

四、两种 ϕ70mm 整筒泵经济效益评价

按现场应用的 ϕ70mm 整筒泵井平均泵深 900m 测算,使用 ϕ70mm 普通整筒泵的单井采油树、油管、抽油杆、抽油泵、脱接器的一次性投入费用为 95577 元,使用大头泵的单井采油树、油管、抽油杆、抽油泵的一次性投入费用为 128473 元,对比得出使用 ϕ70mm 普通整筒泵单井一次性投入可节省 32896 元(表 6)。

表 6　两种 ϕ70mm 整筒泵一次性投入对比表

项目	采油树(元/套)	油管(元/m)	抽油杆(元/m)	抽油泵(元/台)	脱接器(元/套)	费用合计(元)
ϕ70mm 普通整筒泵	7191(2½in)	58.25(ϕ62mm)	32.29(ϕ22mm)	5700	1200	95577
ϕ70mm 大头泵	8410(3in)	83.34(ϕ76mm)	43.73(ϕ25mm)	5700	—	128473
差值	-1219	-22581	-10296	0	1200	-32896

按照杆、管判废行业规定抽油杆下井服役年限为 8 年、油管下井服役年限为 10 年,以 8 年为一个周期评价标准,8 年时间内 ϕ70mm 普通整筒泵平均检泵 7.6 次,大头泵平均检泵 4.5 次,ϕ70mm 普通整筒泵较大头泵平均高出 3.1 次;以平均检泵各项费用 5.15 万元/次计算,8 年时间内 ϕ70mm 普通整筒泵较大头泵检泵费用高出 15.965 万元。扣除掉前期投入节省的费用 3.2896 万元,一个杆管使用判废周期内 ϕ70mm 普通整筒泵较大头泵单井要多支出 12.6754 万元费用,平均单井每年多支出 1.5844 万元(表 7)。

表 7　周期内两种 ϕ70mm 整筒泵单井效益分析对比表

项目	生产天数(d)	检泵周期(d)	检泵次数(次)	检泵费用(万元)	周期总费用(万元)	年均/单井(万元)
ϕ70mm 普通整筒泵	2920	385.3	7.6	39.14	48.6977	6.0872
ϕ70mm 大头泵	2920	648.6	4.5	23.175	36.0223	4.5028
差值	0	-263.3	3.1	15.965	12.6754	1.5844

五、认识及结论

(1)通过计算对比分析两种 ϕ70mm 整筒泵的静强度安全系数及疲劳安全系数,可以看出大头泵在理论上静强度安全系数及疲劳安全系数更高。

(2)实际生产数据统计对比表明,ϕ70mm 普通整筒泵检泵率为大头泵的 1.55 倍,而平均检泵周期较大头泵缩短 263.3d;经济效益评价表明,ϕ70mm 大头泵具有更好的经济适应性。

(3)在充分考虑供排关系、抽汲参数合理性的基础上,可以将部分 ϕ70mm 普通整筒泵井进行检换小泵或者检换大泵生产。

(4)科学有序地控制好两种 ϕ70mm 整筒泵的应用将有效提升井下作业技术管理水平,在排除定点监测、套变等因素影响的前提下将 ϕ70mm 普通整筒泵随检泵作业适时更换成大头泵,可以有效降低故障率,延长检泵周期,降低成本投入。

参考文献

[1] 万邦烈. 采油机械的设计计算. 北京:石油工业出版社,1988:79-113.

[2] 何富君. 抽油机井油管载荷的测试分析. 大庆石油学院学报. 2008,(1).

[3] 叶翠莲. 油管柱屈曲临界载荷的理论计算方法. 天然气技术. 2008,(2).

作者简介:

韩桂欣,男,采油工程师,在大庆油田有限责任公司第二采油厂从事井下作业技术管理工作。

运用二类油层压裂效果统计分析结果指导方案设计优化

孙福广　白群山

摘　要:为了指导下一步二类油层的压裂措施改造,减轻增产措施在聚合物驱油井上的成本投入,对二类油层已压裂完成的井进行了统计分析,从分析影响压裂效果的因素出发,采用各因素分类统计和单因素关联分析的方法,分析探索适用于二类油层压裂改造的施工参数和工艺方法,并以“少投入、多产出”为原则,以合理控制人工裂缝穿透比的方式对二类油层的工艺方案实施优化,使其在保证压裂措施后增产效果前提下,尽可能的节省压裂措施成本。

关键词:二类油层　压裂效果　统计分析

一、引言

随着油田开发的不断深入,压裂改造层逐步由厚油层的一次、二次加密井向主要以薄差油层为主的二三类油层和三次加密井转移,井层条件及压裂后效果不断变差,同时为探索解决制约区块开发的瓶颈问题,尝试性的创新成本投入也在不断增加。针对以上形势,对二类油层已压裂完成井的效果进行了统计分析,从影响效果数据的因素出发,分析探索适用于二类油层压裂改造的施工参数和工艺方法,使其在保证压裂措施后增产效果前提下,尽可能节省压裂措施成本。通过优化工艺设计共对二类油层实施压裂措施改造 114 井次,压裂后平均日增油 9.2t、日增液 56.6t,取得了较好的效果(图 1)。

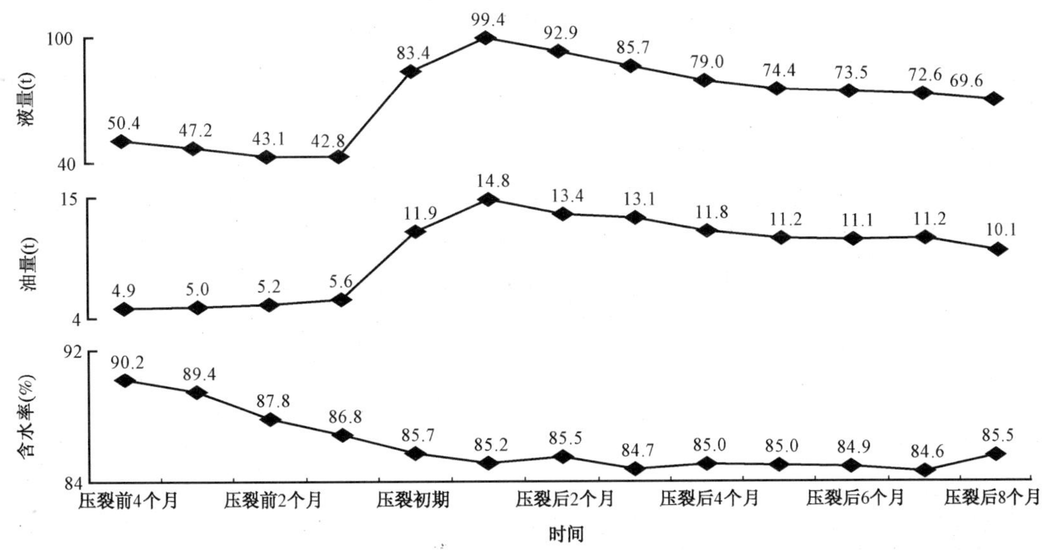

图 1　二类油层压裂成果统计

二、二类油层压裂效果分类统计分析

油田开发实践表明：二类油层压裂井的受效时间、有效厚度、施工规模等是影响压裂改造效果最主要的几大因素，下面将分类进行统计分析说明。

通过对二类油层压后油井进行统计及筛选共挑选出80口井进行分析：分析对象平均单井压裂层数2.8层、缝数1.8缝，平均压裂砂岩厚度13.9m、有效厚度7.4m；单层加砂量4.5m^3、平均施工裂缝半径19.3m、平均砂比20.2%。压裂后平均日增油12.3t、日增液73.4t（表1、表2）。

表1　筛选出二类油层压裂井各项施工参数的统计

井数(口)	单井平均				单层平均			排量(m^3/min)
	压裂层数(个)	缝数(条)	砂岩厚度(m)	有效厚度(m)	加砂量(m^3)	裂缝半径(m)	砂比(%)	
80	2.8	1.8	13.9	7.4	4.5	19.3	20.2	3.0

表2　筛选出二类油层压裂井效果的统计

井数(口)	压前平均			压后平均			对比日增油(t)	对比日增液(t)
	日产液(t)	日产油(t)	含水率(%)	日产液(t)	日产油(t)	含水率(%)		
80	41.9	5.5	85.8	115.3	17.8	83.9	12.3	73.4

（一）二类油层受效前、后压裂效果统计对比及分析

压裂井在受效前、后的生产阶段中，由于注入液中聚合物含量及黏度的影响，增产效果往往差异较大，因此对二类油层的两个不同注入阶段进行分类统计分析。

从表3中可见：二类油层受效前、后在有效厚度及施工规模相差不大的前提下，增液幅度相近，但增油幅度相差较为明显。受效前、后对比，后者在有效厚度小于前者的条件下，增液、油幅度幅度均大于前者。这是由于随着聚合物驱油阶段性的不断深入，注入浓度的增加，驱替液吸附捕集能力增强、含水下降（由受效前的92.3%下降到受效后的82.4%），一定程度上抑制了压裂后由于高导流能力的人工裂缝造成的水的突进，提高了二类油层采收率。因此，在对二类油层实施压裂改造时，受效后的压裂效果要好于受效前。

表3　两个驱油阶段二类油层压裂井效果统计分析

驱油阶段	井数(口)	有效厚度(m)	平均单层砂量(m^3)	压裂前			压裂后初期			对比日增油(t)	对比日增液(t)
				液(t)	油(t)	含水率(%)	液(t)	油(t)	含水率(%)		
聚驱受效前	28	8.0	4.4	45.6	3.6	92.3	118.4	14.0	87.6	10.4	72.8
聚驱受效后	52	7.1	4.5	40.3	6.6	82.4	114.3	19.9	82.0	13.3	74.0

（二）有效厚度对压裂效果影响的统计分析

从聚合物驱油受效前的压后效果上可以看出（表4）：油层的压裂有效厚度对增产效果影

响较大，有效厚度等于大于8m以上的油井在施工规模及参数相近的条件下，增油幅度比有效厚度小于8m以下的多增油2.9t。

表4 聚合物驱受效前压裂效果及有效厚度分类统计表

压裂有效		井数（口）	平均单层砂量（m^3）	压前			压后初期			对比日增油（t）	对比日增液（t）	含水率降（%）
分类	平均值（m）			液（t）	油（t）	含水率（%）	液（t）	油（t）	含水率（%）			
≥8m	9.8	14	4.2	47.7	3.5	92.6	117.5	15.4	86.3	11.9	69.9	6.2
<8m	6.1	14	4.5	43.6	3.6	92.0	119.3	12.6	88.8	9.0	75.7	3.2
总体	8.0	28	4.4	45.6	3.6	92.3	118.4	14.0	87.6	10.4	72.8	4.7

聚合物驱油见效后与受效前相比，有效厚度对压裂效果的影响更加明显，有效厚度等于大于8m以上的压裂井在施工规模相近的前提下，与有效厚度小于8m以下的井相比多增油9.5t，多增液17.7t（表5）。

表5 聚合物驱受效后压裂效果及有效厚度分类统计表

压裂有效		井数（口）	平均单层砂量（m^3）	压前			压后初期			对比日增油（t）	对比日增液（t）	含水率降（%）
分类	平均值（m）			液（t）	油（t）	含水率（%）	液（t）	油（t）	含水率（%）			
≥8m	9.9	16	4.2	41.0	6.8	82.8	127.2	26.6	78.1	19.9	86.3	4.7
<8m	5.9	36	4.6	40.0	6.5	82.3	108.6	16.9	83.7	10.4	68.6	-1.4
总体	7.1	52	4.5	40.3	6.6	82.4	114.3	19.9	82.0	13.3	74.0	0.5

另外，压裂后的人工裂缝在有效厚度较小、油层渗透率大的条件下，引发水突进的可能性更大，导致降含水的幅度较小。因此，在对二类油层进行压裂选井选层时，应遵循上述结论选择有效厚度大、渗透率低和压前含水低的井、层实施压裂改造（表6）。

表6 二类油层不同渗透率下的有效厚度比例分布

单元	<50mD		50~100mD		100~300mD		300~500mD		500~800mD		≥800mD		合计
	厚度（m）	厚度比例（%）	厚度（m）	厚度比例（%）	厚度（m）	厚度比例（%）	厚度（m）	厚度比例（%）	厚度（m）	厚度比例（%）	厚度（m）	厚度比例（%）	厚度（m）
萨Ⅱ1	16.8	8.66	46.5	23.97	109.8	56.60	20.9	10.77	—	—	—	—	194.0
萨Ⅱ2_1a	20.2	15.43	21.9	16.73	69.6	53.17	16.2	12.38	0.3	0.23	2.7	2.06	130.9
萨Ⅱ2_1b	16.4	7.84	42.1	20.11	96.6	46.15	42.2	20.16	8.8	4.20	3.2	1.53	209.3
萨Ⅱ2_2+3a	17.5	10.46	39.9	23.85	96.5	57.68	13.4	8.01	—	—	—	—	167.3
萨Ⅱ2_2+3b	31.0	10.82	67.1	23.43	138.9	48.50	39.9	13.93	7.1	2.48	2.4	0.84	286.4
萨Ⅱ7	33.2	10.67	80.1	25.74	171.7	55.17	26.2	8.42	—	—	—	—	311.2
萨Ⅱ8a	25.8	10.11	35.0	13.71	107.4	42.07	38.1	14.92	40.4	15.82	8.6	3.37	255.3
萨Ⅱ8b	24.0	8.77	34.3	12.53	138.1	50.46	29.1	10.63	20.6	7.53	27.6	10.08	273.7
萨Ⅱ8c	30.9	12.26	49.2	19.52	137.8	54.66	20.5	8.13	7.2	2.86	6.5	2.58	252.1

续表

单元	<50mD		50~100mD		100~300mD		300~500mD		500~800mD		≥800mD		合计
	厚度(m)	厚度比例(%)	厚度(m)	厚度比例(%)	厚度(m)	厚度比例(%)	厚度(m)	厚度比例(%)	厚度(m)	厚度比例(%)	厚度(m)	厚度比例(%)	厚度(m)
萨Ⅱ9	17.1	13.97	28.9	23.61	62.2	50.82	12.7	10.38	1.5	1.23	—	—	122.4
萨Ⅱ10	42.2	13.58	57.2	18.41	180.1	57.97	29.3	9.43	1.9	0.61	—	—	310.7
萨Ⅱ11a	9.5	5.70	25.4	15.23	87.9	52.70	21.8	13.07	16.6	9.95	5.6	3.36	166.8
萨Ⅱ11b	17.1	7.68	31.2	14.01	108.2	48.59	39.5	17.74	12.6	5.66	14.1	6.33	222.7
萨Ⅱ12a	15.1	16.25	13.9	14.96	43.5	46.82	11.4	12.27	4.0	4.31	5.0	5.38	92.9
萨Ⅱ12b	10.4	10.83	18.8	19.58	38.9	40.52	20.6	21.46	1.4	1.46	5.9	6.15	96.0
合计	327.2	10.58	591.5	19.13	1587	51.34	381.8	12.35	122.4	3.96	81.6	2.64	3091.7

（三）施工规模对压裂效果影响的统计分析

在对压裂有效厚度统计分析的基础上，对受效前、后二类油层压裂井的施工规模进行了分类，大致分为常规及小砂量两种。

表7　聚合物驱油受效前压裂效果及施工规模分类统计表

压裂有效		井数(口)	平均单层加砂量		裂缝半径(m)	压前			压后初期			对比日增油(t)	对比日增液(t)
分类	平均值(m)		施工规模	平均值(m^3)		液(t)	油(t)	含水率(%)	液(t)	油(t)	含水率(%)		
≥8m	9.6	4	常规	5.9	21.3	51.0	3.6	93.1	124.8	17.0	84.3	13.4	73.8
	10.0	10	小砂量	4.0	18.1	46.3	3.5	92.4	118.6	16.7	87.2	13.2	72.3
<8m	5.6	7	常规	5.9	21.3	50.1	4.1	91.7	126.1	14.5	87.1	10.4	76.0
	6.6	7	小砂量	4.0	18.1	37.1	3.0	92.4	112.5	13.0	90.4	9.9	75.4

表8　聚合物驱受效后压裂效果及施工规模分类统计表

压裂有效		井数(口)	平均单层加砂量		压前			压后初期			对比日增油(t)	对比日增液(t)
分类	平均值(m)		施工规模	平均值(m)	液(t)	油(t)	含水率(%)	液(t)	油(t)	含水率(%)		
≥8m	9.8	9	常规	5.9	37.9	5.8	83.8	119.8	26.1	78.2	20.3	81.8
	9.9	7	小砂量	3.8	44.9	7.9	81.4	136.8	27.4	79.9	19.5	91.9
<8m	5.9	11	常规	6.0	42.8	6.7	81.4	112.0	17.6	84.3	10.8	69.2
	6.2	25	小砂量	4.3	33.8	5.9	84.2	101.0	15.4	84.7	9.5	67.2

从效果对比表（表8和表9）上可以看出：单层施工砂量从常规的5.9m^3减小到4.0m^3，支撑半径从21.5m缩短到18.5m时，受效前常规砂量与小砂量相比增油幅度在不同有效厚度条件下分别相差0.2t和0.5t，受效后分别相差0.8t、1.3t，压后增产幅度相差不是十分明显。

从生产对比曲线也可以看出：压裂初期产量随施工规模的增大而增加，但施工砂量越大，压裂初期产量递减的速度越快，并随着生产开发的进行，产量下降速度减缓，最后，不同施工规模下的产量趋向一致。从曲线累计增油面积上也可以看出,两种不同规模压裂的累计增油量相差不大(图2)。

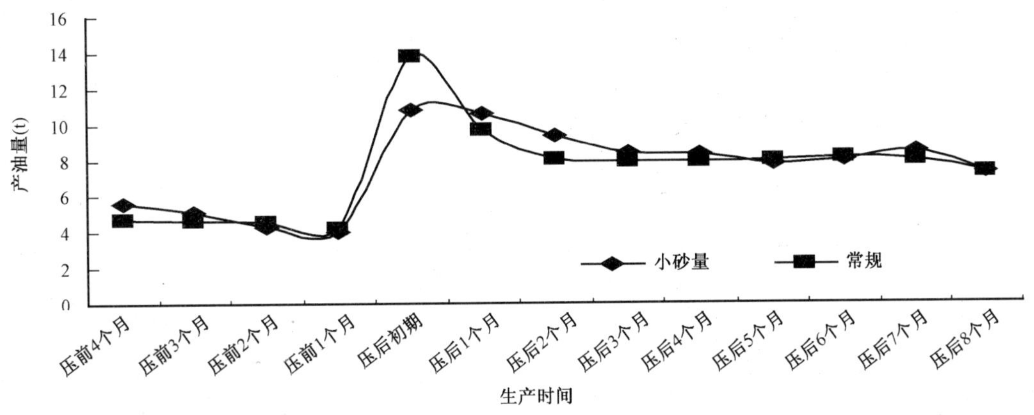

图2 施工规模对压裂效果影响的分析曲线

这是由于小规模压裂施工时,裂缝穿透比较小,采出程度随裂缝穿透比的增加而上升,当裂缝穿透比达到某个值时,采出程度达到最高点,当穿透比大于该值后,曲线反而开始下降,并且在上升与下降过程中有一个最佳的裂缝穿透比的范围使采收率曲线变化较为平缓,在这段近似于水平的曲线上,裂缝穿透比对采出程度的影响并不是十分明显(图3)。

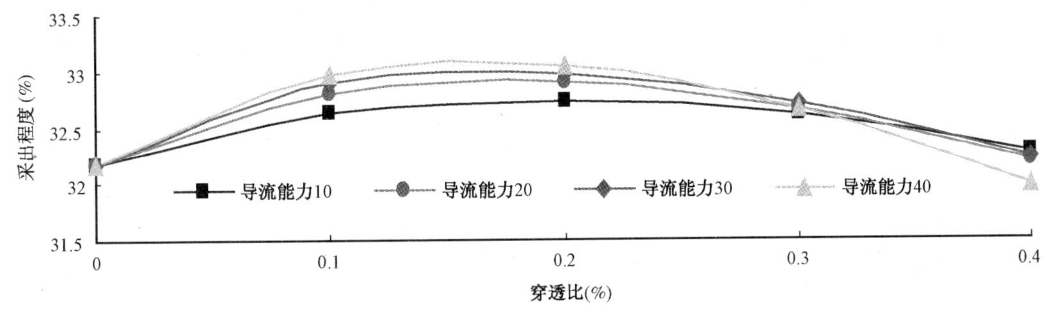

图3 裂缝穿透比对采出程度的影响曲线

另外,二类油层的井距为175m,长度为18~21m的人工裂缝半径,穿透比分别介于10%~12%之间,相差2%并且位于曲线的平缓处,从而导致施工规模分别为5.9m^{3}和4.0m^{3}的压裂井的增油幅度相差不是十分明显,采出程度近似相等(表9)。

表9 两种压裂施工规模下的参数对比表

施工规模	井距(L)(m)	加砂量(x)(m^3)	裂缝半径(r)(m)	穿透比(λ)(%)
常规	175	6	21.5	0.12
小砂量	175	4	18.4	0.10
差值	0	2	3.1	0.02

注:$r=0.0188x^2\times1.7338x+11.114$;$\lambda=r/L$。

三、二类油层的工艺方案设计及优化

依据上述数据分析及结论，在二类油层压裂优化施工参数时，合理匹配人工裂缝穿透比与导流能力之间的关系，并在满足开发需求的前提下，以少投入多产出为原则，将裂缝半径由常规缝长的21m下降至18m，通过多种压裂方案对比发现：合理控制人工裂缝的穿透比的小规模施工方案，可以在保证增产效果的前提下有效控制成本（表10）。从实施的114口二类油层压后措施效果可以看出，节省措施费用470万元（表11）。

表10　二类油层优化工艺设计对比表

设计内容	层数	缝数	单层加砂量（m^3）	裂缝半径（m）	施工费用（万元）	压前			压后			对比	
						液（t）	油（t）	含水率（%）	液（t）	油（t）	含水率（%）	增液（t）	增油（t）
常规设计	3	3	6	21	26.8	38.7	6.4	83.5	113	19.1	83.1	74.2	12.7
优化设计一	3	3	4	18	22.6	42.7	5.6	85.9	116	17	84.5	73.2	11.4
优化设计二	3	3	8	24	30.9	—	—	—	—	—	—	—	—
优化设计三	3	3	10	26	35.1	—	—	—	—	—	—	—	—
对比	0	0	-2	—	—	-4	4.3	-5.2	37.4	5.4	-0.7	9.2	1.1

表11　二类油层优化工艺设计效益对比表

压裂规模	施工井数（口）	单井层、缝数（个）	单层加砂量（m^3）	裂缝半径（m）	单层费用（万元）	单井费用（万元）	总费用（万元）
常规	114	4.6	6.3	21.2	5.8	26.8	3055.2
小砂量	114	4.6	4.2	17.9	4.9	22.6	2576.4
差值	—	—	2.1	3.3	0.9	4.2	478.8

四、结论及认识

（1）从影响压裂效果的因素出发，采用各因素分类统计、单因素关联分析的方法对二类油层已压裂完成的井进行对比分析，探索出适用于二类油层压裂改造的施工参数及工艺方法。

（2）二类油层受效后，由于注入浓度的增加，驱替液吸附捕集能力增强、含水下降，一定程度上抑制了压裂后由于高导流能力的人工裂缝造成的水的突进，提高了二类油层压裂后的措施效果。

（3）在二类油层压裂选井选层时，应选择聚驱受效后、有效厚度大、渗透率低和压前含水低的井、层实施压裂改造。

（4）通过二类油层的工艺方案设计及优化，以少投入多产出为原则，合理控制人工裂缝的穿透比，在保证其压裂措施后增产效果前提下，节省压裂措施费用。

参考文献

[1] 李景彩，李凌云，杨圣贤等．油井压裂工艺措施经济界限图版的建立及应用．特种油气藏，2005（6）：67－68.

[2] 周德华，焦方正，葛家理．裂缝渗流研究最新进展．海洋石油，2004，24（2）：2－3.

[3] 徐进,刘世平,叶波. 优化压裂裂缝型态提高江汉油区压裂增产效果. 江汉石油职工大学学报,2005,18(4):33-35.
[4] 任勇,郭建春,赵金洲,等. 压裂井裂缝导流能力研究. 河南石油,2005,19(1):47-48.

作者简介:

孙福广,男,1980 年生,毕业于中国石油大学(华东),助理工程师,从事压裂工艺的设计与现场监督。

间抽措施效果对比统计分析

殷　雷

摘　要:随着油田高含水期开发时间的延续,为了弥补油田产量的递减,部分薄差油层相继投入了开发,因此导致了部分低产井的出现,本文应用统计学的方法对低产、低效井从含水、泵效、产液量等方面进行探讨,合理确定间抽井界限,从而进一步提高出油效率,减少单井能耗,降低油井的生产成本。

关键词:低产　低效　间抽　能耗

一、引言

实施低产、低效井间抽工作制度是为了最大限度的发掘机采井节能降耗的管理潜能,追求企业效益最大化的管理途径,为探索总结出方便、经济可操作性强的一套低产、低效井降低能耗的管理方法,对全厂实施间抽的107口低产、低效井进行统计分析,通过摸索对间抽井的液面变化规律、产量变化情况,从而调整合理的间抽制度。

二、产量变化情况统计分析

通过统计分析,间抽后与间抽前对比日产液下降1.5t,下降了15%,日产油下降0.21t,下降了20.2%,综合含水上升0.63个百分点,平均泵效提高36.59个百分点(表1、图1和图2)。

表1　间抽前后生产数据对比表

录取资料波次	录取时间	平均产液(t/d)			平均产油(t/d)			含水率(%)			泵效(%)		
		间抽	正常	差值	间抽	正常	差值	间抽	正常	差值	间抽	正常	差值
1	8:30	31.61	10.0	21.61	3.03	1.04	1.99	90.41	89.60	0.81	75.17	24.10	51.07
2	10:30	28.41	10.0	18.41	2.35	1.04	1.31	91.73	89.60	2.13	67.56	24.10	43.46
3	12:30	23.92	10.0	13.92	2.08	1.04	1.04	91.29	89.60	1.69	56.87	24.10	32.77
4	14:30	18.14	10.0	8.14	2.53	1.04	1.49	86.03	89.60	-3.57	43.14	24.10	19.04
全日		8.5	10.0	-1.5	0.83	1.04	-0.21	90.23	89.60	0.63	60.69	24.10	36.59

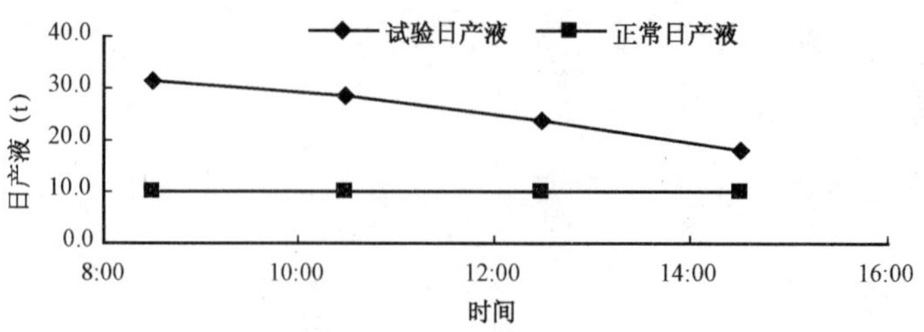

图1　间抽井平均日产液与时间关系曲线

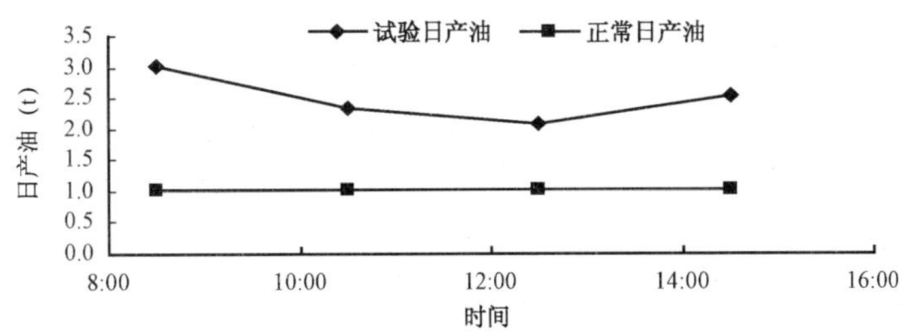

图 2　间抽井平均日产油与时间关系曲线

三、能耗变化情况统计分析

统计结果显示，平均单井沉没度上升 227.49m，平均单井消耗功率下降了 0.48kW，百米吨液耗电下降 0.94kW·h，平均单井系统效率上升 12.6 个百分点，平均单井日耗电将由 173.52kW·h 下降到 47.25kW·h，降低了 126.27kW·h，节电率 72.77%。

从表 2、图 3、图 4 中可以看出，总体将会出现日产液下降、日产油下降、含水率上升、泵效上升、消耗功率下降、百米吨液耗电下降、系统效率上升的情况，即出现产油略下降、能耗降低的现象。

表 2　间抽前后能耗汇总对比表

录取资料波次	录取时间	沉没度(m)			消耗功率(kW)			百米吨液耗电(kW·h)			系统效率(%)		
		试验	正常	差值	试验	正常	差值	试验	正常	差值	试验	正常	差值
1	8:30	469.72	45.14	424.58	6.12	7.23	-1.11	0.87	1.81	-0.94	28.93	18.81	10.12
2	10:30	309.23	45.14	264.09	6.67	7.23	-0.56	0.81	1.81	-1.00	35.80	18.81	16.99
3	12:30	178.19	45.14	133.05	7.03	7.23	-0.2	0.86	1.81	-0.95	33.26	18.81	14.45
4	14:30	133.39	45.14	88.25	7.18	7.23	-0.05	1.09	1.81	-0.72	27.65	18.81	8.84
全日		272.63	45.14	227.49	6.75	7.23	-0.48	0.87	1.81	-0.94	31.41	18.81	12.6

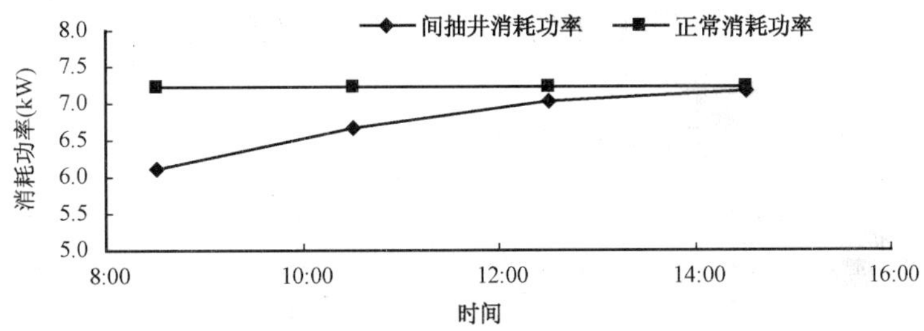

图 3　间抽井平均单井消耗功率与时间关系曲线

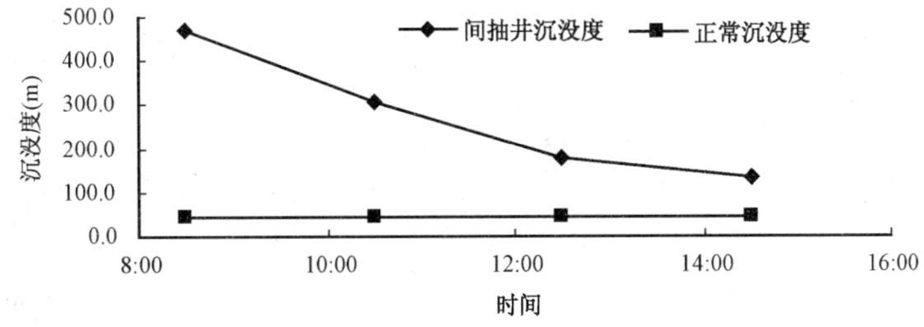

图 4　间抽井沉没度与时间关系曲线

四、采取间抽措施的技术标准

通过上述统计分析，针对不同产量、不同供液能力，及不同泵径、不同杆管匹配的抽油机井采取不同的间抽制度，在尽量少影响产量的前提下，制定合理的间抽制度。

（一）按泵效分类的情况统计

分析发现泵效低于25%的油井间抽前后对比产液量略有增加，产油量基本持平，消耗功率下降（表3）。泵效高于25%的油井间抽前后对比产液量下降，产油量下降，形成产油下降、能耗降低的现象（表4）。

表3　间抽前后低泵效（<25%）井效果对比表

项目	录取资料波次	录取时间	日产液(t)			日产油(t)			含水率(%)			泵效(%)		
			间抽	正常	差值	间抽	正常	差值	间抽	正常	差值	间抽	正常	差值
单井平均	1	8:30	29.98	7.16	22.82	3.34	0.92	2.42	88.9	87.67	1.23	63.02	16.53	46.49
	2	10:30	25.7	7.16	18.54	1.84	0.92	0.92	92.8	87.67	5.13	54.07	16.53	37.54
	3	12:30	21.2	7.16	14.04	2.4	0.92	1.48	88.8	87.67	1.13	44.6	16.53	28.07
	4	14:30	15.02	7.16	7.86	2.9	0.92	1.98	80.5	87.67	-7.17	31.6	16.53	15.07
全日			7.65	7.16	0.49	0.87	0.92	-0.05	87.75	87.67	0.08	48.32	16.53	31.79
项目	录取资料波次	录取时间	沉没度(m)			消耗功率(kW)			百米吨液耗电(kW·h)			系统效率(%)		
			间抽	正常	差值	间抽	正常	差值	间抽	正常	差值	间抽	正常	差值
单井平均	1	8:30	503.25	35.16	468.09	6.83	7.53	-0.7	0.7	2.26	-1.56	22.08	19.05	3.03
	2	10:30	264.06	35.16	228.9	6.79	7.53	-0.74	0.8	2.26	-1.46	22.19	19.05	3.14
	3	12:30	120.86	35.16	85.7	6.9	7.53	-0.63	1.0	2.26	-1.26	21.85	19.05	2.8
	4	14:30	79.6	35.16	44.44	7.06	7.53	-0.47	1.4	2.26	-0.86	21.33	19.05	2.28
平均			241.94	35.16	206.78	6.90	7.53	-0.63	0.98	2.26	-1.28	21.86	19.05	2.81

表4　间抽前后高泵效（>25%）井效果对比表

项目	录取资料波次	录取时间	日产液(t)			日产油(t)			含水率(%)			泵效(%)		
			间抽	正常	差值	间抽	正常	差值	间抽	正常	差值	间抽	正常	差值
单井平均	1	8:30	32.99	12.14	20.85	2.78	1.14	1.64	91.6	90.6	1.0	88.45	32.5	55.95
	2	10:30	27.78	12.14	15.64	2.74	1.14	1.6	90.2	90.6	-0.4	74.5	32.5	42
	3	12:30	23.9	12.14	11.76	1.41	1.14	0.27	93.8	90.6	3.2	64.1	32.5	31.6
	4	14:30	19.48	12.14	7.34	2	1.14	0.86	89.7	90.6	-0.9	52.2	32.5	19.7
全日			8.68	12.14	-3.46	0.74	1.14	-0.4	91.33	90.6	0.73	69.81	32.5	37.31
项目	录取资料波次	录取时间	沉没度(m)			消耗功率(kW)			百米吨液耗电(kW·h)			系统效率(%)		
			间抽	正常	差值	间抽	正常	差值	间抽	正常	差值	间抽	正常	差值
单井平均	1	8:30	440.98	53.7	387.28	5.51	6.69	-1.18	0.71	1.39	-0.68	36.21	20.24	15.97
	2	10:30	361.96	53.7	308.26	6.05	6.69	-0.64	0.81	1.39	-0.58	37.33	20.24	17.09
	3	12:30	277.58	53.7	223.88	5.6	6.69	-1.09	0.9	1.39	-0.49	34.15	20.24	13.91
	4	14:30	236.5	53.7	182.8	6.68	6.69	-0.01	1.07	1.39	-0.32	31.5	20.24	11.26
平均			329.26	53.7	275.56	5.96	6.69	-0.73	0.87	1.39	-0.52	34.80	20.24	14.56

(二)按含水率分类的情况统计

分析发现含水率低于90%的油井间抽前后对比产液量下降幅度小,产油量下降幅度相对较大,含水率上升,能耗稳定(表5)。含水率高于90%的油井间抽前后对比产液量下降,产油量趋于稳定,含水率稳定,能耗下降(表6)。

表5 间抽前后含水率(<90%)井效果对比表

项目	录取资料波次	录取时间	日产液(t)			日产油(t)			含水率(%)			泵效(%)		
			间抽	正常	差值	间抽	正常	差值	间抽	正常	差值	间抽	正常	差值
单井平均	1	8:30	32.75	9.5	23.25	3.07	1.58	1.49	90.6	83.4	7.2	74.1	21.56	52.54
	2	10:30	31.03	9.5	21.53	3.32	1.58	1.74	89.3	83.4	5.9	70.4	21.56	48.84
	3	12:30	23.29	9.5	13.79	3.22	1.58	1.64	86.2	83.4	2.8	52.8	21.56	31.24
	4	14:30	17.34	9.5	7.84	4.2	1.58	2.62	75.7	83.4	-7.7	39.3	21.56	17.74
全日			8.7	9.5	-0.8	1.15	1.58	-0.43	85.45	83.4	2.05	59.15	21.56	37.59
项目	录取资料波次	录取时间	沉没度(m)			消耗功率(kW)			百米吨液耗电(kW·h)			系统效率(%)		
			间抽	正常	差值	间抽	正常	差值	间抽	正常	差值	间抽	正常	差值
单井平均	1	8:30	495.65	40.03	455.62	6.96	7.86	-0.9	1.0	2.07	-1.07	25.2	14.91	10.29
	2	10:30	291.2	40.03	251.17	7.54	7.86	-0.32	0.8	2.07	-1.27	37.2	14.91	22.29
	3	12:30	164.26	40.03	124.23	7.7	7.86	-0.16	1.0	2.07	-1.07	29.68	14.91	14.77
	4	14:30	120.6	40.03	80.57	7.87	7.86	0.01	1.2	2.07	-0.87	23.58	14.91	8.67
平均			267.93	40.03	227.90	7.52	7.86	-0.34	1.00	2.07	-1.07	28.92	14.91	14.01

表6 间抽前后含水率(>90%)井效果对比表

项目	录取资料波次	录取时间	日产液(t)			日产油(t)			含水率(%)			泵效(%)		
			间抽	正常	差值	间抽	正常	差值	间抽	正常	差值	间抽	正常	差值
单井平均	1	8:30	30.63	10.41	20.22	3	0.58	2.42	90.21	94.46	-4.25	76.1	25.87	50.23
	2	10:30	26.16	10.41	15.75	1.52	0.58	0.94	94.19	94.46	-0.27	65	25.87	39.13
	3	12:30	24.46	10.41	14.05	1.1	0.58	0.52	95.48	94.46	1.02	60.76	25.87	34.89
	4	14:30	18.83	10.41	8.42	1.1	0.58	0.52	94.21	94.46	-0.25	46.79	25.87	20.92
全日			8.34	10.41	-2.07	0.56	0.58	-0.02	93.52	94.46	-0.93	62.16	25.87	36.29
项目	录取资料波次	录取时间	沉没度(m)			消耗功率(kW)			百米吨液耗电(kW·h)			系统效率(%)		
			间抽	正常	差值	间抽	正常	差值	间抽	正常	差值	间抽	正常	差值
单井平均	1	8:30	447.49	35.16	412.33	5.4	7.53	-2.13	0.76	2.53	0.37	33.05	17.96	-8.76
	2	10:30	324.66	35.16	289.5	5.93	7.53	-1.6	0.8	2.53	-1.03	34.27	17.96	0.06
	3	12:30	190.13	35.16	154.97	6.46	7.53	-1.07	0.78	2.53	0.43	36.91	17.96	-7.47
	4	14:30	144.32	35.16	109.16	6.58	7.53	-0.95	0.97	2.53	-0.21	31.82	17.96	-2.91
平均			276.65	35.16	241.49	6.09	7.53	-1.44	0.82	2.53	-1.71	34.01	17.96	16.05

(三)按产量分类的情况统计

分析发现日产液低于10t的油井间抽前后对比产液量稳定,产油量下降幅度相对较小,能耗下降幅度小(表7)。日产液高于10t的油井间抽前后对比产液量下降,产油量下降幅度相对较大,能耗下降幅度较大(表8)。

表7 间抽前后日产液(<10t)井效果对比表

项目	录取资料波次	录取时间	日产液(t)			日产油(t)			含水率(%)			泵效(%)		
			间抽	正常	差值	间抽	正常	差值	间抽	正常	差值	间抽	正常	差值
单井平均	1	8:30	23.13	6.05	17.08	2.01	0.76	1.25	91.3	87.45	3.85	74.01	19.36	54.65
	2	10:30	20.72	6.05	14.67	2.4	0.76	1.64	88.5	87.45	1.05	66.3	19.36	46.94
	3	12:30	15.55	6.05	9.5	1.8	0.76	1.04	88.3	87.45	0.85	49.8	19.36	30.44
	4	14:30	13.13	6.05	7.08	1.6	0.76	0.84	87.8	87.45	0.35	42.0	19.36	22.64
全日			6.04	6.05	-0.01	0.65	0.76	-0.11	88.98	87.45	1.53	58.03	19.36	38.67
项目	录取资料波次	录取时间	沉没度(m)			消耗功率(kW)			百米吨液耗电(kW·h)			系统效率(%)		
			间抽	正常	差值	间抽	正常	差值	间抽	正常	差值	间抽	正常	差值
单井平均	1	8:30	388.13	48.18	339.95	5.75	6.48	-0.73	1.0	2.69	-1.69	27.88	11.62	16.26
	2	10:30	251.14	48.18	202.96	6.22	6.48	-0.26	1.0	2.69	-1.69	33.7	11.62	22.08
	3	12:30	140.18	48.18	92.0	6.6	6.48	0.12	1.2	2.69	-1.49	25.89	11.62	14.27
	4	14:30	109.8	48.18	61.62	6.8	6.48	0.32	1.4	2.69	-1.29	23.85	11.62	12.23
平均			222.31	48.18	174.13	6.34	6.48	-0.14	1.15	2.69	-1.54	27.83	11.62	16.21

表8 间抽前后日产液(>10t)井效果对比表

项目	录取资料波次	录取时间	日产液(t)			日产油(t)			含水率(%)			泵效(%)		
			间抽	正常	差值	间抽	正常	差值	间抽	正常	差值	间抽	正常	差值
单井平均	1	8:30	43.17	15.38	27.79	4.4	1.4	3.0	89.76	90.76	-1.0	76.03	27.09	48.94
	2	10:30	38.9	15.38	23.52	2.3	1.4	0.9	94.06	90.76	3.3	68.52	27.09	41.43
	3	12:30	35.33	15.38	19.95	2.3	1.4	0.9	90.46	90.76	-0.3	68.52	27.09	41.43
	4	14:30	24.98	15.38	9.6	3.8	1.4	2.4	84.75	90.76	-6.01	44.04	27.09	16.95
全日			11.86	15.38	-3.52	1.06	1.40	-0.34	89.76	90.76	-1.00	64.28	27.09	37.19
项目	录取资料波次	录取时间	沉没度(m)			消耗功率(kW)			百米吨液耗电(kW·h)			系统效率(%)		
			间抽	正常	差值	间抽	正常	差值	间抽	正常	差值	间抽	正常	差值
单井平均	1	8:30	580.97	41	539.97	6.61	7.89	-1.28	0.88	1.28	-0.4	30.19	28.66	1.53
	2	10:30	388.43	41	347.43	7.29	7.89	-0.6	0.73	1.28	-0.55	38.23	28.66	9.57
	3	12:30	230.01	41	189.01	7.56	7.89	-0.33	0.67	1.28	-0.61	42.08	28.66	13.42
	4	14:30	165.54	41	124.54	7.67	7.89	-0.22	0.88	1.28	-0.4	32.25	28.66	3.59
平均			341.24	41.00	300.24	7.28	7.89	-0.61	0.79	1.28	-0.49	35.69	28.66	7.03

利用液面恢复法确定合理的间抽周期,在保证单井产量的同时,也减少了深井泵干磨几率,保证了深井泵的工作状况,同时也降低了电能的消耗。从以上分析可以得出,针对泵效小于25%、含水高于90%、日产液小于10t的低产、低效井,适合采取间抽制度进行间抽。

五、结论与认识

(1)对泵效小于25%、含水率大于90%、日产液小于10t的井,采取适合本井的间抽方式,在日产液、日产油少降或不降的情况下,达到降低能耗的目的。

(2)对于拟稳定期的产量计量方法尚需要完善,试验情况显示,间抽井开井后初期产液量较高,之后逐渐下降,当下降到一定程度后在稳定下来,稳定后的产液量与间抽前的产液量基本一致。

(3)间抽开井后含水不稳定,初期含水略高,后期含水下降。分析与关井后油套环形空间中油水重力分异有关系。

(4)在结合试验的基础上进一步完善单井合理间抽制度的个性化方案,必要时采用自动间抽控制器来实现间抽。

参考文献

[1] 关宁,欧阳华章,李华. 抽油机低效间抽井产液变化规律. 油气田地面工程,2006,(02):17-18.

[2] 刘海涛. 低液面抽油机井合理间抽周期方法的确定. 中国科技信息,2006,(04):98.

作者简介:

殷雷,男,采油工程师,大庆油田有限责任公司第二采油厂工程技术大队管理室主任。

螺杆泵与抽油机经济效益对比统计分析

刘佩勋

摘　要：本文从一次性投资、能耗、维护等方面统计对比了不同排量螺杆泵井与抽油机的经济效益。对大排量螺杆泵井维护费用高、经济效益低的原因进行了分析，并提出了下步的治理措施，为进一步提高螺杆泵应用水平、延长检泵周期具有一定的指导意义。

关键词：经济效益　偏磨

一、引言

近年来，螺杆泵举升技术应用范围越来越大，在油田上占机采井的比例达到20%以上。与抽油机、电泵相比，螺杆泵采油方式一次性投资少、设备占地小、安装简单、维修方便，具有较高的抗黏性、较强的抗砂性以及低能耗等特点，但也存在着检泵周期较短、维护性费用高等问题。由于电泵一次性投资多，后期维护费用高，比较适用于高产能井，因此这里为了评价螺杆泵在采油井上的适用性，只将螺杆泵与同排量的抽油机从投资、耗能、维护性作业等方面进行对比论述。

二、同排量螺杆泵与抽油机经济效益对比

（一）一次性投资对比

依据机、泵、管、杆设计匹配原则，抽油机井泵效按照45%，螺杆泵合理转速范围控制在60～140r/min之间，泵效按照60%，对抽油机和螺杆泵的投资进行预算，可以得出在排量范围相近的情况下螺杆泵井的一次性投资较抽油机井的一次性投资平均低8.58万元。

表1中的投资估算由机、泵、管、杆、井下工具、电力系统、井口装置、施工费用等几部分构成，其中电力系统的投资包括电机、配电箱、电缆和变压器等。

表1　螺杆泵、抽油机一次性投资对比表

抽油机					对应螺杆泵				投资对比（万元）
机型	泵径（mm）	理论排量范围（m^3/d）	实际排量范围（m^3/d）	预计投资（万元）	型号	理论排量范围（m^3/d）	实际排量范围（m^3/d）	预计投资（万元）	
CYJY6－2.5－26HB	38	10～25	5～11	24.6987	120	10～26	6～16	20.2361	－4.4626
	44	14～33	6～15	24.8453	200	17～43	10～26	20.2861	－4.5592
CYJY8－3－37HB	44	18～39	8～18	28.0276	200	17～43	10～26	20.2861	－7.7415
	57	28～64	13～29	28.2261	300	26～65	16～39	20.4649	－7.7612

续表

抽油机					对应螺杆泵				投资对比（万元）
机型	泵径（mm）	理论排量范围（m^3/d）	实际排量范围（m^3/d）	预计投资（万元）	型号	理论排量范围（m^3/d）	实际排量范围（m^3/d）	预计投资（万元）	
CYJY10－3－37HB	57	43～96	19～43	28.9656	300	26～65	16～39	20.4649	－8.5007
	70	66～150	30～68	33.3934	500	43～108	26～65	24.4717	－8.9217
CYJY10－4.2－53HB	70	100～186	45～84	35.1176	800	69～173	42～104	25.043	－10.0746
	83	140～262	63～118	35.1073	1200	103～225	62～135	28.17	－6.9373
CYJY14－5.5－89HF	83	115～257	52～116	41.903	1400	121～262	72～157	28.3886	－13.5144
	95	151～337	68～152	41.9285	1600	138～300	83～180	28.5962	－13.3323

（二）能耗对比

统计螺杆泵井与抽油机井的装机功率及能耗情况，在装机功率方面，螺杆泵与同排量抽油机相比平均低19.2kW；在能耗方面，螺杆泵与同排量抽油机相比年节省电费1.098万元（表2）。

表2　螺杆泵、抽油机能耗情况对比表

抽油机					对应螺杆泵				装机功率对比（kW）	年电费对比（万元）
机型	泵径（mm）	装机功率（kW）	日耗电（kW·h）	年电费（万元）	型号	装机功率（kW）	日耗电（kW·h）	年电费（万元）		
CYJY 6－2.5－26HB	38	22	135	2.6968	120	11	79	1.5821	－11	－1.1147
	44	22	145	2.8966	200	11	103	2.0568	－11	－0.8398
CYJY 8－3－37HB	44	22	148	2.9565	200	11	103	2.0568	－11	－0.8997
	57	22	198	3.9553	300	11	141	2.8095	－11	－1.1458
CYJY 10－3－37HB	57	37	220	4.3948	300	11	141	2.8095	－26	－1.5853
	70	37	264	5.2738	500	22	180	3.5958	－15	－1.6780
CYJY 10－4.2－53HB	70	45	307	6.1328	800	22	258	5.1539	－23	－0.9788
	83	45	389	7.7708	1200	37	343	6.8463	－8	－0.9245
CYJY 14－5.5－89HF	83	75	400	7.9906	1400	37	345	6.8991	－38	－1.0915
	95	75	447	8.9295	1600	37	411	8.2079	－38	－0.7215

（三）维护性作业对比

统计螺杆泵井与抽油机井的维护性作业情况，螺杆泵井平均检泵周期526d（表3），抽油机井平均检泵周期773d（表4），分排量进行对比，螺杆泵井平均单井年维护费用高于抽油机井2.26万元（表5）。

表 3　不同排量螺杆泵井年维护性作业费用表

泵型	井下泵价格(万元)	检泵周期(d)	年维护费用(万元)
GLB120	1.6871	1087	2.3696
GLB200	1.7371	977	2.6550
GLB300	1.9159	612	4.3108
GLB500	2.2437	552	5.5474
GLB800	2.8150	487	6.3613
GLB1200	3.7720	430	8.3360
GLB1400	3.9906	372	9.4722
GLB1600	4.1982	259	12.8659

表 4　不同机泵匹配情况下的抽油机井年维护性作业费用对比表

机型	泵径(mm)	井下泵价格(万元)	检泵周期(d)	年维护费用(万元)
CYJY6-2.5-26HB	38	0.4	1193	1.9290
	44	0.4578	1028	2.2591
CYJY8-3-37HB	44	0.4578	1028	2.2591
	57	0.5014	897	2.6068
CYJY10-3-37HB	57	0.5014	897	2.6068
	70	0.6418	672	3.7731
CYJY10-4.2-53HB	70	0.6418	672	3.7731
	83	0.6764	622	4.5136
CYJY14-5.5-89HF	83	0.6764	622	4.5136
	95	0.9934	364	8.0272

表 5　螺杆泵、抽油机维护性作业情况对比表

抽油机			对应螺杆泵		年维护费用对比(万元)
机型	泵径(mm)	年维护费用(万元)	泵型号	年维护费用(万元)	
CYJY6-2.5-26HB	38	1.9290	120	2.3696	0.4406
	44	2.2591	200	2.655	0.3959
CYJY8-3-37HB	44	2.2591	200	2.655	0.3959
	57	2.6068	300	4.3108	1.704
CYJY10-3-37HB	57	2.6068	300	4.3108	1.704
	70	3.7731	500	5.5474	1.7743
CYJY10-4.2-53HB	70	3.7731	800	6.3613	2.5882
	83	4.5136	1200	8.3360	3.8224
CYJY14-5.5-89HF	83	4.5136	1400	9.4722	4.9586
	95	8.0272	1600	12.8659	4.8387

(四)综合对比

将抽油机同螺杆泵的一次性投资按照15年摊销,通过综合对比可以看出,500型及以下螺杆泵井与同排量抽油机相比经济效益较好，平均单井年节约费用0.72万元；800型及以上螺杆泵与同排量抽油机相比由于年维护性费用较高，平均单井年综合费用高2.28万元（表6）。

表6　螺杆泵、抽油机年综合费用对比表

抽油机							对应螺杆泵						综合对比（万元）
机型	泵径 mm	投资摊销	年耗能（万元）	年维护费用（万元）	年地面维护（万元）	合计	型号	投资摊销（万元）	年耗能（万元）	年维护费用（万元）	年地面维护（万元）	合计	
CYJY 6－2.5－26HB	38	1.6466	2.6968	1.929	0.3	6.5724	120	1.3491	1.5821	2.3696	0.2	5.5008	－1.0716
	44	1.6564	2.8966	2.2591	0.3	7.1121	200	1.3524	2.0568	2.655	0.2	6.2642	－0.8479
CYJY 8－3－37HB	44	1.8685	2.9565	2.2591	0.3	7.3841	200	1.3524	2.0568	2.655	0.2	6.2642	－1.1199
	57	1.8817	3.9553	2.6068	0.35	8.7938	300	1.3643	2.8095	4.3108	0.25	8.7346	－0.0592
CYJY 10－3－37HB	57	1.931	4.3948	2.6068	0.35	9.2826	300	1.3643	2.8095	4.3108	0.25	8.7346	－0.5480
	70	2.2262	5.2738	3.7731	0.45	11.7231	500	1.6314	3.5958	5.5474	0.3	11.0746	－0.6485
CYJY 10－4.2－53HB	70	2.3412	6.1328	3.7731	0.45	12.6971	800	1.6695	5.1539	6.3613	0.3	13.4847	0.7876
	83	2.3405	7.7708	4.5136	0.5	15.1249	1200	1.878	6.8463	8.3360	0.4	17.4603	2.3354
CYJY 14－5.5－89HF	83	2.7935	7.9906	4.5136	0.5	15.7977	1400	1.8926	6.8991	9.4722	0.4	18.6639	2.8662
	95	2.7952	8.9295	8.0272	0.5	20.2519	1600	1.9064	8.2079	12.8659	0.4	23.3802	3.1283

三、螺杆泵井维护性费用高原因分析及下步措施

（一）维护性费用高原因分析

从螺杆泵井的检泵情况可以看出：偏磨问题是导致检泵作业的主要原因，占检泵井总数的72.3%。分析偏磨原因，主要为杆在旋转时受离心力以及转子偏心距的作用偏离中心位置，使杆、管、扶正器之间相互摩擦，导致杆断或管漏问题的发生。统计因偏磨检泵的螺杆泵井，平均单井更换抽油杆564m，费用为2.85万元；更换油管516m，费用为2.56万元，杆管更换量大，维护费用高。

分泵型进行统计，泵型越大，偏磨比例越高，检泵周期越短。由表7可以看出，800型及以上螺杆泵井的偏磨比例大幅上升，且检泵周期短，导致其维护费用高，与同排量抽油机对比，整体经济效益低。

表7　螺杆泵井分泵型偏磨情况统计表

泵型	总井数（口）	检泵井数（口）	偏磨井数（口）	偏磨井比例（%）	偏磨井检泵周期（d）
120	23	3	1	33.3	1326
200～300	219	67	34	50.7	596
500	203	78	46	58.9	528
800	228	156	124	79.5	452
1200	256	153	121	79.1	416
1400及以上	36	24	22	91.6	385
合计	965	481	348	72.3	483

（二）下步措施

1. 扩大新型浇铸式扶正器应用规模

在螺杆泵井上应用新型浇铸式扶正器取得了较好的防偏磨效果，该扶正器在工作中扶正块与油管相对静止，只是扶正块与衬套相摩擦，既不直接磨损抽油杆，又能减少对油管的磨损，可以有效的保护抽油杆和油管，并彻底解决扶正器将杆体磨细后造成杆断的问题。统计应用的647口井前后效果，平均检泵周期延长了53d，应继续扩大应用规模。

2. 针对不同排量螺杆泵井，优化杆、管配置

统计螺杆泵井因偏磨检泵情况，可以得出，相同排量的螺杆泵井，杆、管间隙越小，检泵周期越短。因此，通过合理优化杆、管配置，放大杆、管间隙，能够在一定程度上缓解偏磨问题。采取两种措施：一是在小排量螺杆泵井上应用ϕ88.9mm油管代替ϕ73mm油管，虽然单井在油管一次性投资上会增加1.9万元，但检泵周期会延长100d左右，年节省施工及主材费用0.88万元；二是在中大排量螺杆泵井上应用ϕ28mm抽油杆代替ϕ38mm、42mm空心抽油杆，杆管间隙由7mm增加至10mm以上，同时保证ϕ28mm抽油杆的抗扭强度不低于空心抽油杆，能够满足1200型以上大泵的扭矩要求。

3. 研制并完善螺杆泵井各项防偏磨配套工艺技术

为延长螺杆泵井检泵周期，减缓杆管偏磨，在相关配套工艺技术上继续开展以下几方面工作：一是加大复合涂层油管的应用规模；二是针对斜井应用导向器，降低拐点处故障率；三是试验应用螺杆泵防偏磨万向节及轴承式扶正器，消除转子偏心距对的杆管偏磨影响。

四、结论及认识

（1）目前500型及以下的螺杆泵配套工艺技术比较完善，检泵周期能够达到500d以上，与抽油机相比平均经济效益较好；800型及以上螺杆泵由于其偏磨严重，检泵周期短，维护费用高，与同排量泵径的抽油机相比经济效益低。

（2）螺杆泵井一次性投资少、能耗低，但由于杆管偏磨严重、检泵周期短，导致后期作业维护成本高。只有当800型、1200型、1400型及1600型螺杆泵的检泵周期分别达到556d、597d、533d、342d时，其经济效益才与同排量抽油机相等（表8）。

表8　800型、1200型、1400型及1600型螺杆泵达到同排量抽油机综合效益时检泵周期对比表

抽油机			对应螺杆泵		
机型	泵径（mm）	年综合费用（万元）	泵型	折算检泵周期（d）	目前检泵周期（d）
CYJY10－4.2－53HB	70	12.6971	800	556	487
	83	15.1249	1200	597	430
CYJY14－5.5－89HF	83	15.7977	1400	533	372
	95	20.2519	1600	342	259

因此，为了发挥螺杆泵井投资低、能耗低、管理方便等优势，下一步应继续加强螺杆泵井的杆管偏磨治理工作，努力延长检泵周期，降低维护费用，提高螺杆泵井经济效益及应用水平。

参考文献

[1] 师国臣．采油螺杆泵工作特性分析及配套技术研究．哈尔滨工业大学博士学位论文,2002.
[2] 孙洁,朱晶,焦创宇．螺杆泵井防偏磨新措施．油气田地面工程,2006,25(7):17－18.

作者简介:

刘佩勋,男,大庆油田有限责任公司第二采油厂工程技术大队工艺室,副主任,工程师。

涂层油管应用效果统计分析

刘 杨 王海忠 吴利春 韩桂欣 王连波

摘 要:涂层油管具有较好的耐磨与减磨性能,对抽油杆和油管起到了双重保护作用,是油田防偏磨工艺措施中较为理想的新技术。本文通过对涂层油管的室内评价及现场应用效果等相关数据进行统计分析评价,为油田管、杆偏磨严重井的综合治理提供了新思路。

关键词:涂层 偏磨 周期 效益

一、引言

"十五"以来,水聚两驱(水驱和聚合物驱)油机井杆、管偏磨问题,成为导致抽油机井检泵周期缩短和维护工作量增加的主要因素,统计油田2000年至2006年间因杆、管偏磨检泵已占维护性措施工作总量的32.5%。2007年以来,针对以往杆系防偏磨扶正措施的局限性,为有效延长偏磨井检泵周期,探索性应用了涂层油管防偏磨技术,与以往扶正措施对比,平均检泵周期延长231d,防偏磨效果明显。

二、室内评价数据统计分析

涂层油管防偏磨技术是应用热喷涂方法,将一种特殊的固态非金属粉末喷涂在油管内壁,通过涂层的减磨和耐磨特性达到延缓油管与抽油杆接箍及杆体之间磨损的目的。涂层的主要成分为金刚砂、复合尼龙、环氧树脂和聚合物等4种原料:金刚砂提高涂层的耐磨能力;复合尼龙提高涂层的抗冲击能力和耐磨性能;环氧树脂提高涂层表面的光洁度降低涂层摩擦系数;聚合物提高涂层的附着力。室内评价共进行12组试件对比试验(表1),其中3组试件为非涂层油管与抽油杆,9组为不同厚度涂层油管与抽油杆。从测得数据可以看出,喷涂涂层后的组合,其耐磨性要明显好于无涂层组合,同时对抽油杆的减磨效果也非常明显,磨损量降低近一半,这说明油管表面喷涂后对抽油杆和油管本身的减磨作用非常好。同时也可以看出油管表面喷涂涂层可以有效的降摩和减磨,但涂层厚度也并非越厚越好,0.7mm是比较理想的涂层厚度。

表1 不同表面处理的耐磨性对比试验结果表

试验摩擦副			磨损量(g)	重量磨损率(10^{-6}g/m)	平均摩擦系数
抽油杆与油管(无涂层)	1	抽油杆	0.054	3.64	0.29
		油管	0.044	2.966	
	2	抽油杆	0.052	3.505	0.27
		油管	0.05	3.37	
	3	抽油杆	0.046	3.1	0.27
		油管	0.049	3.303	

续表

试验摩擦副			磨损量(g)	重量磨损率(10^{-6}g/m)	平均摩擦系数
抽油杆与油管(0.7mm涂层)	1	抽油杆	0.022	1.483	0.17
		油管(0.7mm涂层)	0.008	0.539	
	2	抽油杆	0.025	1.685	0.19
		油管(0.7mm涂层)	0.01	0.674	
	3	抽油杆	0.026	1.752	0.17
		油管(0.7mm涂层)	0.007	0.472	
抽油杆与油管(1.0mm涂层)	1	抽油杆	0.021	1.415	0.18
		油管(1.0mm涂层)	0.009	0.607	
	2	抽油杆	0.029	1.955	0.18
		油管(1.0mm涂层)	0.011	0.741	
	3	抽油杆	0.026	1.752	0.2
		油管(1.0mm涂层)	0.009	0.607	
抽油杆与油管(1.5mm涂层)	1	抽油杆	0.025	1.685	0.29
		油管(1.5mm涂层)	0.01	0.674	
	2	抽油杆	0.029	1.955	0.29
		油管(1.5mm涂层)	0.013	0.876	
	3	抽油杆	0.028	1.887	0.31
		油管(1.5mm涂层)	0.011	0.741	

三、现场应用效果统计分析

(一)早期试验井应用效果

最早一口涂层油管试验井试验前平均偏磨检泵周期为242d,试验后偏磨检泵周期为927d,超出原偏磨周期的2.8倍,达到了较好的耐磨效果。该井于2001年10月投产,并在2002年5月见聚合物前实施换大泵和全井扶正措施。2003年12月19日因抽油杆磨断检泵,其检泵周期569d,当时正常产液221t/d,含水率43%,见聚合物浓度为246.06mg/L,此次施工更换了全井油管和扶正抽油杆。到了2004年8月21日因脱接器断检泵,发现该井中下部抽油杆偏磨严重,再次更换了全井油管和扶正抽油杆,本次检泵周期只有243d,当时正常产液227t/d,含水率87.4%,见聚合物浓度为593.71mg/L。2005年4月23日该井又因抽油杆磨断检泵,其检泵周期同样只有242d,此时正常产液215t/d,含水率89.3%,油井见聚合物浓度达到830.52mg/L,本次施工下入耐磨涂层试验油管79根。2005年12月7日因脱接器失效检泵,现场检查前期所下井的试验油管内部涂层完好,抽油杆接箍虽有磨亮现象,但其磨损层非常小无法测量,将原井管杆正常下回,继续观察防磨效果。该井本次检泵周期224d,正常时产液208t/d,含水率92%,油井见聚合物浓度达到800.84mg/L。2007年11月6日,该井下部20根抽油杆接箍发生偏磨,此时涂层油管已在井下工作927d,超出原磨损周期2.8倍,此次试验体现了非金属防偏磨油管良好的耐磨性能(表2)。

表 2　试验井历次施工情况表

历次施工日期	检查结果	检泵周期(d)	换杆情况	换管情况
2002.5.25	正常	292	换 ϕ25mm 扶正杆 81 根	—
2003.12.19	第 81 根杆下接箍断部分杆偏磨严重	569	换 ϕ25mm 扶正杆 82 根	换修复油管 81 根
2004.08.21	对接器断，35～82 根抽油杆偏磨	243	换 ϕ25mm 扶正杆 82 根	换 ϕ76mm 油管 79 根
2005.4.23	第 7 根杆下接箍中间磨断	242	抽油杆 95 根	换试验管 79 根
2005.12.7	杆接箍表面磨亮无磨损，管涂层完好	224	原井管杆继续使用	—
2007.11.6	第 80 根抽油杆下接箍偏磨断	703	换 44 根普通杆	换 41 根油管

另外从试验井措施前后的生产数据来看(表 3)，采用非金属涂层防偏磨油管后，油井上载荷明显下降，下载荷有所增加，抽汲泵况也得到了进一步改善。

表 3　试验井措施前后生产状况统计表

项目	选值时间	最大载荷(kN)	最小载荷(kN)	交变载荷(kN)	日产液(t)	日产油(t)	含水率(%)	含聚浓度(mg/L)	沉没度(m)
试验前	2005.4	82.46	12.82	69.64	215	23	89.3	830	62.18
试验初期	2005.6	79.59	14	65.59	217	20	90.8	820	112.8
差值	—	−2.87	+1.18	−4.05	+2	−3	+1.5	−10	+50.62
本文所选时间	2006.9	48.7	17.2	31.5	177	13	92.7	720.8	618.87

(二)推广应用效果

自 2007 年 10 月至 2010 年底，在抽油机井和螺杆泵井偏磨治理上，现场累计推广应用涂层油管 558 口，共 45.96×10^4m。其中有 121 口井再次施工，上次平均检泵周期为 221 天，本次平均检泵周期为 453 天，平均延长 231d，延长 1.05 倍。其中因偏磨施工 19 口井，上次平均偏磨周期为 253d，使用涂层油管后偏磨周期为 554d，平均延长 301d，延长 1.19 倍(表 4)。

表 4　19 口再次偏磨井情况

序号	本次检泵周期(d)	上次检泵周期(d)	延长时间(d)	延长倍数
1	1040	594	446	0.75
2	702	344	358	1.04
3	419	193	226	1.17
4	975	335	640	1.91
5	597	163	434	2.66
6	449	162	287	1.77
7	398	188	210	1.12
8	478	86	392	4.56
9	273	163	110	0.67
10	710	243	467	1.92
11	345	129	216	1.67

续表

序号	本次检泵周期(d)	上次检泵周期(d)	延长时间(d)	延长倍数
12	576	223	353	1.58
13	299	207	92	0.44
14	549	227	322	1.42
15	706	597	109	0.18
16	224	141	83	0.59
17	508	255	253	0.99
18	560	302	258	0.85
19	716	257	459	1.79

四、经济效益分析

(一)早期试验井经济效益评价

以试验井作为经济效益评价标准,评价过程中成本费以油田所发生的实际费用为依据,对严重偏磨井随维护性措施施工应用非金属涂层防偏磨油管的单井经济效益进行评价,整个评价期内不考虑物价上涨因素。

投入费用为非金属涂层防偏磨油管与普通油管费用的差价,扣除普通抽油杆与扶正抽油杆的差价,以试验井下井油管为880m平均井深为计算基础,则涂层油管与普通油管费用的差价差价为43元/m×880m=3.78万元,总计217口偏磨严重抽油机井共使用涂层油管19.13×10^4m,共计822.59万元,普通抽油杆与扶正抽油杆的差价为6元/m×880m×217口井=114.58万元,则投入费用为708.01万元。

产出效益为使用非金属涂层防偏磨油管与未使用非金属涂层防偏磨油管的偏磨井在评价周期内施工费用差额:一部分是未使用金属涂层防偏磨油管在927d内的施工费用,以偏磨检泵周期242d为计算标准,则在评价周期内共施工3.8次,平均单井施工费用以此类泵平均施工费用7.53万元为计算基础,则在评价周期内217口井总施工费用为6209.24万元;另一部分是使用非金属涂层防偏磨油管的偏磨井在评价周期内的施工费用,以平均检泵费用6.56万元为计算基础,则217口井总施工费用为1423.52万元;两项之差产出效益为4785.72万元。

此井平均日产油6.3t,故障井平均作业躺井时间7天,未使用非金属涂层防偏磨油管的偏磨井与使用非金属涂层防偏磨油管的偏磨井相对比,评价周期内217口井共少影响原油产量9569.7t,按吨油价格0.12万元计算,可创经济效益1148.36万元。

综合以上计算,以产出效益扣除第一次投入费用,则在评价周期内,使用非金属涂层防偏磨油管的经济效益为5226.07万元,投入产出比为1:7.38。

(二)再次偏磨井经济效益评价

投入费用为涂层油管与普通管费用的差价,扣除普通杆与扶正杆的差价,涂层油管与普通管费用的差价差价为43元/m,平均单井使用涂层油管870m,喷涂费用共计3.74万元,普通杆与扶正杆的差价为6元/m×870m=0.52万元,则投入费用为3.22万元。

产出效益以超出原偏磨周期1.19倍计算,使用涂层油管前平均偏磨检泵周期253天,延长1.19倍达到554天,则单井相当于少施工2.19井次(评价周期内即554天内),平均单井施工费用以 7 万元为计算基础，节约作业费用为 15.99 万元。

综上计算，以产出效益扣除投入费用，单井创效益 12.77 万元。投入产出比为 1∶3.9。

五、几点认识

（1）从现场检查及涂层油管解剖情况来看，旧管涂层表面已被抽油杆磨得非常光滑，而新管涂层表面则比较粗糙，同时抽油杆接箍表面也被磨得光亮。分析认为：涂层表面变得光滑是由于抽油杆接箍在往复运动中摩擦所致，属于正常的磨蚀，而抽油杆接箍表面的光亮现象，则由于涂层材料成份在相互摩擦中的运移所致，并在接箍表面形成了一层防腐膜。

（2）采用非金属涂层防偏磨油管后，油井上载荷明显下降，下载荷有所增加，抽汲泵况得到了进一步改善。

（3）室内评价和现场统计分析结果表明，涂层油管，具有较好的耐磨与减磨性能，是油田目前已知防偏磨工艺措施中较为理想的新技术，它为油田抽油机井管、杆偏磨问题的综合治理提供了新思路，技术经济效益显著，具有广泛的应用前景。

参 考 文 献

[1] 万邦烈. 采油机械的设计计算. 北京：石油工业出版社，1988：79 – 113.

[2] 杨超. 直井中抽油杆柱的偏磨计算. 大庆石油学院学报，2000，(12)：68 – 70.

作者简介：

刘杨，采油工程师，在大庆油田有限责任公司第二采油厂从事抽油机井井下作业管理工作。

单管通球集油工艺及固定软件计量装置运行情况分析及认识

吴新勃　刘书孟

摘　要:随着产能建设投资逐年增加,控制投资压力加大,新工艺新技术的大量推广和应用对于控制投资起了积极作用,同时也简化了工艺、降低员工劳动强度。本文对单管通球深埋保温集油工艺和固定软件计量装置的应用情况进行了介绍,通过对比统计方法对其现场应用效果进行了分析与评价,对存在的问题提出了解决建议,为地面工程优化简化技术进一步完善提供参考。

关键词:地面工程　优化简化　单管通球　油井计量

一、引言

近年来,随着油田开发形势地深入,地面工程建设规模不断扩大,地面工艺也日趋复杂,产能投资逐年增加,控制投资压力加大。因此,在大庆油田有限责任公司统一安排下,第二采油厂在近年来的产能建设中积极进行了地面工程集油系统的优化简化,采用单管通球深埋保温集油工艺及油井产量实时在线计量技术,有效控制了产能建设投资。

二、工艺技术应用情况及效果

(一)单管通球深埋保温集油工艺

近年来,为了降低产能建设投资及生产运行费用,第二采油厂大力推广和应用简化的集油工艺,如:单管通球深埋不加热、单管树状深埋不加热、“丛式井”单干管、单管串联深埋冷输、单管环状掺水集油工艺等。聚合物驱系统油井以单管通球深埋保温集油工艺为主,应用井数达到394口(表1)。

表1　聚驱油井集油工艺统计表

年份	集油工艺	应用井数(口)
2009	双管掺水	220
	单管通球不加热	19
2010	“丛式井”单干管	22
	单管树状深埋不加热	53
	单管通球不加热	151
2011	单管通球不加热	224
合计		689

简化集油工艺的应用,大大地降低了地面工程投资,本文以P01阀组间的19口油井采用单管通球集油工艺与双管掺水工艺进行对比。从表2可以看出,单管通球工艺的工程量与投资均有明显降低,节省管道13.07km,降低管道工程投资165万元,降幅37.2%。

表 2 P01 阀组间单管通球与双管掺水工艺工程量及投资对比表

序号	项目	工艺类型		节省
		双管掺水	单管通球	
1	集油掺水管道	共计 24.65km，其中：单井管线 DN50mm × 20.06km，中计管线 DN150mm × 1.53km，DN80mm × 1.53km，DN100mm × 1.53km，管道正常埋深	共计 11.58km，其中，单井管线 DN50mm × 10.03km，中计管线 DN150mm × 1.53km，管道埋深 2.0m	13.07
2	管道工程投资（万元）	443	278	165

通过对在运的单管通球工艺油井运行情况的跟踪和摸索，可以认识到：一是在采出液高含水、未含聚合物阶段，夏季和秋季单管通球工艺生产运行平稳，与双管掺水工艺在生产运行规律上基本相同；春、冬季随着气温的降低，管道热力条件变差、流动阻力增加，井口回压呈上升趋势，为此，应根据回压上升情况及时采取通球措施，降低回压；二是个别油井的产液量超出开发预测或含水率较低时，井口回压会明显增加，对于这类油井还应积极研究并采取相应的配套技术及保驾措施；三是单管通球工艺，通球操作过程简单，可有效地清除集油管道内壁石蜡及其他附着杂质，降低管线的压力损失。

（二）油井产量实时在线计量技术

近年来产能建设中，为了解决串联、环状及两就近等简化集油工艺的油井的产量计量困难，降低劳动强度，提高油田信息化水平，统计 711 口油井（表 3）中应用了固定软件计量装置。该装置是以采油工程技术、通信技术和计算机技术相结合的系统，具有油井自动检测和控制、实时数据采集、油井液量计量、油井工况诊断等功能。

表 3 固定软件计量装置应用数量表

年份	应用区块	应用数量（口）
2009	南七～杏一区东部、萨东过渡带	151
2010	南二西、萨西过渡带	293
2011 前 9 个月	南七～杏一区西部、南三东	267
合计		711

2009 年新建油井投产后，该装置工作正常，实现了油井生产工艺参数的实时传送，提高了油田生产信息化水平，减轻了工人的劳动强度，深受岗位员工欢迎。从现场可以比对的油井分析，对于产量在 100t/d 以下的螺杆泵油井，固定软件计量装置的计量稳定性较好，能够反映油井的实际生产状况，总体上可以满足开发部门根据计量产量对油井进行动态分析的需要；抽油机井由于计算参数波动大，会造成计量波动大。

三、工艺技术运行跟踪及对比分析

（一）单管通球深埋保温集油工艺

为评价单管通球工艺的适应性，研究其运行规律，我们选取聚南 01 转油站采用单管通球和双管掺水工艺的两座计量站进行了对比(6～10月),详见表4。从表4中可以看出,单管通球油井的单井集油半径、平均日产液量、油量等均稍高于双管掺水油井,但是井口回压基本持平。说明,夏季和秋季,在采出液高含水、未含聚阶段,采用单管集油工艺,与双管掺水工艺在生产运行规律上差别不大。

表4　聚南01转油站单井生产数据表

集油工艺名称	井数(口)	站间距离(m)	集油半径(m)	集油管径(mm)	井口回压(MPa)	平均日产液量(t)	平均日产油量(t)	平均含水率(%)
单管通球P01	19	1560	537	DN50	0.448	87	3	96.55
双管掺水P02	18	1570	476	DN50	0.456	65	2	96.92

自2010年10月中旬以来,对单管通球工艺油井的生产动态进行了跟踪(图1和图2)。可以看出,油井平均产液量、含水率、回油温度变化比较平稳,随着日期的推进,油井井口回压呈缓慢上升趋势,但增幅不大。分析可知,油井井口回压随着天气的变冷而逐渐升高,由于管道采取深埋(2.0m)措施,因此,回压上升(0.03MPa)幅度不大。

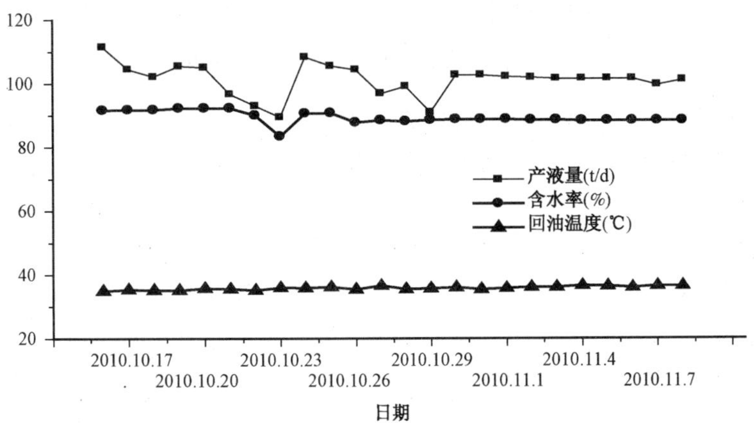

图1　单管通球工艺油井生产数据趋势图

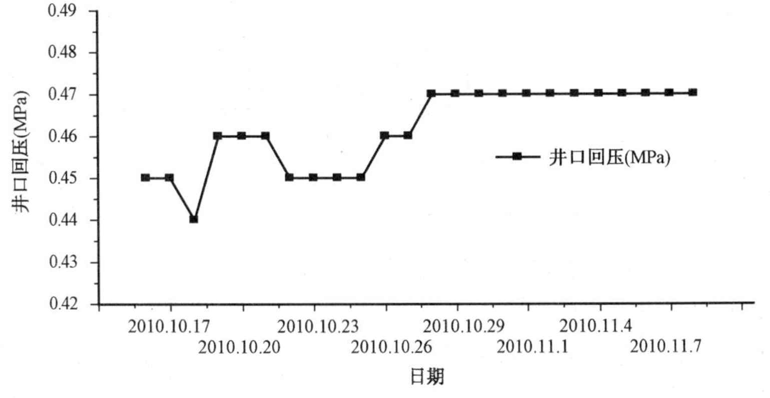

图2　单管通球工艺油井井口回压趋势图

为确保冬季集油管道安全生产，对该阀组间的油井进行了通球作业。通球作业操作过程简单，岗位员工易于掌握。对油井南 P42 通球过程中井口回压变化进行了全程观察(图 3)。从图 3 中可以看出，该井井口回压由通球前 0.5MPa 降至 0.4MPa，收发球过程中压力有 3 次达到 1MPa，经过分析，3 次井口回压的骤增应该为橡胶球遇到弯头，依次为井口段、阀组间外、阀组间内，与设计基本相符。收发球结束后，对收球装置内的杂物进行了观察，主要为污油、石蜡、泥砂等。

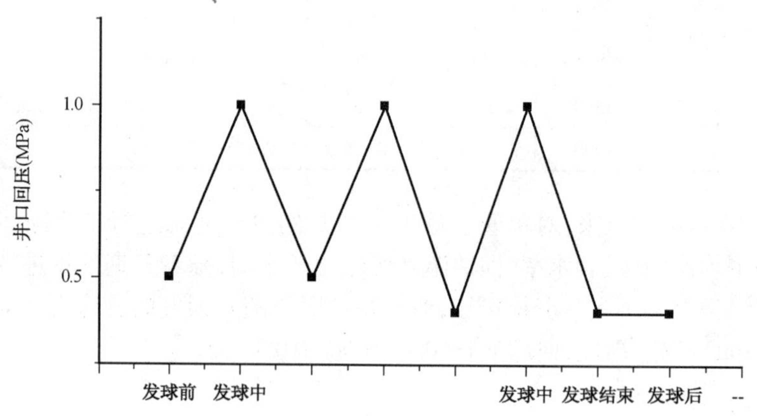

图 3　油井南 P42 收发球过程中压力变化图

截至目前，该阀组间共通球 14 次，收到球 12 次，球丢失 2 次。通球后，油井井口回压均有小幅下降，未收到球的 2 口油井井口回压并未升高。以此分析，橡胶球并未堵塞在单井集油管道中，有可能卡在阀组间集油汇管内。

进入冬季后对 19 口油井的生产情况继续进行了跟踪(表 5)，图 4 是 P01 与 P02 计量(阀组)站油井井口回压对比图，从图 4 中可以看出从 2010 年 10 月至 2011 年 4 月，采用双管掺水油井的井口回压基本维持在 0.5MPa 左右；采用单管通球工艺油井的井口回压呈现了上升趋势，平均井口回压最高时达到 1.2MPa。分析原因，由于双管掺水油井的进入冬季后掺水水温提高，管道热力条件与夏季相比变化不大，因此回压较为平稳；而单管通球工艺油井，随着大气温度的降低管道周围土壤温度也随之降低，虽然管道采取深埋措施，但 2011 年 2 ~ 4 月份 -2m土壤最低温度仍然达到 -0.6℃，管道散热量增加，采出液热力条件较差，流动阻力增加，造成井口回压升高。

表 5　P01 阀组间通球情况表

阀组间	井数(口)	通球次数	收到球次数	未收到球次数	备注
P01	19	14	12	2	5 口油井未通球

另外在生产井中有 4 口油井井口回压均不同程度的超出设计界限 1.5MPa。对这几口油井井口回压较高的原因进行了分析：

(1)油井实际产液量较开发预测高，导致井口回压较高。我们选取井口回压较高的 2 口油井(南 P39、杏 P40)与井口回压正常的 2 口井(南 P38、杏 P39)进行了对比分析，油井设计参数及产液量等见表 6。

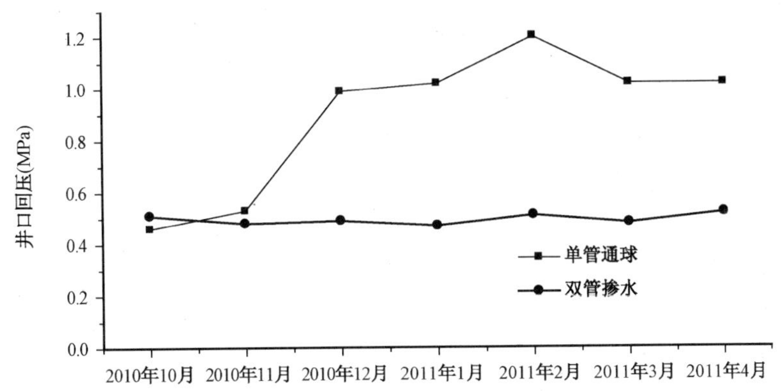

图4 单管通球与双管掺水工艺油井井口回压对比图

表6 P01集油阀组间单井开发预测与实际生产数据对比表

井号	长度(m)	管径(mm)	实际日产液量(t)	预测产液量(t)	含水率(%)
南 P38	1000	DN50	145	138	98.2
南 P39	1000	DN50	180	138	88.5
杏 P39	985	DN50	60	138	96
杏 P40	755	DN50	168	138	95

从表6及图5可以看出,其中有3口井的集油长度达到1000m,但是由于南P39油井的实际产液量较开发预测高,含水率稍低的条件下井口回压超出设计范围;杏P40虽然集油长度稍近,但也由于实际产液量高于预测液量,导致井口回压较高。

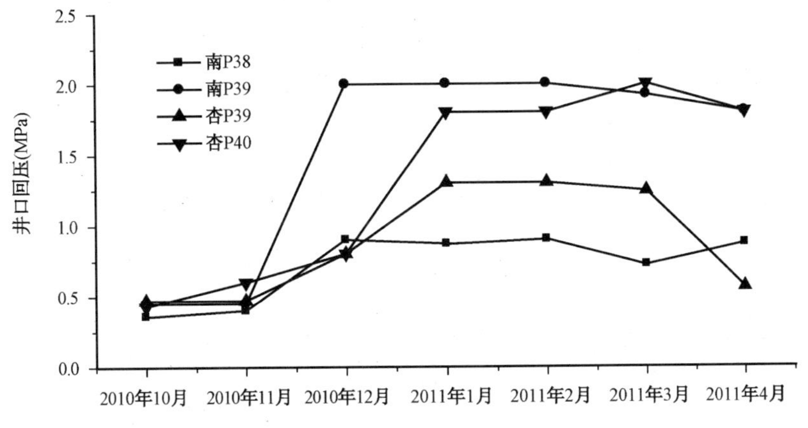

图5 单管通球工艺油井井口回压对比图

(2)含水率较低,导致井口回压较高。部分油井的含水率较低,在气温较高时回压比较平稳且在设计范围内;当气温下降后,井口回压明显升高。以油井南P43为例,该井集输长度250m,管径DN50mm,该井自投产以来含水率始终保持在50%左右,产液量在65~130t/d,在2010年10~12月份,井口回压基本维持在0.8MPa以内,但在1~4月份气温下降后,井口回压却上升至1.5~3MPa,热洗作业较为频繁,热洗周期在15d左右。另外油井杏P42含水率基本维持在90%以上时井口回压为0.5MPa,但在11月初含水率降至72%时井口回压增高至1.7MPa,之后由于含水率恢复至90%,井口回压恢复正常。

下一步，还将密切跟踪单管通球工艺生产运行情况，研究温降、压降变化规律，确定合理的通球周期，完善生产运行管理办法，确保其安全平稳运行。

（二）油井产量实时在线计量技术

为了对固定软件计量装置的运行情况进行跟踪评价，选取了7口螺杆泵井（表7），以计量分离器为基准的，研究了其测量精度。

表7　固定软件计量装置量油井号

序号	井号	所属计量站	机采方式
1	油井1	B01	KGLBCYY－300－21－1200
2	油井2	B02	KGLBCYY－200－25－1200
3	油井3	B03	KGLBCYY－200－25－1200
4	油井4	B04	KGLBCYY－300－21－1200
5	油井5	B05	KGLBCYY－300－21－1200
6	油井6	B03	KGLBCYY－300－21－1200
7	油井7	B05	KGLBCYY－200－25－1200

从表8中数据可以看出，7口油井的平均产液量（以分离器计量值计算）在4.8～32.5t/d之间，固定软件计量装置的计量相对误差在13.3%～66.1%之间，基本呈现随着油井产液量增加计量误差随之减小的规律。

表8　螺杆泵油井不同计量方式计量结果对比表

日期	油井1			油井2			油井3		
	软件计量（t/d）	分离器计量（t/d）	误差（%）	软件计量（t/d）	分离器计量（t/d）	误差（%）	软件计量（t/d）	分离器计量（t/d）	误差（%）
2010.10.19	10.0	4.6	117.8	5.6	8.6	－35.2	17.0	12.0	41.7
2010.10.20	6.9	5.6	23.6	5.7	8.8	－35.4	17.0	11.0	54.6
2010.10.21	6.8	4.3	57.0	6.0	9.4	－36.4	19.0	14.0	35.7
2010.10.22	—	—	—	5.7	8.5	－33.6	17.0	13.0	30.8
平均	7.9	4.8	66.1	5.7	8.8	－35.1	17.5	12.5	40.7

日期	油井4			油井5			油井6			油井7		
	软件计量（t/d）	分离器计量（t/d）	误差（%）	软件计量（t/d）	分离器计量（t/d）	误差（%）	软件计量（t/d）	分离器计量（t/d）	误差（%）	软件计量（t/d）	分离器计量（t/d）	误差（%）
2010.10.19	27.8	33.2	－16.3	24.0	21.0	14.3	27.0	20.0	35.0	30.0	27.0	11.1
2010.10.20	27.8	31.9	－12.8	25.0	19.0	31.6	28.0	20.0	40.0	30.0	27.0	11.1
2010.10.21	28.8	32.3	－10.8	25.0	19.0	31.6	29.0	24.0	20.8	28.0	22.0	27.3
2010.10.22	—	—	—	23.0	17.0	35.3	29.0	22.0	31.8	29.0	22.0	31.8
平均	28.1	32.5	－13.3	24.3	19.0	28.2	28.3	21.5	31.9	29.3	24.5	20.3

对于产液量低于5t/d的油井（油井1），计量相对误差达到66.1%，分析原因，一是由于油井产液量低，导致相对误差较大；二是对于低产液量，计量分离器本身的计量误差也会比较大。

另外，本次试验所选油井中，产量低于5t/d只有1口井，数据量较少，下一步将在具备条件的低产井中扩大试验跟踪范围。

对于产液量在5~50t/d之间的油井，计量相对误差在13.3%~40.7%之间。对于同一口井，固定软件计量装置的测量值基本稳定，且波动趋势与分离器计量值的变化基本一致。

分析表中数据还可以看出，对于同一口油井，固定软件计量装置每次计量值与分离器计量值的大小关系都是一样的，即相对误差均为正或均为负。这说明，对于同一口井，固定软件计量装置的计量值存在系统误差。根据固定软件计量装置的理论模型，螺杆泵井的产液量$Q_{螺杆泵}$是一个多元函数。与$Q_{螺杆泵}$有关的参数分为两类，一类是直接测量参数，包括：螺杆泵转速、三相电流、电压，有功功率、无功功率、功率因数；另一类是输入参数，包括：泵理论排量、下泵深度、地层饱和压力、动液面、采出液含水率、原油黏度、油套压、气油比等。每口油井螺杆泵的工作状况及油井生产动态参数都是不一样的，同时也会有所变化，某一参数的设定值与实际值偏差较大时，就会产生计量误差，这应是产生系统误差的主要原因。

为了验证产生误差原因是否正确，又选取了两口井，根据其动态生产情况对输入参数的进行了修正，详见表9。

表9　固定软件计量装置设定值修正前后参数对比表

序号	参数	油井6		油井4	
		调整前	调整后	调整前	调整后
1	油压（MPa）	—	0.34	—	0.24
2	套压（MPa）	—	0.3	—	0.33
3	含水率（%）	73.6	94.3	96	85.4
4	动液面（m）	279.75	462.73	438.01	592.11
5	气油比（m^3/t）	20	52	20	52
6	饱和压力（MPa）	16	10.7	10	10.7

根据输入后的参数，对两口油井的产量重新进行了计量，修正前后的计量结果详见表10。

表10　固定软件计量装置设定值修正前后计量结果对比表

日期	参数	油井6			油井4		
		软件计量（t/d）	分离器计量（t/d）	相对误差（%）	软件计量（t/d）	分离器计量（t/d）	相对误差（%）
2010.10.19—22	修正前	28.3	21.5	31.9	28.8	32.3	-10.8
2010.11.19	修正后	23.2	21.0	10.3	28.6	30.1	-5.0
精度提高（%）		—	—	21.6	—	—	5.8

从表10可以看出，两口油井软件计量和分离器计量的误差分别为10.3%和-5.0%，计量误差能够满足生产要求，计量精度明显提高。

通过对固定软件计量装置和计量分离器计量结果的对比分析，可以帮助查找新技术应用过程中存在的问题，分析其存在误差的原因，为更好的掌握和运用该项新技术提供有力保障。下一步我们还应根据实际生产情况，试验研究固定软件计量装置输入参数的合理值，并及时修正，减少系统误差。

四、几点认识

（1）新工艺新技术大量应用后，可以采用对比统计方法评价其适应性，解决生产中存在的问题、分析问题产生的原因、验证解决措施的有效性。

（2）积极推进工艺优化简化，可有效降低建设投资和生产运行成本。

（3）固定软件计量装置可实现油井生产工艺参数的实时传送，减轻了工人的劳动强度，具有较好的应用前景。应研究其输入参数的合理设定方法，进一步减少计量误差。

（4）在采出液高含水、未含聚条件下，单管通球工艺夏季和秋季生产运行平稳，与双管掺水工艺在生产运行规律上基本相同，冬季和春季井口回压会有所上升，应根据回压变化情况及时采取通球措施，降低回压；部分油井因产量较高、含水率过低造成井口回压偏高，应积极研究并采取相应的配套技术及保驾措施；通球作业可有效清除管壁附着杂质，降低井口回压。

参 考 文 献

[1] 檀朝东．油水井远程监控液量自动计量及分析系统．石油矿场机械，2007，36(1)：49－52.

作者简介：

吴新勃，男，工程师，现在大庆油田有限责任公司第二采油厂规划设计研究所从事油气集输规划工作。

刘书孟，男，高级工程师，现在大庆油田有限责任公司第二采油厂规划设计研究所从事地面工程技术管理和科研工作。

优选工艺配注中相对分子质量聚合物溶液

周宪军　李逍遥

摘　要:本文结合油田现阶段开发形势,通过统计不同配注工艺、不同注入浓度中相对分子质量聚合物溶液的相关参数,以井口黏度为指标进行逐一排除,优选最适合油田开发的注入方式。

关键词:开发形势　配注工艺　井口黏度　注入方式

一、适应油田开发形势,选用清配污稀工艺

目前,油田配注工艺大体上分为两类:(1)清水配制聚合物母液,污水稀释后回注地层;(2)清水配制聚合物母液,清水稀释后回注地层。其中,清配污稀工艺多适用于一类聚驱油层区块注入的超高相对分子质量聚合物,由于超高分聚合物相对分子质量大、黏度高,只适应于高渗透油层,无法应用于二、三类油层。而清配清稀工艺多适用于二、三类聚驱油层区块注入的高、中、低相对分子质量聚合物。

由表1中可看出,2011—2020年油田某开发区污水回注量由 $39.79\times10^4m^3/d$ 降至 $36.91\times10^4m^3/d$,而清水注水量由 $4.74\times10^4m^3/d$ 升高至 $12.36\times10^4m^3/d$。分析其原因是由于二类油层聚驱开发面积不断扩大,大量清水配注的中相对分子质量聚合物溶液取代含油污水回注地层。为此,针对油田二类油层聚驱开发所面临的清水用量增多,含油污水无法回注,大量剩余的问题,利用含油污水配注中相对分子质量聚合物溶液已势在必行。

表1　油田某开发区2011—2020年油田采出水、注水量平衡表　　单位:$10^4m^3/d$

序号	项目＼年份	2011	2012	2013	2014	2015	2016	2017	2018	2019	2020
一	清水回注量	4.74	6.55	9.00	9.88	11.97	11.27	10.79	9.43	11.21	12.36
二	污水回注量	39.79	40.20	38.87	36.33	35.54	37.68	39.30	40.68	40.53	36.91
三	污水采出量	38.24	40.66	42.51	41.00	42.19	44.21	45.61	45.79	47.34	44.63
四	外排水量	-1.55	0.46	3.64	4.67	6.65	6.53	6.31	5.11	6.81	7.72
五	钻停期间排水量	1.95	3.96	7.14	8.17	10.15	10.03	9.81	8.61	10.31	11.22

二、满足油田开发要求,采用曝氧污水配注

油田采用污水配注中相对分子质量聚合物溶液的配注工艺有两种:(1)使用曝氧污水配注;(2)使用未曝氧污水配注。

为了进行曝氧污水与未曝氧污水及清水配注聚合物的效果对比,在注入浓度相同的条件下,统计了几座注入站平均黏度,数据见表2。

表2　不同配注工艺注入站注入井口黏度对比数据表

时间	1#注入站 井口平均黏度(mPa·s)	2#注入站 井口平均黏度(mPa·s)	3#注入站 井口平均黏度(mPa·s)
5月6日	13.90	30.20	41.90
5月7日	12.80	28.60	43.80
5月8日	14.70	27.00	52.80
平均	13.80	28.60	46.10

注:1#注入站配注方式为未曝氧污水配注聚合物;2#注入站配注方式为曝氧污水配注聚合物;3#注入站配注方式为清水配注聚合物。

从表2中看出,使用未曝氧污水配注的注入站,井口黏度基本在15mPa·s以下,使用曝氧污水配注的注入站,单井井口黏度有一定的提高,平均黏度达到30mPa·s左右,与未曝氧污水配注聚合物相比,曝氧污水配注聚合物时井口黏度提高约为61%。使用清水配注聚合物的注入站,井口黏度平均值能够达到46mPa·s以上。曝氧污水配注聚合物与清水配注聚合物相比,井口黏度还是相对较低。

为此,在注入浓度相同的条件下,曝氧污水配注中相对分子质量聚合物溶液效果好于未曝氧污水配注中相对分子质量聚合物溶液。

三、保证单井注入黏度,优选母液配制浓度

在使用曝氧污水配注的条件下,选择对该注水站所辖的不同注入浓度的注入站进行了黏度统计,数据见表3。

表3　注入站井口浓度、黏度表

时间	站名	平均浓度 (mg/L)	平均黏度 (mPa·s)	站名	平均浓度 (mg/L)	平均黏度 (mPa·s)
6月23日	1#注入站	1120	33.9	2#注入站	1323	42.6
6月24日	1#注入站	1122	28.5	2#注入站	1314	40.9
6月25日	1#注入站	989	32.4	2#注入站	1397	50.4
6月26日	1#注入站	973	34.2	2#注入站	1379	49.3
6月27日	1#注入站	1073	28.5	2#注入站	1345	43.6
总平均	1#注入站	1055	31.5	2#注入站	1351.6	45.36

从表3中可以看出,该注水站所属1号注入站平均注入浓度为1050mg/L左右,井口平均黏度值为31.5mPa·s;2号注入站平均注入浓度为1350mg/L左右,井口平均黏度值为45mPa·s以上。为此,当注入浓度为1350mg/L时,使用曝氧污水稀释的中相对分子质量聚合物溶液可以满足地质开发要求。

四、经济评价分析

在满足开发要求的前提下,仅考虑清水、污水及聚合物干粉用量,对不同注入水质成本进行对比分析,具体数据见表4。

表 4　不同水质配注聚合物成本对比表

配注水质类型	聚合物浓度(mg/L)	聚合物成本(元/m^3)	制水成本(元/m^3)	吨液成本(元/m^3)
清水	1050	21	5.7	26.7
污水	1345	26.9	2.23	29.13

注:1. 表中数据为不同阶段运行实际数据,其中污水制水成本由清水配制用量及污水稀释用量价格折算得出;

2. 聚合物干粉价格为 20 元/kg。

由表 4 可见,使用曝氧污水配注与使用清水配注相比,曝氧污水工艺节省了清水用量,但干粉用量增加,综合对比曝氧污水配注比清水配注吨液成本增加 2.43 元。

但考虑采用清水稀释,剩余含油污水需达标处理后外排,考虑达标处理外排费用后,曝氧污水配注比清水配注吨液成本增加 1.17 元。

五、结论及认识

(1)污水进行曝氧后,单井井口黏度有一定的提高,平均黏度达到 30mPa · s 左右。但使用清水配注聚合物时,井口黏度平均值能够达到 46mPa · s 以上,与清水配注聚合物相比,井口黏度还是相对较低。

(2)井口平均浓度为 1050mg/L 时,井口黏度平均值能达到 30mPa · s 左右,达不到地质要求。井口平均浓度达到 1350mg/L 时,黏度平均值能达到 45mPa · s 左右,能够满足地质要求。

(3)采用曝氧污水配注聚合物比用清水配注聚合物吨液成本增加 1.17 元,但是能够节约清水,减少污水外排,保护环境,具有较大的社会效益。

作者简介:

周宪军:助理工程师,2007 年毕业于大庆石油学院(今东北石油大学)给水排水工程专业,现在大庆油田有限责任公司第二采油厂规划设计研究所从事污水处理规划工作。

统计分析方法在投资项目后评价中的运用

王学佳　王晓亮

摘　要:投资项目后评价的研究是基于系统工程、反馈控制理论,运用统计预测的方法,对项目决策、实施、运营做出科学分析和判定。本文以某产能区块一次、二次加密及聚合物驱项目后评价为例,对投资项目后评价中数据资料、预测资料、等级资料的统计方法的选择进行了分析,给出了投资项目后评价中各类统计资料的适用的统计方法。

关键词:投资项目后评价　系统工程　反馈控制理论　统计方法

一、引言

投资项目后评价是项目生命周期中不可或缺的重要环节,是对项目的立项决策、建设目标、设计施工、竣工验收、生产经营全过程所进行的系统综合分析和对项目产生的财务、经济、社会和环境等方面的效益与影响及其持续性所进行的客观全面的再评价,通过分析和评价、总结项目的经验和教训,为后续项目的建设提供参考。

投资项目后评价所采用的评价方法及理论主要包括系统工程理论、反馈控制理论、对比法及统计分析法等等手段进行分析论证,统计分析法是其中必不可缺的方法之一,也是做好投资项目后评价的重要手段。统计分析方法是指有关收集、整理、分析和解释统计数据,并对其所反映的问题作出一定结论的方法。

本文以某产能区块一次、二次加密及聚合物驱项目后评价为例,从工程项目后评价的内容着手,对其进行系统分析研究,对投资项目后评价中数据资料、预测资料、等级资料的统计方法的选择进行了分析,给出了投资项目后评价中各类统计资料的适用统计方法。

二、统计分析方法概述

统计类型根据数据类型,可分为计数资料、预测资料、等级资料 3 种统计类型,对于每种类型均有相应的统计方法。

(一)计数资料的统计方法

计数资料是将大量的定量指标进行统计归类,计数资料的统计方法主要针对四格表和 R×C 表进行归类分析,所谓 R×C 表可以分为双向无序,单向有序、双向有序属性相同和双向有序属性不同四类(表 1),不同类的行列表根据其研究目的,其选择方法也不一样。

表 1　R×C 表的分类及其统计分析方法

变量的统计性质	列联表分类	研究目的	适用统计分析方法
X、Y 都是名义变量且属性不同	双向无序表	多个样本率的比较	确切检验
X、Y 之一为名义变量且属性不同	单向无序表	不同方法比较不同组构成	卡方检验

续表

变量的统计性质	列联表分类	研究目的	适用统计分析方法
X、*Y* 都为有序变量且属性不同	双向有序表	两变量间相关分析	相关分析
X、*Y* 都为有序变量且属性相同	双向有序表	一致性分析	一致性检验

(二)预测资料的统计方法

分析预测资料的统计分析方法可分为参数检验法和非参数检验法。参数检验法主要为 *t* 检验和方差分析 *F* 检验等,非参数检验法主要包括秩和检验等。*t* 检验主要是将已有的前段实际数据与预测数据进行直观对比,根据数据规律进行重新预测,得出更加准确的结论。*F* 检验是将已有的前段实际数据与预测数据进行方差分析对比,矫正进行重新预测,得出更加准确的结论。

(三)等级资料的统计方法

等级资料是对性质和类别的等级进行分组,再清点每组观察单位个数所得到的资料。在临床医学资料中,常遇到一些定性指标,如临床疗效的评价、疾病的临床分期、病症严重程度的临床分级等,对这些指标常采用分成若干个等级然后分类计数的办法来解决它的量化问题,这样的资料统计上称为等级资料。

三、项目后评价中统计分析法应用分析

项目后评价资料丰富且错综复杂,要想做到合理选用统计分析方法并非易事。对于同一个资料,若选择不同的统计分析方法处理,有时得到的结论是截然不同。项目后评价中正确选择统计方法的依据是:第一,根据研究目的,确定数据特征,正确判断统计资料所对应的类型(预测、计数和等级资料);第二,根据相应的数据类型,选择合适的统计方法进行数据分析;第三,还要根据专业知识与资料的实际情况,结合统计学原则,灵活地选择统计分析方法。

举例一:计数资料的统计方法。

在某产能区块一次、二次加密及聚合物驱投资项目后评价中,有很多情况应采用计数资料的统计方法将大量的定量指标进行统计归类,从而发现其中的规律,为后评价得出正确的评价结果。包括如"项目主要目标实现情况评价表"、"储量变化情况表"、"开发方案设计指标评价表"、"地层压力情况统计表"、"钻井液参数设计数据表"、"各种石英砂性能指标"、"水驱、聚合物驱排量相当抽油机和螺杆泵经济评价统计表"、"新钻开发井投资变动情况表"等。

对水、聚驱投产的205口油井的产液、产油、泵径、泵效、载荷利用率等计数资料进行统计分析,利用单向有序 R×C 表进行统计,统计结果如表2所示。

表2　抽油机井投产效果统计表

区块	机型	统计井数(口)	预测		初期			泵径(mm)	泵效(%)	载荷利用率(%)	扭矩利用率(%)
			初期产液(t/d)	最高产液(t/d)	产液(t/d)	产油(t/d)	含水率(%)				
区块一	CYJY10－4.2－53HB	31	35.71	68.71	61.26	5.75	90.61	57.84	70.43	41.8	54.87
	CYJY14－5.5－89HF	83	89.05	132.12	87.93	6.55	92.55	70.16	63.2	34.51	51.15
	平均	114	74.54	114.88	80.68	6.33	92.15	66.81	65.16	36.04	51.83

续表

区块	机型	统计井数（口）	预测		初期			泵径（mm）	泵效（%）	载荷利用率（%）	扭矩利用率（%）
			初期产液（t/d）	最高产液（t/d）	产液（t/d）	产油（t/d）	含水率（%）				
区块二	CYJY8-3-37HB	15	20.13	40.0	22.93	2.2	90.41	57.0	46.03	57.63	61.4
	CYJY10-3-37HB	32	24.41	49.19	38.16	6.2	83.75	61.47	53.25	45.92	52.8
	平均	47	23.04	46.26	33.30	4.93	85.20	60.04	50.95	49.11	55.32
区块三	CYJY8-3-37HB	24	16.0	45.5	13.45	2.23	83.42	44.0	38.52	48.43	49.75
	CYJY10-3-37HB	12	22.88	52.75	17.38	2.59	85.10	47.25	38.53	45.78	57.18
	CYJY10-4.2-53HB	8	36	66.0	51.00	8.70	82.94	57.0	63.67	57.90	100.4
	平均	44	19.71	49.35	18.10	2.95	83.70	46.1	40.95	48.69	57.74
水驱合计		—	22.30	48.65	27.52	4.24	84.6	53.86	47.15	49.55	58.18

根据 R×C 表的统计，聚驱区块抽油机井，预测平均单井初期产液 74.54t/d，实际初期平均单井日产液 80.68t，日产油 6.33t，综合含水 92.15%，平均泵效 65.16%。载荷利用率为 36.04%，扭矩利用率为 51.83%；水驱区块抽油机井，预测平均单井初期产液 22.3t/d，实际初期平均单井日产液 27.52t，日产油 4.24t，综合含水 84.6%，载荷利用率为 49.55%，扭矩利用率为 58.18%，平均泵效 47.15%；通过统计表很清楚地发现，所选抽油机型号可以满足生产要求，且为后期增产措施实施后可以达到的最高产量留有余地。

举例二：预测资料的统计方法。

对于预测的数据，往往采用与截止到评价试点前的实际数据（参数验证）进行对比的办法对设计期的预测数据进行矫正，得出与实际数据变化规律或趋势相一致的方法，给出正确的评价结论。如在环境与持续性影响评价中，产能区块实际产量与含水运行情况是在区块开发之初进行的预测，为了得到更加准确的预测数据，对油层潜力的可持续性给出正确的结论，需运用预测资料的统计方法，进行重新预测，修正原预测数据。

2007 年产能区块方案设计产能井 648 口，建成能力 34.41×10^4t，初期平均单井产能 3.1t，预计 2007 年投产计产天数 60 天。其中，某产能区块 140#断层以东地区投产计产天数 90d。实际建成能力 37.78×10^4t，初期平均单井产能 3.6t，但由于 2007 年采油井实际投产井数为 170 口，且平均计产天数仅有 40d，因此，实际产油 2.61×10^4t，与方案对比，少产油 4.61×10^4t。

2007—2016 年，十年产量预测（图 1），累计产油 371.63×10^4t，与方案对比，多产油 53.71×10^4t。其中，某产能区块二类油层聚驱以及某产能区块 140#断层以东地区多产油 61.05×10^4t，某产能区块高台子加密调整井少产油 3.07×10^4t，二次加密地区少产油 4.27×10^4t。

分析某产能区块高台子加密及二次加密十年产量低于方案的原因：主要是评价时点前 2007—2009 年实际产油量低于方案 8.11×10^4t，由于新井投产进度滞后，时率低于方案设计，以及 400 米地区综合利用老井地面基建投产滞后，老井改造工作量实施井数少影响。分析某产能区块二类油层聚驱区块高于方案的原因：主要是评价时点后 2010—2016 年预测产量 161.90×10^4t，高于方案 43.3×10^4t。主要原因：一是二类油层对具备一定潜力的薄差油层和表外储层进行射孔。方案预计萨Ⅱ1-3、萨Ⅱ7-12 层钻遇砂岩厚度 11.1m，有效厚度 7.9m。

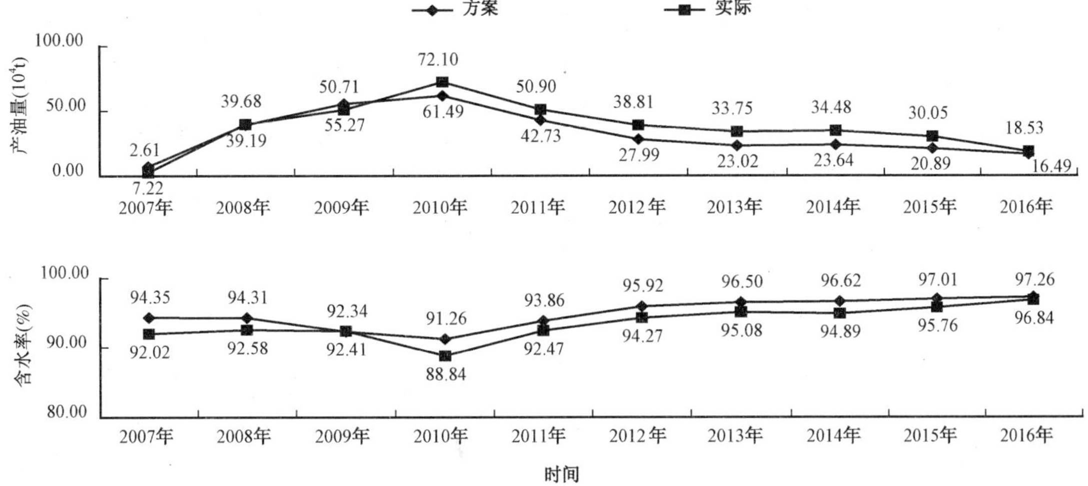

图1　2007年产能区块实际产量与含水运行曲线

新钻井平均单井射开砂岩厚度15.9m,有效厚度9.4m,与方案对比,射开砂岩和有效厚度分别多4.8m和1.5m。二是在聚合物驱阶段加强注入体系质量跟踪调整工作,同时依据采出井的不同受效状况,加大注采井个性化方案调整力度。

举例三:等级资料的统计方法。

在项目后评价过程中常常遇到中,常遇到一些定性指标,如为了使施工过程中的质量管理、技术管理有据可查,对质量监督管理、技术管理的内容进行存档,记载施工全过程的管理情况,设计单位、施工单位、监理单位等进行等级评定的办法给出评价。通过对等级资料的统计可以看出,2007年与大庆油田有限责任公司第二采油厂签订施工合同单位22家,均为油田内部企业,从工艺水平、施工队伍资质、后期维护来说都能达到比较满意的水平。2007年大庆油田有限责任公司第二采油厂委派的三家监理单位,在资质上来讲,总监具有国家注册监督工程师资格,配备的相应人员都具有相应专业资质,从软件角度来看都是比较过硬的监理单位。但从硬件条件来讲,现场部分监督人员素质不高,有时不能做到及时准确的旁站监理,只能达到基本满意水平。2007年产能建设图纸由大庆油田设计院设计,整体图纸情况能够满足产能工程进度需要,能达到满意水平。

通过上述对数据的归类整理,统计分析方法的运用,得出了较为科学的评价结论。

四、结论

(1)投资项目后评价数据纷繁复杂,首先应对这些数据资料归类整理,认清哪些是计数数据、哪些是预测数据、哪些是等级数据,以便选择合适的统计分析方法。

(2)对于定量的实际数据一般应选择计数统计方法,预测性数据一般应用预测对比方法,等级类定性的数据一般应选择等级分类统计方法。

(3)对于不同数据类型,若选择不同的统计分析方法处理,有时其结论是截然不同的。

参考文献

[1] 何静. 石油勘探开发建设项目中评价研究. 四川:西南石油学院,2002.6-8.

[2] 武艺. 我国工程建设项目后评价及其发展对策研究. 四川:重庆大学,2003.34.

[3] 王立芹,杨俊英,李亚丽,等. 医学研究论文中统计方法的应用. 中华超声影像学杂志. 2004,13(1):17-19.

作者简介:

王学佳,1981年生,硕士研究生,工程师,2006年毕业于大庆石油学院(今东北石油大学)机械设计及理论专业,现大庆油田有限责任公司采油二厂规划设计研究从事地面规划工作。

协调曲线统计方法在旋流器性能优化中的应用研究

胡　滨　王学佳

摘　要：应用多目标函数的最优化方法协调曲线统计方法对某型水力旋流器分离效率与底流压力降这对不完全矛盾体进行分析，从而得到影响两个目标的操作变量—入口流量、分流比的取值范围。计算表明上述方法具有良好的的稳定性和收敛性，对具有两个相互矛盾的目标函数的优化问题特别适用。

关键词：协调曲线统计方法　底流压力降　分流比

一、引言

目前旋流分离技术已作为一种成熟的工业技术在各行各业得到了广泛应用，以这种技术为基础的水力旋流器是一种简单高效适用的分离设备。它的评价指标主要是其分离效率的高低及能耗（对于脱油型水力旋流器来说，主要以底流压力降 Δp_{id} 来表征其能耗）损失的大小。但是，分离效率和压力降是一对不完全矛盾体，如何在一种既定结构参数下得到旋流器最优的操作参数来获得较高的综合效益成了目前此类旋流器的一大难点。国内外许多学者对此进行了大量的研究，不但做了大量实验，还进行了理论分析，也得出了不少得好的经验。但由于旋流器的类型较多，分析和研究大都针对某种特定的旋流器来进行，没有一个统一的范式。鉴于此，在大量的实验数据基础上我们用协调曲线统计方法来对这两个相互矛盾体进行优化设计。

本文以脱油型静态水力旋流器为例，根据实验数据拟合出的多目标函数方程组，通过协调曲线统计方法得到分离效率与压力降这对矛盾体的最优化解，解的稳定性和收敛性是令人满意的，这对于提高此类旋流器的效率、节约成本、提高经济效益都是有益的。

二、问题的提出

E_j、Δp_{id}、Q_i、F 分离效率、压力降、入口流量、分流比之间的影响关系待处理液经过液－液水力旋流器处理后入口流量 Q_i 最终由溢流与底流排出，它们的流量分别记为 Q_u 和 Q_d。其分流比 F 为：

$$F = \frac{Q_u}{Q_i}$$

对于脱油型水力旋流器其分离效率为：

$$E_j = 1 - \frac{C_d}{C_i}$$

研究中对流量 Q_i 及分流比 F（对于脱油型水力旋流器来说，分流比为溢流分流比，即 $F = \frac{Q_u}{Q_i}$）对分离效率的影响，水力旋流器流量测试范围为2.0～6.0m^3/h，记录数据间隔为0.5m^3/h，其分流比的变化范围为8%～20%，测得的分离效率与底流压力降情况如表1所示。

表1　分离效率与底流压力降情况

分流比	处理量(m³/h) 项目	2.0	2.5	3.0	3.5	4.0	4.5	5.0	5.5	6.0
8	分离效率 底流压力降	46.8 0.115	58.5 0.122	72.0 0.134	85.2 0.148	83.4 0.156	81.7 0.172	77.4 0.194	69.8 0.215	67.7 0.246
10	分离效率 底流压力降	56.8 0.120	62.7 0.135	79.4 0.144	89.6 0.157	88.6 0.172	84.5 0.188	82.4 0.215	72.3 0.228	69.5 0.254
12	分离效率 底流压力降	65.5 0.128	72.8 0.144	88.0 0.158	90.0 0.168	92.8 0.188	92.4 0.197	90.4 0.236	84.5 0.240	80.0 0.300
15	分离效率 底流压力降	68.3 0.145	74.8 0.156	89.8 0.166	92.2 0.174	94.9 0.193	93.0 0.220	91.6 0.267	85.7 0.275	82.1 0.325
20	分离效率 底流压力降	70.6 0.160	73.5 0.175	78.9 0.185	88.6 0.196	90.2 0.220	91.7 0.245	84.0 0.297	82.1 0.318	80.4 0.355

图1所示为在几种不同分流比的条件下流量与分离效率的关系曲线。由图1可见，在一定流量范围内，分离效率随流量的增加而升高，流量增加到一定数值时，分离效率达到最佳效果。如果继续增加液体流量，分离效率又有所下降。这是因为流量达到额定设计处理量4m³/h附近时，分离效率会出现一个峰值。这就要求在从图1中可以看出不同的分流比对效率的影响趋势大致相同。

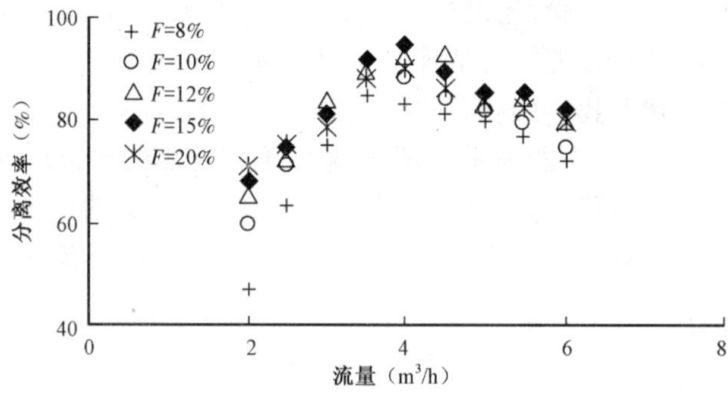

图1　流量与分离效率的关系曲线图

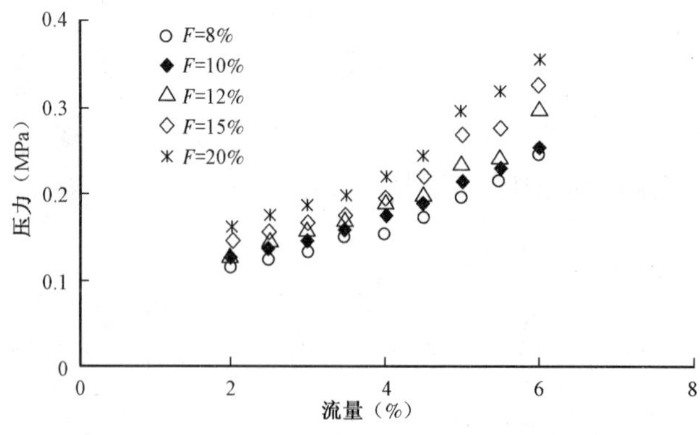

图2　流量与压力的关系曲线图

从图2可以看出，随流量的增加压力降逐渐升高，在工作流量低于额定流量时，压力降升高的幅度比较缓慢，当工作流量高于水力旋流器的设计流量，其压力降会明显增大，但如果工作流量继续增大而有可能导致后续设备压力供给不足，不能正常工作，同时还有可能使分离效果下降。

三、协调曲线统计法统计分析

可见，随着分流比的加大，底流压力降和溢流压力降基本保持不变。同时也发现其细微的变化趋势：随着分流比的加大，相应的底流和溢流压力降在逐渐增加。但经验表明，尽管提高分流比会加大压力损耗，但对于分离效率的提高有时又是非常有益的。

从上面的分析可以看出，分流比 F 的合理选择十分重要。大多数的分离过程是既希望某种介质分离后十分纯净，又不希望另一种排出液的量过大。如油水混合液分离后，一方面希望得到较纯净的油或较纯净的水，但也不希望另外排出较多的油水混合废液。若不考虑旋流器分流比 F 的大小，而选用过大的 F 值，那么溢流口排出的液体中就会仍含有大量的水（而可能只有少量的油），这部分液体就需要经过再处理。溢流排放量越大，需要再处理的含油污水就越多，综合效益也就越低。分流比 F 的合理选择，应根据入口含油浓度 C_i 确定。油水分离水力旋流器分流比的确定，可以分两种情况：即分别针对脱油型和预分离型两种水力旋流器进行分析。脱油型水力旋流器为液液分离的一种典型结构，这时水中含少量的油，往往需要从底流排出的水尽可能得到净化，即水中尽量不含油，而对溢流口中油的浓度要求可相对放宽。一般进行油田污水处理时，对净化后的水有明确的指标要求，但对被分离出的油的含水量并没有明确规定。

分流比 F 和总流量 Q_i 是独立的操作变量，因此有下列二维二阶曲线拟合公式：

$$Y = a_{11}x_1^0 + a_{12}x_1^1 + a_{13}x_1^2 + a_{21}x_2^0 + a_{22}x_2^1 + a_{23}x_2^2 \tag{1}$$

简化为矩阵形式：

$$\boldsymbol{Y} = \boldsymbol{A}\boldsymbol{X}^T \tag{2}$$

得到的拟和方程：

$$\left.\begin{aligned} y_1 &= -17 + 22.31x_1 - 1.04x_1^2 + 11.83x_2 - 1.56x_2^2 \\ y_2 &= 28.15 + 56.44x_1 - 2.5x_1^2 - 62.22x_2 + 19.56x_2^2 \end{aligned}\right\} \tag{3}$$

四、结论

尽管协调曲线统计方法作为一种数学工具提出很长时间了，但用于工程实际来求解流体流动问题还比较少，本文就是利用该方法来研究水力旋流器的分离效率与压力降这对不完全矛盾体，从而找出各目标与总设计方案的依存关系，进而发现其取值的改进方向，缩小了实验搜索范围，降低了实验强度，提高了实验的精确性，最后得到满意的结果。通过以上研究表明，协调曲线统计方法是求解流体流动中矛盾问题的一种有效方法。

参考文献

[1] 王尊策,时培明,张淑艳. 油水分离用水力旋流器内部流场的数值模拟. 大庆石油学院学报,2004,28(6):22-24.

[2] 褚良银,罗茜,余仁焕. 充气水力旋流器内颗粒的受力与运动. 化工装备技术,1995,16(5):4-7.

作者简介:

胡滨,1981年生,本科,工程师,2005年毕业于武汉理工大学工程管理专业,现在大庆油田有限责任公司第二采油厂规划设计研究所从事地面设计工作。

抽油机井系统效率与合理供排关系研究分析

朱　宇　娄志东

摘　要:实际生产中,供液不足或连抽带喷等供排关系不合理的抽油机井占有很大比例,这部分井抽油泵的排量效率没有得到最大发挥,系统效率水平还有待进一步提高。本文主要通过统计分析各种供排关系下抽油机井系统系统效率,通过数据对比,阐明了合理供排关系和抽油机系统效率的关系,并通过现场实验验证,更进一步明确怎样合理调整供排关系,提高系统效率。

关键词:系统效率　耗电量　有功功率　动液面

一、抽油机井系统效率与供排关系统计分析

按照抽油泵泵效进行分类,对616口泵况正常抽油机井的动液面、沉没度及系统效率进行统计,统计情况如表1所示。

表1　不同泵效下抽油机井数据统计表

井数	泵效	平均沉没度(m)	平均动液面深度(m)	平均有效功率(kW)	平均消耗功率(kW)	平均系统效率(kW)
101	<30%	68.36	853.43	2.32	9.08	25.55
132	30%~40%	102.49	779.91	3.43	11.36	30.19
153	40%~50%	160.72	729.13	4.14	12.56	32.96
260	>50%	252.89	630.09	4.65	13.67	34.02

通过表1的统计可以看出,随着抽油机井沉没度的逐渐升高,抽油泵泵效逐渐提高,系统效率逐渐增大。原因是当沉没度较低,井下供液能力无法满足泵的排液能力,泵内液体充满系数较低,泵工作效率降低,系统效率较低。当沉没度逐渐上升,井下供液能力逐渐满足泵的排液能力,泵充满系数逐渐升高,系统效率逐渐增大。

对泵效高于50%的抽油机井按照泵沉没度进行进一步细分,统计情况如表2所示。

表2　泵效高于50%以上抽油机井数据统计表

井数	沉没度分级(m)	平均沉没度(m)	平均动液面深度(m)	平均有效功率(kW)	平均消耗功率(kW)	平均系统效率(kW)
98	<100	57.34	824.81	4.69	13.55	34.61
40	100~200	139.31	732.28	4.78	13.69	34.92
100	200~500	327.54	539.53	4.64	13.74	33.77
22	>500	673.11	215.81	4.21	13.58	31.00

从表2的统计可以看出,泵效高于50%的抽油机井,系统效率不随沉没度的上升而增大,当沉没度达到一定数值,系统效率反而开始下降。原因是当供排关系趋于合理沉没度再逐渐升高时,油井动液面逐渐变浅,根据系统效率计算公式,抽油机井有效功率开始降低,系统效率下降。

抽油机井系统效率的计算公式为:

$$\eta_{总} = \frac{N_{水}}{P_{耗}} = \frac{Q\gamma gH}{86400 * P_{耗}} \tag{1}$$

$$H = h + \frac{(P_{油} - P_{套})1000}{\gamma g} \tag{2}$$

式中 $\eta_{总}$——抽油机井系统效率,%;

H——抽油机举升高度,m;

Q——抽油机井日产液量,t;

γ——混合液体密度,kg/m^3;

g——重力加速度,9.8N/kg;

h——抽油机井动液面深度,m;

$P_{油}$——抽油机井油压,MPa;

$P_{套}$——抽油机井套压,MPa;

$N_{水}$——抽油机井系统的有效功率,kW;

$P_{耗}$——抽油机井总消耗功率,kW。

在实际生产中$\frac{(P_{油} - P_{套})1000}{\gamma g}$数值同较大数值的动液面深度 h 相比,可以忽略不计,因此抽油机井的举升高度可以近似的看成是该井的动液面深度。

二、现场试验分析

选择泵况正常,平均泵挂深度 850m、动液面在 800m 左右、平均理论排量 98t/d、泵径 57mm、冲程 3m、冲次 $9min^{-1}$、泵效低于 40% 的 3 口井进行试验。通过套管进行掺水,合理控制掺水量,每隔 5min 进行量油(由于时间限制,量油采取液面升至 10cm 的折算法)液面测试、系统效率测试。现场跟踪情况见表 3。

表 3　3 口试验井现场数据统计表

跟踪项目	时间(min)									
	0	5	10	15	20	25	30	35	40	45.00
液面深度(m)	800	775	750	725	700	675	650	625	600	575
平均产液量(t)	36	36	37	37.5	39	39	40	42	42	42
平均泵效(%)	37.00	37.00	38.00	41.00	43.00	45.00	49.00	51.00	51.00	51.00
平均有效功率(kW)	3.23	3.13	3.1	3.24	3.28	3.31	3.47	3.4	3.26	3.12
平均消耗功率(kW)	13.06	12.21	11.79	11.86	11.93	12.01	12.13	12.06	11.98	11.87
平均系统效率值(%)	25.66	26.02	26.41	26.89	27.38	28.05	28.66	29.84	28.35	27.45

从图 1、图 2 和图 3 所示曲线可以看出,供液不足的低沉没度井,泵效随着沉没度的升高、动液面的恢复而逐渐增加,井下供液能力逐步满足泵的排液能力,系统效率逐渐上升;当动液面回升到某一值时,供排关系刚好吻合,泵效达到最大,系统效率达到最高;当动液面继续回升,泵已经达到最大排液能力,泵效不再增加,由于举升高度逐渐减小,有效功率开始降低,系统效率开始下降。

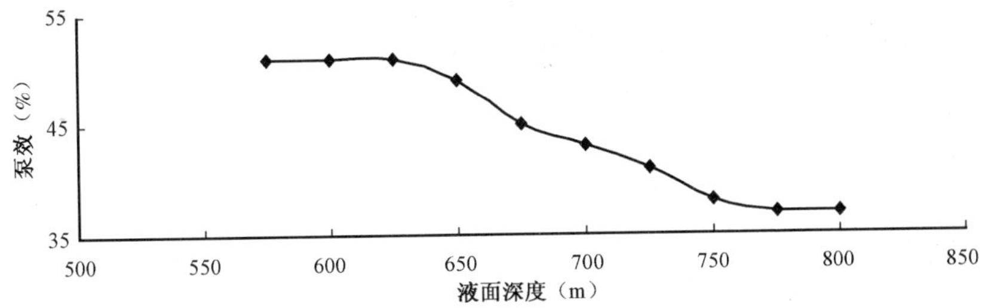

图 1　液面深度与泵效关系曲线

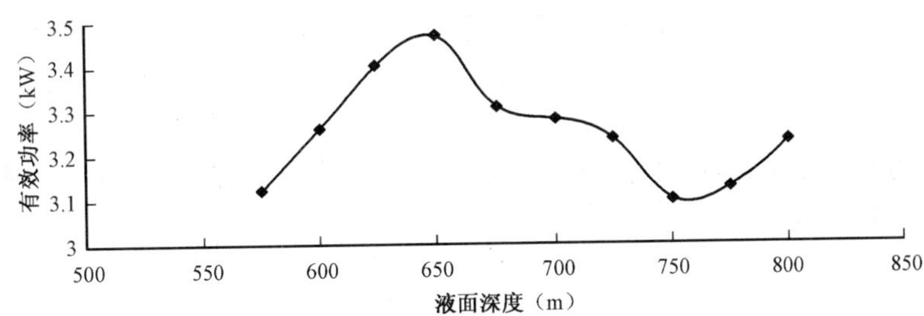

图 2　液面深度与有效功率关系曲线

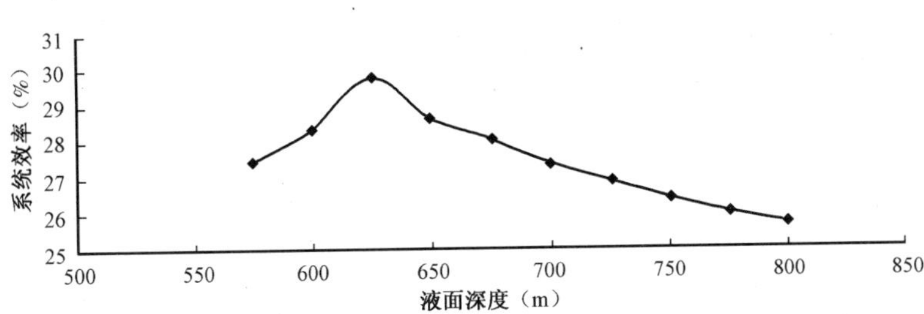

图 3　液面深度与系统效率关系曲线

三、实际应用

因此实际生产中可以通过套管掺水的办法，计算出抽油泵的最大泵效，根据地层的供液能力和该泵效来确定合理的理排，从而确定合理的运转参数，使系统效率趋于最大化。根据该办法对上述实验 3 口井进行调参，从试验数据(表 4)可以看出，以上 3 口井的地层供液能力 36t/d，能达到的最大泵效为 50%，为使供排关系相互吻合，需调整理论排量为 75t/d，经计算参数应降为 3m、7min^{-1}。现场将以上 3 口井调参，调后参数为 3m、6.8min^{-1}，调后系统效率达到 28.1%，对比调前提高了 2.5 个百分点。

表 4　3 口实验井调参前后数据统计表

调前							调后						
理论排量(t/d)	产液量(t)	泵效(%)	液面深度(m)	有效功率(kW)	消耗功率(kW)	系统效率(%)	理论排量(t/d)	产液量(t)	泵效(%)	液面深度(m)	有效功率(kW)	消耗功率(kW)	系统效率(%)
98	36	37	800	3.23	13.0	25.6	73	35	48	760	2.84	10.1	28.1

目前,已应用套管掺水的办法进行供排关系调整 30 井次,平均单井系统效率提高 3.2 个百分点,见到一定效果,今后将继续深入开展此项工作。

四、结论

(1)当井下供液能力无法满足泵的排液能力时,随着抽油机井沉没度的逐渐升高,抽油泵泵效逐渐提高,系统效率逐渐增大。

(2)当井下供液能力超过泵的提液能力时,沉没度越高,动液面越浅,有效功率降低,系统效率下降。

(3)实际生产中可以通过套管掺水的办法,计算出抽油泵的最大泵效,根据地层的供液能力和该泵效来确定合理的理排,从而确定合理的运转参数,使系统效率趋于最大化。

参考文献

[1] 崔振华. 提高抽油机井系统效率研究//大庆萨南油田低耗节能油气集输配套技术-单项技术报告. 大庆:中国石油天然气总公司大庆设计院,1990.06.

作者简介:

朱宇,大庆油田有限责任公司第二采油厂第二作业区地工队工程办主任,助理工程师。

娄志东,大庆油田有限责任公司第二采油厂第二作业区地工队工程办副主任,助理工程师。

作业区能源消耗形势及节能技术效果分析

李继　王英

摘　要:通过对作业区能耗形势的分析对比,开展以节能降耗为主要内容的技术改造及新工艺、新技术、新设备和新材料的推广应用,实现了吨液耗电、吨液耗气、吨液综合能耗三项指标下降的目标,为大庆油田有限责任公司第二采油厂"保稳产、提效益"的工作目标做出了贡献。

关键词:能耗分析　节能技术效果

一、引言

目前,随着油田开发的不断深入,能耗形势越来越严峻,如何开展节能降耗是一道难题,本文通过对作业区能耗形势的分析对比及对新工艺、新技术、新设备和新材料的推广应用的效果分析,为以后降本增效、节能减排提供了依据,达到了节能降耗的目的。

二、能耗指标统计

作业区近3年能耗指标统计如表1所示。

表1　作业区能耗指标统计表

项　　目	2008年	2009年	2010年
液量(10^4t)	1147.52	1196.14	1320.80
油量(10^4t)	84.5	88.21	85.52
自耗电(10^4kW·h)	21119.4	22772.13	26344.23
自耗气(10^4m^3)	1133.9	1070.91	1030.16
汽油(t)	146.3	159.00	157.00
柴油(t)	174.0	171.00	179.00
原油损耗(t)	9883.1	10462.53	10046.77
综合能耗(10^4t标煤)	5.56	5.77	6.09
吨液综合能耗(kg标煤/t)	4.85	4.82	4.61
吨液耗电[(kW·h)/t]	18.40	19.04	19.95
吨液耗气(m^3/t)	0.99	0.90	0.78

从表1中可以看出:日产液量上升,日产油量下降,总能耗上升,吨液综合能耗下降。

从指标变化趋势可以看出:七项节能指标中指标趋于好转的有2项,指标下降的有2项。

三、节能技术改造项目效果分析

(一)低温集输对节能降耗的影响

统计757口井(表2)中日产液量在30t以上、含水率大于80%的油井有324口,这些具备实施全年365天单管不加热集油的条件,是实施不加热集油的关键井。因此,对此类油井强制执行不加热集油,对油井进行热洗清蜡,然后对掺水管线进行扫线,在油井和讲量两侧法兰处加盲板。在正常生产情况下,不允许掺水,只有在冬季油井因停产作业等原因需要关井时,方可启动掺水管线;日产液量20~30t的油井有72口,其中,含水率大于80%的有65口,这65口油井每年5—10月份实施单管集油,11月至次年4月实施掺常温水集油;含水率小于80%的有7口,实施全年掺常温水集油。对于此类油井,要严格控制掺常温水的时间及掺水量;日产液量小于20t的油井,共计453口,实施全年掺常温水集油。对于这些油井冬季,可根据油井生产变化情况,在确保井口回压合理的前提下,适当调整掺水量及掺水温度。

表2 实施低温集油井数明细表

序号	低温集油方式		井数(口)	占统计总井数比例(%)
1	常年不加热集油井	单管集油	71	8.37
2		掺常温水	130	15.37
3	掺低温水		63	7.45
4	季节性停掺		404	47.75
5	加流改剂		89	10.52
合计			757	89.46

表3为方案实施前后中转站自耗气日对比值。

表3 中转站自耗气日对比

站名	低温集输实施前	低温集输实施后	差值
	日耗气(m^3)	日耗气(m^3)	(m^3)
南6-3站	1593	45	-1548
南6-2站	1600	171	-1429
南6-1站	2950	727	-2223
萨西8号站	2399	197	-2202
南7-1站	5009	1522	-3487
萨西6号站	1000	470	-530
南8-3站	3045	7	-3038
南8-1站	1900	1814	-86
南8-4站	2488	10	-2478
南8-2站	3149	1097	-2052
合计	25133	6060	-19073

从表中可以看出，平均日节气19073m^3，考虑到日对比值的偶然性，对1—5月份自耗气做了对比（表4）。

表4 自耗气对比

时间	掺水炉运行台数		日耗气（10^4m^3）	与上月对比（10^4m^3）
	总数	运行		
2010.1	21	16	112.4881	
2010.2	21	16	96.2768	-16.2113
2010.3	21	16	103.1463	6.8695
2010.4	19	10	77.1577	-25.9886
2010.5	19	4	29.4153	-47.7424
2010.6	19	2	19.3712	-10.0441

集输系统累计停运掺水炉21台次，停掺井累计339井次，调整机采井热洗周期156井次，年累计节电61.59×10^4kW·h，节气64.64×10^4m^3，创经济效益50多万元。

（二）其他节能项目实施效果

从表5看出，间抽37井次，电机合理匹配74台，抽油机平衡调整1338井次，盘根松紧调整62627井次，皮带松紧调整25577井次，参数调整192井次，安装抽油机超越离合器8井次，安装可变冲次电机24台，双联齿轮减速电机9台，机采系统年节电201.8×10^4kW·h。

表5 机采系统节能实施效果

措施项目	实施数量	节电量（10^4kW·h）
间抽	37井次	50.33
电机匹配	74台	25.63
平衡调整	1338井次	8.7
盘根调整	62627井次	3.8
皮带调整	25577井次	2.4
参数调整	192井次	45.6
安装抽油机超越离合器	8井次	27.8
可变冲次电机	24台	32.9
双联齿轮减速电机	9台	4.6
合计	—	201.76

从表6来看，注水系统单耗5.92(kW·h)/m^3与上年同期对比单耗降低了0.115(kW·h)/m^3，降低了1.82%。实施优化开泵18台次，节电34.41×10^4kW·h；应用润滑油改进剂节电17.89×10^4kW·h；应用液体黏性调速装置1台，节电10.53×10^4kW·h；应用高压变频1台，节电44.94×10^4kW·h，注水系统年累计节电107.8×10^4kW·h。

表6　注水系统节能实施效果

措施项目	实施数量	节电量(10^4kW·h)
优化开泵	18台次	34.41
应用润滑油改进剂	8台	17.89
应用液体黏性调速装置	1台	10.53
应用高压变频	1台	44.94
合计	—	107.8

全区2010年更换高压补偿电容器2台,更换高耗能变压器12台,累计节电7.65×10^4kW·h(表7)。

表7　供配电系统节能实施效果

措施项目	实施数量	节电量(10^4kW·h)
更换高压补偿电容	2台	2.42
更换高耗能变压器	12台	5.23
合计	—	7.65

以上项目创经济效益:317.25×10^4kW·h$\times0.59$元/(kW·h)=187.18万元。

四、结论

(1)能源消耗呈上升趋势,占生产成本的比例也随之增加,如不采取措施加以控制,将给生产效益带来很大影响。为此,加大节能降耗技术的应用,加强生产管理是降低能源消耗的有效途径。

(2)要优化集输方案,改造集输工艺,降低生产投入。对使用时间较长,机泵、管线老化腐蚀严重的中转站、联合站外输泵及外输管线,结合老区改造更换合适的泵及管线,提高负荷,减少能耗。对于使用时间较短的机泵,采取安装变频的方法,节电节气,降低改造费用[1]。

(3)应用新工艺、新技术可以有效降低能耗。

(4)优化注水泵及管网运行,应用高压变频及加大优化开泵力度,加大节能降耗技术改造力度,提高注水系统效率,降低泵水单耗。

(5)避免电力系统无谓损耗。加大无功补偿及节能电机、节能配电箱的应用,提高功率因数,减少网损,降低能耗。

(6)优化机采参数,应用节能降耗技术,加大节能电机改造力度,应用新工艺新技术降低机采单耗。

参考文献

孙艳红,路兴华,李宝江．采油厂能耗质量监督与管理．石油工业技术监督,2004,(8):15-16.

作者简介

李继:男,1965年6月出生,大庆油田有限责任公司第二采油厂计划规划部,油藏工程师。

王英:男,1977年3月出生,大庆油田有限责任公司第二采油厂第三作业区生产办计划管理,油藏助理工程师。

统计分析三元脱水系统问题调查及研究

王艳红　刘庆海

摘　要:随着三元复合驱的广泛使用,其在各方面带来的影响也越来越明显,采出液含聚合物浓度高,含碱量大,有较强的吸附性,使采出液中泥沙和固体杂质携带量增大,易在油水分离器、游离水脱除器、加热炉、电脱水器和污水沉降罐等设施中沉积,影响该类设施的有效处理空间,影响加热炉的热效率,增加对机泵的磨损,给设备的使用和管理带来了相当大的困难,本文着重介绍三元复合驱显著见效后,通过统计分析对生产上的指导及所见成效。

关键词:三元复合驱

一、引言

三元复合驱驱油方式,油井采出液中存在聚合物、碱和表面活性剂,使得含聚合物的含油污水成为一种复杂的油水体系,采出液黏度增大,原油乳化严重,油水很难靠自然沉降分离,比注水驱采出液更加难以处理。在原油脱水方面表现为:脱水率降低、污水质量下降、水中有杂质生成、油水界面不清晰且有中间层,电脱水系统不能正常运行,可见,聚合物的存在已严重影响了原油脱水效果。

二、三元见效期脱水系统面临的问题

实施聚合物驱措施后,含聚合物采出液形成了较稳定的乳状液,导致用水驱产出液使用的常规破乳剂无法解决脱水的难题,严重地影响了原油脱水生产和商品油质量。脱水系统表现为:外输原油含水偶有超标,一段游离水放水水质明显变差(肉眼即可见到细小絮状物,水中含油明显增多),油水界面开始模糊,电脱水器电场时有波动。

(一)三元采出液对脱水系统的影响及分析

(1)由表1看出聚合物、表面活性剂浓度增大,聚合物由前期的200mg/L,逐步升高到高峰期的400mg/L以上,处理难度加大,使得游离水及外输污水含油水质不达标。

表1　化验数据

聚合物量(mg/L)	表面活性剂量(mg/L)	污水含油(三元脱水系统)	
		外输水(mg/L)	游离水放水(mg/L)
257	40	99	21606
385	51	207	22125
487	67	2314	23760
491	65	3069	31841
477	69	3866	42148
484	63	6300	19728
419	63	969	36133
462	35	863	27434

(2)由表2看出游离水放水含油超高,最高时数值达到80991mg/L。

表2 游离水放水含油

日期	4.20	4.21	4.22	4.23	4.24	4.25	4.26	4.27	4.28	4.29	4.30
最高(mg/L)	39661	49044	48792	35672	29655	428	862	417	24504	80991	48740
最低(mg/L)	22680	30213	28474	1971	161.3	182.6	369	246	3132	13869	11340
平均(mg/L)	13887	29076	40884	11427	10204	298	613	344	16393	49659	18403
日期	5.1	5.2	5.3	5.4	5.5	5.6	5.7	5.8	5.9	5.10	5.11
最高(mg/L)	22416	28736	27692	28560	27760	29340	46400	40881	23905	34590	32115
最低(mg/L)	6990	5623	10867	19869	19397	8752	22687	30066	20133	14952	20446
平均(mg/L)	10903	12456	21606	23361	23632	19514	36961	36613	22125	24334	28063

(3)调整加药点对三元脱水系统的效果(表3)。

表3 工艺调整前后污水含油指标对比表

工艺调整前(污水含油)(mg/L)		工艺调整后(污水含油)(mg/L)	
外输水	游离水放水	外输水	游离水放水
2362	36339	163	5566
2222	12214	174	6882
15574	40037	203	19289
6900	20994	179	13541
9653	23861	133	3866
240	2786	143	2299
3054	23504	128	1509
1487	18558	271	7339
2687	25581	151	5882

三元见效后,油质发生变化,分别在两座三元转油站的外输泵前加破乳剂,三合一加消泡剂,污水含油指标逐渐降低,气泡也逐渐减少,但经过一段时间运行,发现在转油站投加破乳剂,造成含破乳剂的外输液至脱水站后产生反相乳化,不利于脱水站生产调控,于是,在外输泵前端加消泡剂,取消破乳剂。

(二)摸索调试药剂配方及加药量对三元脱水系统的作用

根据碱、聚合物、表面活性剂浓度的变化情况,发现原有的药剂已不能满足对来液处理的要求。于是及时同药剂厂家沟通,督促其调整破乳剂配方及加药量,药剂厂家通过多种型号破乳剂对三元采出液做试验,针对三元液的特性,选取最适合的药剂,同时根据化验数据,及时调整各项生产参数、药剂厂家改良药剂配方、调整剂量,把水溶性破乳剂由日均260kg最高提升至日均2000kg，同时二段添加油溶性破乳剂日均200kg，并对脱水器顶部及时进行排气放空，进一步稳定脱水器电场（表4）。经过几次的运行调整，游离水放水污水含油指标均控制在3000mg/L左右，外输水控制在300mg/L以下，指标基本合格，电场运行较为平稳，外输油含水达到0.3%以下。将游离水放水改为自动放水状态，游离水油水界面控制在3.3m，此时，游离水放水污水含油指标降至1000mg/L左右，外输水污水含油指标降至300mg/L以下。

表4　加药量对含油量的影响

一段加药量(kg)	二段加药量(kg)	净水剂(kg)	游离水放水含油量(mg/L)	外输污水含油(mg/L)
260	50	1000	20814	976
1500	200	1000	18403	108
1880	200	1000	1255	92

（三）脱水器运行方式对三元系统的影响

在三元电脱水器电流、电压不稳，脱水器无法正常运行时，针对这种现象，经过现场勘察和分析后，采取以下措施：改变脱水器的运行方式，将电脱水器运行方式由原来的直流改为交流运行，改变后脱水器电场随即恢复到平稳状态。由于脱水器在直流运行状态下电场脱水效果强，含水能够实现达标，在交流电场中，原油乳状液的脱水以偶极聚结和振荡聚结为主，这两种聚结的脱水效果和原油含水率有关，含水率较高时水滴的平均直径亦大，会有较好的脱水效果，故不适宜处理含水率较低的原油乳状液，即脱水效果稍弱，含水容易超高，基于此，重新调试游离水油水界面高度，经过数十次试验，确定最合理的油水界面是3.3m，进脱水器前的一段含水由原来的5%下降到1%以下，这样通过有效的参数调整控制，保证了进入电脱后的含水不超过1%，电脱水器出口油能控制到0.3%以下，实现外输达标（表5）。

表5　脱水器交直流运行情况对比表

三元游离水油水界面高度(m)	三元游离水一段含水率	三元脱水器电场运行方式	电场波动情况	二段温度(℃)	三元电脱水器出口含水率	备　注
3.7	3%～5%	直流	波动严重	55	有时超标	—
3.3	1%以下	交流	平稳	55	0.3%以下	—
3.3	1%以下	直流	平稳	55	0.3%以下	开罐检查发现1#电脱水器内部绝缘挂件损伤6个并及时更换

（四）数据的监测对三元复合驱采出液的脱水处理具有一定的指导意义

为及时分析掌握三元脱水系统运行情况，建立三元脱水系统相关参数记录表（表6）、1#、2#脱水器波动数值监测表（表7）、脱水站三元脱水系统重要数据曲线等，在正常录取各项生产数据的同时，通过表6每两小时对三元游离水、三元脱水器运行参数、加药量及外输指标等20几个生产点进行数据录取，根据数据情况，及时调整各生产参数，稳定脱水器电场，降低污水含油指标。通过表7上对1#、2#脱水器的波动时间、恢复时间进行详细记录，把脱水器每天的波动次数、恢复时间与药剂更换前的波动情况进行对比，通过控制油水界面及时调整一段含水，减少水项杂质进入脱水器内部。

表6　三元脱水系统相关参数记录表

项目/日期	进三元游离水汇管温度(℃)	三元来液含聚浓度(mg/L)	三元来液加药量(kg)	三元游离水运行参数								进三元脱水器温度(℃)	三元脱水器运行参数						三元污水含油(mg/L)	记录人
				1#界面(m)	1#看窗清与浊	2#界面(m)	2#看窗清与浊	3#界面(m)	3#看窗清与浊	出口汇管压力(MPa)	出口汇管含水率(%)		1#界面(m)	1#压力(MPa)	1#看窗清与浊	2#界面(m)	2#压力(MPa)	2#看窗清与浊		
4.21	37.1	301.8465	360	3.72	浊	3.8	浊	3.63	浊	0.2	7	50.3	1.21	0.16	浊	0.92	0.16	浊	3794	赵喜山
4.22	37.7	327.0925	900	3.71	浊	3.63	浊	3.71	浊	0.25	6.5	51.3	1.33	0.15	浊	1.21	0.15	浊	19120	金鉴
4.23	38.1	319.288	1400	3.62	浊	3.65	清	3.65	浊	0.23	6.6	55.5	1.33	0.15	清	1.15	0.15	清	29310	陈丽红
4.24	37.3	306.3995	1400	3.7	浊	3.65	清	3.69	浊	0.26	6.5	49	1.32	0.15	清	1.15	0.15	清	2378	刘晶涛
4.25	38	392.8965	1100	3.69	浊	3.64	清	3.68	浊	0.25	6.5	51.1	1	0.15	清	0.97	0.15	清	3745	陈丽红
平均	37.64	329.5046	1032	3.688	—	3.674	—	3.672	—	0.238	6.62	51.44	—	0.152	—	1.08	0.152	—	11669.4	—
4.26	38.1	375.1005	1200	3.69	浊	3.61	清	3.72	浊	0.26	6.6	51.3	1	0.15	清	0.99	0.15	清	3658	金鉴
4.27	37.8	361.443	1200	3.7	浊	3.69	清	3.72	浊	0.28	6.4	49.4	0.54	0.15	浊	0.95	0.15	清	3474	陈丽红
4.28	36.7	274.9455	1600	3.68	浊	3.61	浊	3.71	浊	0.28	6.5	53.3	1.06	0.15	浊	1.01	0.15	浊	9260	刘晶涛
4.29	37.3	363.926	1700	3.69	浊	3.67	浊	3.7	浊	0.26	6.2	50.5	0.96	0.15	浊	1	0.15	浊	227	赵喜山
4.30	37.3	354.821	1700	3.69	浊	3.67	清	3.71	浊	0.23	6.4	50.7	0.85	0.15	清	0.95	0.15	清	512	金鉴
平均	37.44	346.0472	1480	3.69	—	3.65	—	3.712	—	0.262	6.42	51.04	0.882	0.15	—	0.98	0.15	—	3426.2	—

表7　脱水器波动数值监测表

时间	1#脱水器油水界面	三元二次加热进脱水器温度(℃)	波动时间	恢复时间	时间	1#脱水器油水界面	三元二次加热进脱水器温度(℃)	波动时间	恢复时间
4.1	1.29	49.6	1:23	1:52	5.27	0.81	55.3	17:00	8:00
4.1	1.32	49.5	18:30	19:30	5.29	0.7	62.5	0:05	1:00
4.5	1.3	50.7	1:00	1:50	5.29	0.7	62.4	2:00	3:00
4.5	1.26	50.2	19:40	20:39	5.30	0.75	51.6	22:00	2:30
4.6	1.28	50.7	20:18	20:30	6.1	0.6	52.3	18:00	8:00
4.16	1.35	48.8	22:00	22:40	6.4	0.61	51.9	21:50	22:50
4.17	1.22	48.7	0:20	0:55	6.5	0.57	52.3	2:00	5:00
4.17	1.22	50.6	1:00	1:20	6.6	0.6	54.2	19:20	21:30
4.19	1.21	50.2	4:45	5:40	6.6	0.53	53	3:00	5:00
4.20	0.44	50.5	8:30	13:40	6.10	0.59	52	1:30	4:30
4.21	0.5	50.7	16:35	17:55	6.11	0.55	51.8	16:00	8:00
4.26	1.01	56.4	19:45	21:30	6.13	0.57	51.8	2:00	3:00
4.26	0.46	53.1	23:10	0:15	6.14	0.53	51.5	1:00	4:00

通过对三元复合驱采出液进行的电脱水处理试验，研究了碱、表面活性剂和聚合物在采出液检测浓度范围内对乳状液脱水效果的影响规律以及破乳剂品种、加药量、脱水温度、脱水电场强度和原油含水率等因素对脱水效果的影响。结果表明，三元复合驱油组分对乳状液脱水

效果的影响是随着采出液中三元复合驱油组分浓度的升高而增强，但达到一定浓度后，对脱水效果没有明显的影响。对三元复合驱油组分浓度较高的乳状液，通过选择脱水效果较好的破乳剂和适宜的脱水参数，可以达到较满意的处理效果。

三、结论

（1）三元采出液中碱、聚合物、表活剂浓度的变化，给脱水系统带来直接的影响。

（2）通过加药量的统计与对比，应适当加大破乳剂加药比，同时筛选适合注三元驱原油脱水的破乳剂。

（3）通过外输化验的统计与对比，电脱水器进口原油含水不宜超过5%，生产严重不稳时，应控制在1%以下。

（4）通过统计、数据监测有利于注三元驱生产平稳运行。

参 考 文 献

[1] 李杰训．聚合物驱油地面工程技术．北京：石油工业出版社，2008. 138 - 139.

作者简介：

王艳红，女，大庆油田有限责任公司第二采油厂第四作业区南四联合站，现任南四联合站技术员。

刘庆海，男，大庆油田有限责任公司第二采油厂第四作业区南四联合站，现任南四联合站副队长。

抽油泵作业井检泵原因统计分析

杨柏春

摘　要:针对施工的维护性抽油泵井的实际情况,对维护性抽油泵井检泵原因进行了数据的分类对比和分析,通过数据的对比阐述了维护性抽油泵井检泵的主要原因是偏磨问题、管杆问题、卡泵问题和对接器问题,为了能够解决主要检泵原因的发生几率,更好的延长检泵周期,提出了解决问题的一系列建议和办法。

关键词:分类对比　检泵原因　建议

一、引言

为了降低油井作业率,减少因待作业影响的原油产量,从井下作业的角度出发,提出继续坚持提高施工一次成功率、降低综合返工率和责任返工率,运用对施工的抽油泵井进行统计分析的办法,来寻求技术突破,进一步延长油井检泵周期,使油田能够持续的高产和稳产。在这一形势下对施工的维护性抽油泵井的检泵原因进行了统计分析(表1)。

表1　维护性抽油泵井检泵原因分类对比表

项　目		施工井数（井次）		占检抽油泵井比例（%）	
偏磨问题	油管偏磨	157	261	22.75	37.82
	抽油杆偏磨	104		15.07	
油管问题	油管断	26	45	3.77	6.52
	油管脱	6		0.87	
	油管漏	13		1.88	
抽油杆问题	抽油杆断	50	56	7.25	8.12
	抽油杆掉脱	6		0.87	
卡泵		103		14.93	
对接器问题		61		8.84	
活塞拉伤		38		5.51	
活塞上凡尔罩问题		29		4.20	
无异常		10		1.45	
光杆问题		44		6.38	
其他		43		6.23	
合计		690		100.00	

从表1可以看出,检泵的主要原因是偏磨问题、管杆问题、卡泵问题和对接器问题。

二、偏磨问题及原因分析

在检抽油泵井中,因偏磨问题检泵 261 井次,占抽油机检泵总数的 37.82%,其中抽油杆偏磨断脱检泵 104 井次,占检抽油泵总数的 15.07%,油管偏磨漏检泵 157 井次,占检抽油泵总数的 22.75%。

近年来执行全井扶正措施配套大间隙泵组合技术,更换内喷涂油管等措施的应用,同时施工质量不断提高,均对偏磨问题的治理起到了一定作用。但偏磨问题仍是检泵的主要原因,所以应该继续加大偏磨问题的治理。

(一)抽油杆偏磨

从表 2 可以看出,抽油杆偏磨主要表现形式为杆偏磨断或脱,偏磨部位主要集中在抽油杆接箍,104 井次中,共发生接箍磨断、磨脱 83 井次,占抽油杆偏磨井的 79.81%,占偏磨问题的 31.80%。因此还需进一步加强抽油杆接箍的保护。

表 2　抽油泵井杆偏磨部位对比表

接箍磨断、磨脱			杆体磨断		
井次	占抽油杆偏磨的比例(%)	占偏磨问题的比例(%)	井次	占抽油杆偏磨的比例(%)	占偏磨问题的比例(%)
148	83.62	44.58	29	16.38	8.73
135	78.49	34.35	37	21.51	9.41
83	79.81	31.80	21	20.19	8.05

(二)油管偏磨

油管偏磨主要表现形式为油管磨漏,统计油管偏磨 157 井次,平均检泵周期 415d,平均下井时间 1228d。上次施工更换油管,本次偏磨漏的井为 26 井次,其中更换新油管偏磨漏为 9 井次,平均检泵周期 482d;更换修复油管偏磨漏为 17 井次,平均检泵周期 418d。

从表 3 中可以看出,偏磨井中,更换新油管和修复油管的平均检泵周期基本相同,因此,在考虑主材成本的情况下,建议将修复油管下到偏磨问题较严重的井中,将新油管下到偏磨问题较少的井中。另外,引进使用内喷涂油管,对延缓偏磨问题起到了一定的效果,统计上一年维护性抽油泵井中,因偏磨问题检泵更换内喷涂油管 24 井次,更换内喷涂油管前平均检泵周期 332d,更换内喷涂油管后其中 11 井次因非偏磨原因进行了二次作业,13 井次至今未进行作业,到目前检泵周期达到 563d,延长检泵周期 231d。因此建议在成本允许的情况下,应加大内喷涂油管在偏磨严重井中的应用。

表 3　检抽油泵井油管磨漏情况对比表

项　　目	井口数(井次)	平均检泵周期(d)	平均下井时间(d)
ϕ62mm 新管	57	462	1488
ϕ62mm 修复管	54	389	1112
ϕ76mm 新管	23	388	1289
ϕ76mm 修复管	23	382	734

三、油管问题及原因分析

在检抽油泵井中因油管问题检泵 45 井次，占检泵井总数的 6.52%，其中油管漏失 13 井次，占检泵井总数的 1.88%，从表 4 中可以看出，油管漏失问题主要体现为油管螺纹磨损漏失，漏失油管的平均下井时间为 1045d，平均起下次数达到 6 次。分析原因主要是油管下井时间过长，作业起下次数较多，现场对油管的疲劳程度和油管螺纹磨损程度无有效科学检测手段所致。

表 4　检抽油泵井油管漏失情况表

项　　目	丝扣磨损				丝扣缺陷		合计
	ϕ76mm 油管		ϕ62mm 油管		管丝扣裂	水槽	
	新	修复	新	修复			
井数(井次)	2	2	5	4	0	0	13
所占比例(%)	15.38	15.38	38.47	30.77	0.00	0.00	100.00
下井时间(d)	746	380	2222	873	0	0	1045

油管问题发生的井数和比例均呈下降趋势，这主要得益于以往对油管大力度的更新和更换，同时管理的细化和施工质量的提高也是油管问题减少的重要因素。我们严格按照标准施工，避免人为造成油管螺纹的损坏，并建议对下井年限过长、起下次数过多的油管直接进行更换。

四、抽油杆问题及原因分析

在检抽油泵井中，因抽油杆问题检泵 56 井次，占检泵井总数的 8.12%。在抽油杆问题中，发生杆脱扣 6 井次，占检泵井总数的 0.87%，均属于施工队伍上扣扭矩不达标，造成的抽油杆脱扣，属于施工队伍的责任。

表 5　检抽油泵抽油杆断井情况

位置 泵型	300m 以内	300 ~ 500m	500m 以下	合计	过渡区断	非过渡区断
ϕ57mm 以下	3	2	1	6	7	0
ϕ70mm 以上	19	15	10	44	36	5

发生杆断裂 50 井次，占检抽油泵井总数的 7.25%，从表 5 中可以看出，抽油杆断裂主要发生在泵径 ϕ70mm 以上井，共 44 井次，占抽油杆断裂的 88%，断点位置多在杆柱中上部，共 39 井次，占抽油杆断裂的 78%。主要是因为大泵井上部抽油杆交变载荷较大，增加了抽油杆断裂的几率。

从断裂部位看，抽油杆断裂主要发生在过渡区，共 43 井次，占抽油杆断裂检泵总数的 86%。认为与抽油杆加工工艺关系密切，尤其是抽油杆过渡区淬火工艺。

五、卡泵问题及原因分析

卡泵作业 103 井次，占检抽油泵井的 14.93%。随着三元复合驱井数量增加，三元井结垢引发卡泵作业问题显现较为突出。共进行三元复合驱检抽油泵井150井次，占检抽油泵井总数的21.74%，其中卡泵井66井次，解泵发现58井次均因结垢造成的卡泵，占三元驱检抽油泵井总数的38.67%，占卡泵井总数的56.31%。

三元驱卡泵井因结垢活塞卡死在泵筒内，经常造成抽油杆拔不动，只能采取抽油杆倒扣、管杆同步起、锯断抽油杆进行施工。从引进使用抽油杆安全保护装置，到目前累计下井88井次，应用效果良好，但仍存在个别井拔不断的现象，起出检查发现抽油杆安全保护装置结垢严重，造成拔断设置失效。

六、对接器问题及原因分析

对接器主要应用 ϕ70mm 以上整筒泵井，对接器问题检泵61井次，占检抽油泵井的8.84%，其中对接器磨损49井次，对接爪断12井次（表6）。

表6　对接爪断井情况

泵型＼年限	1年以内	1~2年	2年以上	合计
ϕ70mm	1	4	1	6
ϕ83mm	1	1	2	4
ϕ95mm	1	0	1	2

对接爪断的12井次，平均检泵周期577d。以 ϕ83mm 对接器对接爪为例：先分析锁紧套、对接爪之间配合间隙，锁紧套内孔尺寸为 $\phi56^{+0.40}_{+0.25}$，对接爪外圆尺寸为 $\phi56^{0}_{-0.10}$，那么两件配合最大间隙为0.50mm；设计中要求中心杆对限位接头之间间隙为0.15~0.20mm，在实际工作中，在井下对接时并不是对接爪与中心杆处于一个同轴线上，那么锁紧套与对接爪有偏向一侧的现象。在抽油杆上提过程中由于中心杆的角度处台阶与对接爪的内角度台阶，受偏向力，即水平分力，向偏向0.5mm的对接爪方向加大。经过长期运行，使中心杆与限位接头之间的间隙逐渐加大，水平分力也随之增大，由于中心杆的外台阶经热处理强度较高，使对接爪的内台阶的金属材料晶格受挤压滑移，逐渐对接爪的内台阶变成一个内圆弧形状。再加上强大的上提力及过大间隙作用下，将锁紧套上端口释放台阶圆弧处裂开。认为短期内发生对接器问题与对接器质量关系比较密切，已建议厂家对其进行改进，检泵周期较长的对接器问题属于自然磨损。

对接器磨损49井次（表7），平均检泵周期511天。上述原因，锁紧套与对接爪对接后偏离一边，间隙最大为0.50mm，再加上中心杆与限位接头之间的间隙为0.15~0.20mm，那么把两个间隙同时加在运动过程中。迫使中心杆的外角度台阶与对接爪的内角度台阶产生的水平分力作用在开有5条长槽的对接爪上。因而这5个瓣受力是不均匀的。锁紧套与对接爪间隙大的一边，受力就大，抽油杆以每分钟6~12次运行。使对接爪的其中几个瓣先达到屈服极限最后磨平。已经建议厂家对其结构进行了改进，改进后共下井1970套，目前出现16套磨损。1年内发生的对接器磨损14井次，同比减少15井次。

表7　对接器磨损情况分类统计表

泵型＼年限	1年以内	1~2年	2年以上	合计
ϕ70mm	4	5	3	12
ϕ83mm	5	9	10	24
ϕ95mm	5	5	3	13

七、结论及建议

(1)针对偏磨问题,建议执行全井扶正措施配套大间隙泵组合技术,更换内喷涂油管等措施,抽油杆接箍的保护要引起重视,可考虑更换接箍的材质,同时要不断提高施工质量。

(2)针对现场对油管的疲劳程度和油管螺纹磨损程度无有效的科学检测手段,建议使用电子仪器,如油管检测仪等手段对起出的油管进行检测,提高油管检测的准确率。

(3)针对抽油杆问题,认为与抽油杆加工工艺关系密切,尤其是抽油杆过渡区淬火工艺,应对此环节进行研讨。

(4)针对三元驱卡泵问题,认为应该从源头出发,研究其结垢机理、结垢前后采出液的变化、和结垢后对采出液的长期影响。

(5)针对对接器问题,认为短期内发生对接器问题与对接器质量关系比较密切,检泵周期较长的对接器问题属于自然磨损。

参考文献

[1] 陈涛平,胡靖邦. 石油工程. 北京:石油工业出版社,2004.

作者简介:

杨柏春,大庆油田有限责任公司第二采油厂作业大队地工队现场管理,工程师。

举升系统化学防垢技术在萨南油田三元复合驱工业区块的应用

孙伟国

摘　要:统计萨南油田三元复合驱工业区块机采井检泵数据,根据检泵周期构成情况,查找影响结垢井检泵周期的原因,三元复合驱工业区块采出液钡离子浓度高以及药剂混合不均匀是防垢效果差的主要影响因素。通过室内外试验,调整化学防垢方案,优化加药工艺,见到了明显效果。

关键词:三元复合驱　化学防垢　均匀性　效果

一、三元复合驱工业区块化学防垢状况及分析

统计三元复合驱工业区块机采井检泵数据,采用化学措施防垢井65口井,二次见垢检泵周期117d,与未采用化学措施防垢井对比,延长58d。从表1看,检泵周期分布差异大,短的在60d以内,长的在180d以上,其中检泵周期60d以内的井占结垢检泵井次的20%,工业区油井结垢速率快。

表1　化学防垢井检泵周期构成表

检泵周期 T 级别	作业井次	所占比例(%)	平均检泵周期(d)
$T \leqslant 60$	9	20.00	48
$61 < T \leqslant 120$	12	26.09	78
$121 < T \leqslant 180$	15	32.61	144
$T > 181$	10	21.74	189

从表2化验数据看,萨南油田三元复合驱工业区块采出液中钡离子浓度较高,平均浓度31.7mg/L,最高达72.29mg/L,而试验区钡离子平均浓度仅为8.9mg/L,钡的相对原子质量为137.33,是钙的3.43倍、镁的5.71倍,工业区的钡离子含量远高于试验区,是工业区油井结垢速率快的主要原因。

表2　萨南油田工业区与试验区采出液离子数据对比表

区　　块	Ca^{2+}(mg/L)	Mg^{2+}(mg/L)	Ba^{2+}(mg/L)	成垢离子合计(mg/L)
试验区	32	7.6	8.9	48.5
工业区	31.5	6.9	31.7	70.1

统计离子数据与检泵周期的关系,从表3可以看出,采出液钡离子浓度越高,检泵周期越短。试验区的加药方案不适用工业区,工业区化学防垢方案应调整。

表3 不同钡离子浓度检泵周期构成表

Ba^{2+}浓度级别	作业井次	所占比例(%)	平均检泵周期(d)
10以内	11	23.91	192
10~20	9	19.57	164
20~30	10	21.74	95
30以上	16	34.78	52

工业区现场防垢药剂地面浓度为100%,采用加药箱动力连续加药,从套管进入油套环形空间,药剂与液柱混合,通过螯合、静电斥力、空间位阻、晶格畸变等作用达到防垢效果。从表4看出,化验采出液药剂浓度值均匀度越低,检泵周期越短,说明药剂在井下混合不均匀影响防垢效果,化学防垢工艺应进一步细化。

表4 化验浓度与检泵周期关系

均匀度(%)	井数	所占比例(%)	检泵周期(d)
40以下	5	10.87	42
40~60	7	15.22	71
41~60	11	23.91	101
41~80	11	23.91	139
81以上	12	26.09	171

二、影响化学防垢问题的对策

(一)调整机采井化学防垢方案

室内防垢剂浓度选择试验。模拟体系中主要离子初始含量如下:钙离子52mg/L、碳酸根134.42mg/L,碳酸氢根2207.61mg/L,钡离子50mg/L,硅酸根203mg/L。温度50℃,恒温24h。

采用SY-401防垢剂,从室内试验(表5)可以看出,防垢剂浓度100mg/L时,硅质垢防垢率为94.9%,钡质垢防垢率为91.8%,混合垢防垢率为95.65%。

表5 防垢剂防垢效果评价

防垢剂	防垢剂用量(mg/L)	硅垢防垢率(%)	钡垢防垢率(%)	混合垢防垢率(%)
SY-401	60	85.7	73.5	78.2
	80	91.2	80.3	81.4
	100	94.9	91.8	82.5
	120	—	95.2	96.1

与试验区块对比,工业区块因钡离子浓度高,加药浓度按提高20mg/L设计,依据采出液pH值、硅含量及硬度含量进行确定。加药量的变化主要根据采出液的组成(硬度、碱度、硅含量、铝含量)和pH值确定(表6)。

$$日需加药量\ w(\mathrm{kg}) = 药剂使用浓度\ n(\mathrm{mg/L}) \times 采液量\ l(\mathrm{m^3}) \times 10^{-3}$$

$$药剂浓度(\%)=\frac{药剂质量(kg)}{药剂质量(kg)+清水质量(kg)}\times 100\%$$

$$泵流量(kg/h)=\frac{日需加药量\ m(kg)}{药剂浓度\times 24(h)}$$

$$加药量(kg/T)=日需加药量\ W(kg/d)\times 加药周期(d/T)$$

$$日需加药量\ W(kg)=药剂使用浓度\ n(mg/L)\times 采液量\ l(m^3)\times 10^{-3}$$

$$药剂浓度(\%)=\frac{药剂质量(kg)}{药剂质量(kg)+清水质量(kg)}\times 100\%$$

$$泵流量(kg/h)=\frac{日需加药量\ m(kg)}{药剂浓度\times 24(h)}$$

$$加药量(kg/T)=日需加药量\ W(kg/d)\times 加药周期(d/T)$$

表6 化学防垢方案

结垢类型	药剂类型	加药时机	单井液量(t)	加药浓度(mg/L)
结垢初期(pH<9.3)	SY-401-Ⅰ	8.3<pH<9.3	<50	50+10×(pH-8)
			50~80	60+10×(pH-8)
			80~100	70+10×(pH-8)
			100~120	80+10×(pH-8)
			120~140	100+10×(pH-8)
			>140	120+10×(pH-8)
结垢中后期(pH>9.3)	SY-401-Ⅱ	pH>9.3	<50	60+10×(pH-9)
			50~80	70+10×(pH-9)
			80~100	80+10×(pH-9)
			100~120	90+10×(pH-9)
			120~140	110+10×(pH-9)
			>140	120+10×(pH-9)

(二)加药工艺的优化

1. 调整地面药剂浓度

在地面将药剂与软化水混合,地面药剂浓度67%时,782%的结垢井药剂混合均匀(均匀度在80%以上);地面药剂浓度50%时,91%的结垢井药剂混合均匀。地面药剂浓度33%时,95.2%的结垢井药剂混合均匀。考虑加药箱容积,现场将地面药剂浓度调整到50%。

2. 掺水混合工艺

应用药剂混合器,将掺水与药剂地面混合,日掺水1m^3,N5-31-P42井改进前化验采出液药剂浓度为15mg/L、100mg/L(设计为75mg/L),应用掺水混合工艺后采出液药剂浓度最大值123.4mg/L,最小值97.1mg/L(设计为100mg/L),从药剂浓度看达到了预期效果。

从检泵情况看,N5-31-P42井二次见垢检泵周期34d,改进工艺后检泵周期385d,延长了351d。2011年,推广应用掺水混合工艺6口井,应用后未作业,平均免修期超过上次检泵周期38d。

3. 冲击加药工艺

机采井电流波动大时或作业开井电流上升快，开展冲击加药，每天投加络合除垢剂 50kg，连续投加 10d，进行除垢试验。

N5－40－P38 井于 2010 年 4 月 21 日～4 月 30 日进行冲击加药试验，冲击加药前电流持续上升，上升 5A 左右，加药后电流明显下降，停药 6d 后上升到加药前电流值（图 1）。

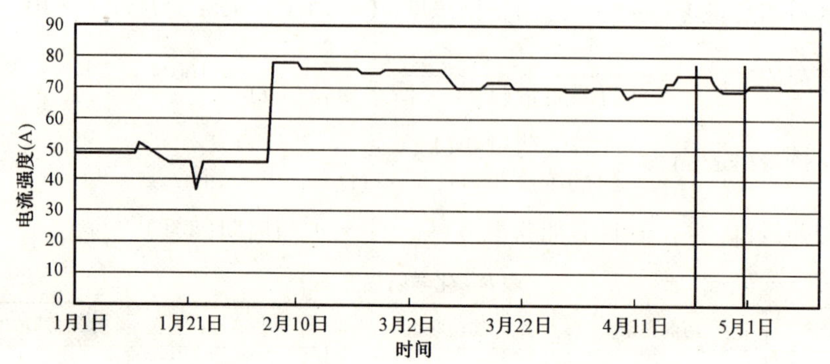

图 1　N5－40－P38 井时间与电流关系图

N6－10－P38 井于 4. 21～4. 30 开始冲击加药，加药前电流上升将近 20A，加药后电流不再上升，加药停止后电流持续上升，于 5 月 6 日杆断（图 2）。

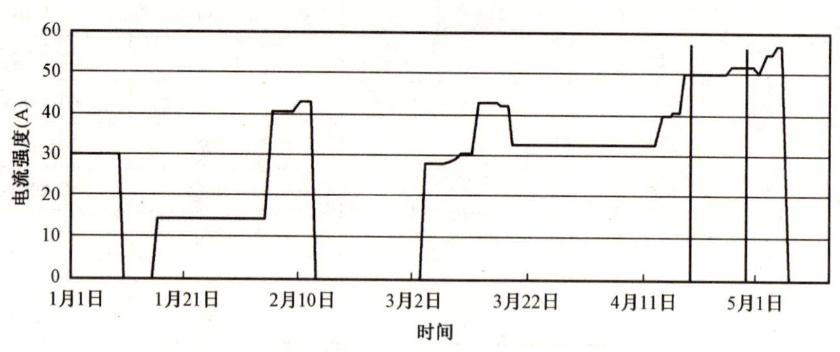

图 2　N6－10－P38 井时间与电流关系图

从冲击加药试验结果看，加药期间能够减缓电流增加速度，但停药后，电流继续上升。从冲击加药经济效益表（表 7）可以看出，检泵周期低于 30d 的井有一定的经济效益。

表 7　冲击加药经济效益评价

检泵周期(d)		20	30	40	50
加药延长 30d	药剂费用(万元)	27. 01	27. 01	27. 01	27. 01
	检泵费用(万元)	49. 64	41. 37	35. 46	31. 03
	合计(万元)	76. 65	68. 38	62. 47	58. 04
未加药	检泵费用(万元)	124. 10	82. 73	62. 05	49. 64
加药延长 60d	药剂费用(万元)	27. 01	27. 01	27. 01	27. 01
	检泵费用(万元)	31. 03	27. 58	24. 82	22. 56
	合计(万元)	58. 04	54. 59	51. 83	49. 57
未加药	检泵费用(万元)	124. 10	82. 73	62. 05	49. 64

三、三元复合驱工业区化学防垢效果

三元复合驱工业区块因垢作业加药井平均检泵周期 259d，比不加药井延长 107d，比全区重复见垢井延长 171d（表 8）。

表 8　工业区机采井检泵情况统计表

井别	加药井检泵情况		因垢作业检泵情况				
	作业井次	平均检泵周期（d）	因垢作业次数	平均检泵周期（d）	未化学措施井平均检泵周期（d）	化学措施井平均检泵周期（d）	延长检泵周期（d）
抽油机井	37	168	19	198	137	261	124
螺杆泵	38	151	19	212	183	222	39

重复见垢加药井平均检泵周期 251d，比不加药井延长 214d（表 9）。

表 9　三元复合驱工业区块加药井与不加药井检泵周期对比

未加药井平均检泵周期（d）				加药井平均检泵周期（d）			
井别	井号	一次见垢	重复见垢	井别	井号	一次见垢	重复见垢
抽油机	N5－31－P40	1369	31	抽油机	N6－20－SP36	73	209
	N5－31－P45	298	26		N5－31－SP36	79	284
螺杆泵	N5－40－P39	143	55	螺杆泵	N5－40－P46	175	261

四、结论

（1）采用化学防垢技术，应根据区块结垢特点，调整药剂配方及浓度，萨南油田工业化区块高产液量井提高了药剂浓度，确保药剂在预防采出液中硅、钙、镁、钡结垢方面成效显著。

（2）药剂混合均匀性影响化学防垢效果，混合越均匀，防垢效果越好。现场试验发现，地面加入同量的 50% 药剂比加入纯药混合均均，应用掺水混合工艺，能够提高药剂混合均匀性，有效发挥药剂作用。

（3）三元复合驱工业化区块化学防垢效果明显，在无清垢措施的情况下，加药井平均检泵周期 259d，比不加药井延长 107d，比全区重复见垢井延长 171d。

（4）电流上升幅度大的结垢井，应用冲击加药工艺，检泵周期低于 30d 的井有一定的经济效益，单井年降成本在 20 万以上。

参 考 文 献

[1] 程杰成，廖广志，杨振宇，李群，姚玉明，徐典平．大庆油田三元复合驱矿场试验综述．大庆石油地质与开发，2001，(02)：46－50.

[2] 刘东升，李金玲，李天德，郑彦，张新，王玮．强碱三元复合驱硅结垢特点及防垢措施研究．石油学报，2007，(05)：47－51.

作者简介：

孙伟国，男，工程师，大庆油田有限责任公司第二采油厂第四作业区经理，电话：0459－5292123，邮箱：sunweiguo@ petrochina. com. cn。

统计钻降递减率
分析其影响因素及控制的有效途径

郭佳乐

摘　要:本文通过统计钻降区块不同产量井的自然递减率,分析高、中、低产井的共同特征,找出其加大递减的主要影响因素,并针对主要影响因素研究其控制递减的有效途径,为今后降低钻降影响、控制钻降区块递减提供可借鉴的依据。

关键词:统计递减率　含水上升率　地层压力　递减率控制

一、引言

钻井区域因注水井的停注,自然递减率不断加大,统计其钻停期间不同产量井的自然递减率,找出不同产量井的共同特征,分析总结规律,得出影响递减率的主要因素,区域间地层压力变化幅度大、钻降恢复过程中含水上升速度快,钻降影响产油量增多。在 2009 年 9 月到 2010 年 10 月区块钻井过程中,结合不同井区的动静态特点,实施了不同的控制递减方案,最大程度降低了钻降影响。

二、统计分析不同产量井的自然递减率及其特征

(一)统计不同产量井钻停期间递减率情况

统计钻停区块的 94 口采油井的自然递减率,统计情况如表 1,其中高产井 33 口(日产油≥5t),加大递减 7.38 个百分点;中产井 45 口(2t < 日产油 < 5t),加大递减 4.15 个百分点;低产井 16 口(日产油≤2t),加大递减 3.05 个百分点。经统计数据得出,高产井在钻停期间加大递减最为严重,其次是中产井,而高产井和中产井占总井数的 83%,可见是加大递减的主要原因。

表 1　不同产量井钻停期间递减率情况

分类	日产油量(t)	井数(口)	钻停前				钻停期间				2009 年自然递减率	2010 年自然递减率	相差百分点
			液(t)	油(t)	含水(%)	沉没度(m)	液(t)	油(t)	含水(%)	沉没度(m)			
高产井	≥5	33	69.5	8.1	88.3	336.7	62.1	7.5	87.9	320.9	1.68	9.06	7.38
中产井	2 < X < 5	45	45.7	3.7	91.9	323.5	38.9	3.3	91.5	220.4	10.25	14.4	4.15
低产井	≤2	16	27.5	1.9	93.1	421.8	18.8	1.4	92.6	351.5	19.41	22.46	3.05

(二)结合统计数据,分析不同产量井的共同特征

统计 33 口高产井,钻停期间的含水上升速度较快,含水上升率达到 0.93%,其中钻停期间测得的 9 口地层压力,总压差都偏低,达到 -3.2MPa,并发现 1 口套损井;统计 45 口中产井,钻停期间的含水上升率较高产井低,达到 0.8%,测得的 9 口地层压力,总压差都达到 -2.9MPa,其中发现 2 口套损井;统计 16 口低产井,钻停期间的含水上升速度普遍较慢,含水

上升率 0.02%，其中测得 2 口地层压力，总压差达到 -1MPa，统计情况如表 2 所示。

表 2　高、中、低产井的含水上升率和总压差变化情况表

分　类	高产井	中产井	低产井
井数(口)	33	45	16
2009 年自然递减率	1.68	10.25	19.41
2010 年自然递减率	9.06	14.4	22.46
加大百分点(%)	7.38	4.15	3.05
含水上升率(%)	0.93	0.8	0.02
总压差(MPa)	-3.2	-2.9	-1
套损井数(口)	1	2	1

三、总结分析影响钻降递减率的主要因素

由以上统计不同产量井递减率的数据得出，其递减规律是多因素共同作用的综合反映，根据统计数据分析得出，影响钻降区自然递减的主要是钻降过程中单层突进的控制程度引起的含水上升率变化，地层压力变化引起的液量变化，区块套损井数的多少。

(一)钻降自然递减率与含水上升率成正比

根据递减率的定义也可以得出，产量递减率与含水上升率间的关系，即

$$D_t = \frac{1 - f_{wt}}{1 - f_{wt-1}}(B_{wt}v_{It} - a_t)$$

式中　D_t——第 t 年递减率，%；

f_{wt}、f_{wt-1}——第 t 年含水率，%；

v_{It}——采液速度，%；

a_t——采液增长率，%。

在生产井数和生产压差一定的条件下，影响递减率大小的主要因素是油相相对渗透率，而油相相对渗透率是随着含水的上升而下降的，因而反映到开发指标上，如图 1 所示，产量递减直接受含水上升率影响，而钻降恢复过程的单层突进控制程度决定了含水上升率的多少。区

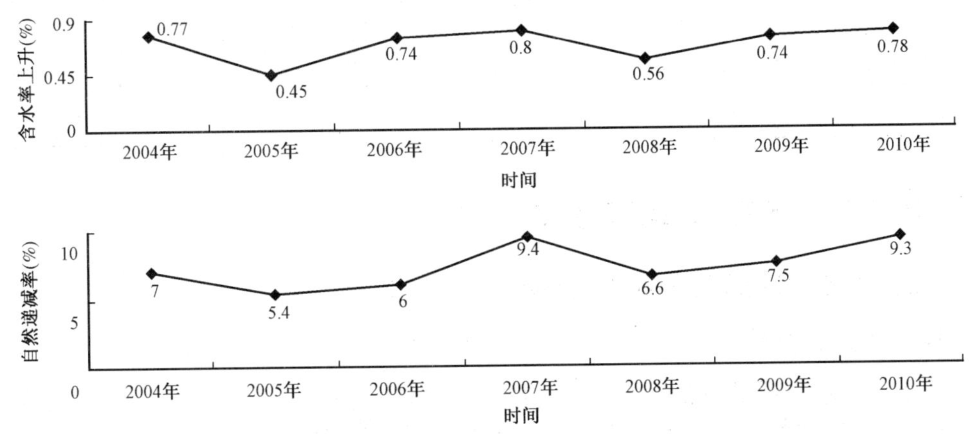

图 1　含水率上升与自然递减率曲线

块差油层渗透率低，动用程度只有45%，层间矛盾突出，钻降恢复注水后，水线注入不均匀，注水量及注入速度难控制，至使单层突进造成含水上升速度加快。

（二）钻降递减率受产液及地层压力变化幅度影响

钻井降压关井一段时间后，地层压力下降，在生产井数一定的条件下，地层压力的下降造成油井产液量下降。从2009年上半年钻关区块测的地层压力来看，高产井和中产井的压差较大，把总压差分为5个级别，如表3所示，小于－1.0MPa占测压总井数的76.2%，－1.0～－0.5MPa占14.3%，－0.5～0.5MPa占0%，由此得出钻关区块钻前低压占90.5%，以低压为主，低压对产量递减影响较大。

表3 钻关影响采油井测压级别分类

井网	总井数（口）	＜－1.0MPa		－1.0～－0.5MPa		－0.5～0.5MPa		0.5～1.0MPa		＞1.0MPa	
		井数（口）	比例（%）	井数（口）	比例（%）	井数（口）	比例（%）	井数（口）	比例（%）	井数（口）	比例（%）
一次井	27	15	55.6	4	14.8	2	7.4	6	22.2	0	0
二次井	21	16	76.2	3	14.3	0	0	2	9.5	0	0
合计	48	31	64.6	7	14.6	2	4.2	8	16.7	0	0

（三）套损井数增多，加大钻降自然递减率

钻井降压及恢复注水过程中，由于开关井及恢复注水造成压力差异加大，极易诱发套损，统计2001年到2010年十年间油水井套损情况如表4所示，采油井套损直接影响油量，注水井套损关井或控制注水影响周围采油井产量下降，进一步加大递减率，有效控制钻降过程中的套损率是控制钻降递减率的有效方案。

表4 油水井历年套损统计表

井别		2001年	2002年	2003年	2004年	2005年	2006年	2007年	2008年	2009年	2010年
注水井	新增	5	1	1	—	2	5	1	3	4	1
	加剧	—	—	—	—	—	—	—	—	—	—
油井	新增	4	4	—	1	2	2	2	1	3	3
	加剧	—	1	—	1	—	1	—	—	1	—
合计		9	6	1	2	4	8	3	4	8	4

四、控制钻降递减率的有效途径

（一）注水井方案调整、化学调剖，控制含水上升速度

1. 注水井方案调整

为缓解区块递减，提高低渗透层的注入量，并根据钻关过程中钻关井周围油井含水变化，对钻关期间含水下降幅度大的采油井周围注水井的高含水层适当减水，控制钻关恢复含水上升速度，对于以往吸水不好的层，钻关后吸水能力变好的适当提水，共制定21口井注水方案调

整,如表5所示,配注增加225m³/d,日实注增加244m³。见效后日增液66t,日增油15.4t,含水下降0.5个百分点,含水上升速度得到了有效控制,减缓了区块递减上升。

表5 钻关井恢复注水测试方案调整情况

调整类型	井数(口)	钻关前(2009年9月)		钻关后(2010年10月)		差值	
		配注(m^3/d)	实注(m^3/d)	配注(m^3/d)	实注(m^3/d)	配注(m^3/d)	实注(m^3/d)
上调	20	1735	1450	2000	1709	265	259
下调	1	90	55	50	40	-40	-15
小计	21	1825	1505	2050	1749	225	244

2. 化学调剖控含水

针对高含水井区层间矛盾较大的5口注水井实施化学调剖,调剖前后对比,注水压力上升0.41MPa,日注水下降130m³,视吸水指数下降1.2m³/MPa,井区连同17口未措施采油井见到注水效果,日产液量下降12t,日增油0.2t,含水下降0.32个百分点,控制含水上升速度,弥补了产量递减。

(二)钻停前后做好各方面保压工作,避免压力大幅波动加大产量递减

1. 钻停前的保压工作

钻关前,对低压区块实施压力调整方案,提前增注。低压对产量递减影响较大,为了保证加密井的固井质量,在2009年上半年录取的分层测压资料分析基础上,结合下半年注水井测试时机和其他区块钻关经验,认真分析钻关区块的压力状况,其中针对地层压力较低的8口钻关区块的压力调整方案,配注增加105m³,为钻停提前注水打下了良好的基础。

2. 钻停时的降压要求

对钻新井相邻450m以内的注水井,要进行停注或放地下溢流。降压具体要求为:300m以内注水井油压要下降至2MPa以下,一般区块压力控制在1.5MPa左右;300~450m内的注水井油压要下降至3MPa以下,区块压力控制在2.5MPa左右,这时新井方能开钻(对方溢流井要以停止放溢流后恢复压力为准)。

3. 钻停过程中及恢复期间的保压工作

钻降区注水井关井后,为避免泄压太快,形成局部压降,及时分析区块油水井生产动态,针对供液不足井区采取下调参数、间抽,同井场实施保压关井等手段,平衡区块间压力差异。

在钻降及恢复期间,加大压力监测力度,对7口井采取下调参数,根据压降情况对5口沉没度低于100m油井采取保压措施进行间抽,通过这些工作控制了低压区下降速度。钻停期间测静压4口井,平均地层压力7.51MPa,与正常时对比下降0.59MPa。

4. 注水井开井后分步恢复注水

为合理恢复地层压力,避免地层压力的突升突降,预防套损的发生,对钻降开井后,注水井严格按方案执行分步恢复注水,如表6所示,同时控制钻恢初期压力回升速度,保持压力的总体平衡,使压力低于钻前0.5MPa。恢复到原注水量超过注水误差的井,属于油层吸水发生变化,要求及时测试、调整。

表 6　恢复注水方案

<table>
<tr><th rowspan="2">停注天数</th><th rowspan="2">日注水（m^3）</th><th colspan="2">第一阶段</th><th colspan="2">第二阶段</th><th colspan="2">第三阶段</th><th colspan="2">第四阶段</th></tr>
<tr><th>比例（%）</th><th>天数</th><th>比例（%）</th><th>天数</th><th>比例（%）</th><th>天数</th><th>比例（%）</th><th>天数</th></tr>
<tr><td rowspan="2">$t<15$</td><td rowspan="2">—</td><td rowspan="2">50</td><td rowspan="2">1</td><td rowspan="2">70</td><td rowspan="2">2</td><td rowspan="2">100</td><td rowspan="2">3</td><td>—</td><td>—</td></tr>
<tr><td>—</td><td>—</td></tr>
<tr><td rowspan="2">$15<t<30$</td><td rowspan="2">—</td><td rowspan="2">50</td><td rowspan="2">1～5</td><td rowspan="2">70</td><td rowspan="2">6～10</td><td rowspan="2">100</td><td rowspan="2">>11</td><td>—</td><td>—</td></tr>
<tr><td>—</td><td>—</td></tr>
<tr><td rowspan="2">$t>30$</td><td><300</td><td>50</td><td>1～15</td><td>70</td><td>15～30</td><td>100</td><td>—</td><td>—</td><td>—</td></tr>
<tr><td>>300</td><td>30</td><td>1～10</td><td>50</td><td>11～20</td><td>70</td><td>20～30</td><td>100</td><td>>31</td></tr>
</table>

（三）钻井过程中采取套管防护措施，套损形式得到了有效的控制

为了防止冬季冻井口及来水管线的钻停井（油压小于3.0MPa），对达到降压要求的井也要放溢流，要以不冻井口和来水管线为原则。对放地下溢流井要防止放溢流闸门开的较小，来水较大，造成部分水注入地层的“假地下溢流”现象，要求开大放溢流闸门，由总闸门控制地下溢流量；地面管线溢流由配水站来水闸门控制，一般溢流量控制在20m^3/d左右，严禁超过30m^3/d，具体操作要求如表7所示。

表 7　钻关及恢复措施表

目的	措施	执行情况
平稳泄压	先控注再关井、控制溢流量	注入量大于300m^3/d井，恢复注水周期为4个阶段
避免注水井反复关井	成片钻井	和有关部门协调
避免泄压太快，形成局部压降	油井关井、间抽、下调参数	对低压区域，采取保压措施，对采出井加密监测动液面变化，及时调整参数，当沉没度低于100m时，开始间抽、关井保压
钻恢地层压力平稳回升	分阶段恢复注水	根据钻恢期间地层压力监测情况、高压区块，适当延长注水恢复时间

在整个钻井过程中，为防止钻井初期泄压过快，钻井恢复过程中升压幅度过大等，造成的区块套损，我们采取如表7措施，整个钻井期间未出现新发生的套损井，有效避免了压力不均衡引发的套损。套损井数较2009年相比，得到了有效的控制。

五、结论

（1）统计高、中、低产量井的自然递减率、分析其不同产量井的共同特征，从而得出影响钻降区自然递减的主要因素是含水上升率变化、地层压力的变化、套损井数的多少。

（2）钻停关井后，实施方案调整，化学调剖等措施，可有效的控制含水上升率。

（3）钻停关井前，做好各项保压工作，钻停恢复时注水量根据区块压力等实际情况，分阶段平稳恢复注水，可以有效控制含水上升减缓产量递减。

（4）钻井过程中采取套管防护措施，套损形式得到了有效控制。

参考文献

[1] 王家华,赵巍. 地质统计学方法研究. 地质科技报,2005-01-10(1).
[2] 郑俊德,张洪亮. 油气田开发与开采. 北京:石油工业出版社,1998. 221-223.
[3] 塔雪峰. 油田开发过程中压力系统调整的做法及效果分析. 今日科苑,2010,(02).

作者简介:

郭佳乐:女,1985年12月8日出生,籍贯吉林省松原市,2008年毕业于东北石油大学,大庆油田有限责任公司第二采油厂第五作业区地工队动态分析室,现从事油藏开发研究工作。

探索降低自耗天然气的途径

耿桂凤　赵宇鑫

摘　要:此文意在阐述降低天然气的损耗量,通过逐步分析找出天然气损耗的原因,制定可行措施,达到有效控制自耗天然气量的目的。

关键词:天然气　消耗　控制　节约

一、引言

随着石油经济形势的日趋严峻,降低成本,重视环保已经成为事关石油企业生死存亡的头等大事。使企业摆脱困境?降低成本,重视安全环保是企业生存发展的永恒主题。大气候、大环境让原油伴生的的天然气摆上了台面,4000×10^4t 的油气当量的提法也提升天然气地位,原来单纯的石油开采改变成到油气并重南三区。天然气的应用范围在被强化扩大,据统计,2010年前 11 个月,天然气产量、消费量分别比上年增长 8% 和 11%。过去几年,是电力、煤炭供应紧张。现在,天然气供应紧张情况时不时冒出来,日益成为能源供应上的一大瓶颈,被需要才会被重视,天然气商品化进程的进程也体现着这一规律。我们作为天然气生产链上最前端的小区块由过去单纯追求产量指标扭转为在油气均为领导绩效考核的效益指标。基层企业的决策者重视了,谋划天然气的的产量动力来了。如何提高外输量?如何降低输送过程的损耗?如何降低自耗的天然气量?从而降低生产成本,达到提高效益,天然气生产、天然气的输送等同原油生产一样也被纳入工作重点。

二、天然气产、耗状况及存在的问题

天然气是一种多组分的混合气体,主要成分是烷烃,其中甲烷占绝大多数,另有少量的乙烷、丙烷和丁烷,此外一般还含有硫化氢、二氧化碳、氮和水气,以及微量的惰性气体,如氦和氩等。在标准状况下,甲烷至丁烷以气体状态存在,戊烷以上为液体。天然气在燃烧过程中产生的二氧化碳仅为煤的 40% 左右,产生的二氧化硫也很少。天然气燃烧后无废渣、废水产生,相较于煤炭、石油等能源具有使用安全、热值高、洁净等优势[1]。自身的优势势必推动其使用价值的提升,作为天然气生产单位让生产出来的天然气让其最大限度的发挥效能,努力减少生产、输送过程的损耗量。以往因是自家产,自家用,生产过程中自耗天然气不被重视,消耗量非常大,最近几年企业开始精细管理,节能降耗量凸显,天然气消耗潜力也逐步显现出来了。

南三区年天然气产量 $6677 \times 10^4 m^3$,商品量 $5064 \times 10^4 m^3$,自耗天然气 $1707.3 \times 10^4 m^3$,由以上数字可以看出 34.35% 天然气被消耗掉了(由于是内部消耗,这个数字是比较保守的),仅这就是一个令人心痛的数字,这才是一年的天然气消耗量。以下是统计的历年累计天然气产量 $65555.8 \times 10^4 m^3$,历年累计外输天然气 $52492.4 \times 10^4 m^3$,历年累计自耗气 $13149.8 \times 10^4 m^3$。

由表1中基础数据看出南三区天然气产量已上亿立方米，外输天然气量趋势平稳，随着管理水平的提高，特别是近几年夏季原油改成常温集输，自耗天然量下降明显，尽管科技进步，生产管理越来越精细，改造的设备越来越先进，拿最后一个年度损耗率18.15%耗气量来说仍然是惊人的。本着厉行节约，充分挖潜，降低天然气损耗，保护环境成为势在必行的发展趋势。

表1 南三区天然气生产消耗情况统计表

统计年份	天然气产量（10^4m^3）	外输气量（10^4m^3）	天然气商品量（10^4m^3）	天然气商品率（%）	自耗天然气（10^4m^3）	自耗气所占有比例（%）
2003	6677.1	4969.8	5064	75.84	1707.3	34.35
2004	6675.3	5016.9	5172	77.48	1658.4	33.06
2005	6436.2	4918.8	4701	73.04	1517.4	30.85
2006	9804.6	7653.7	7721	78.75	2150.9	28.1
2007	9919.1	8008.6	5463	55.08	1910.5	23.86
2008	9764.6	8089	7193	73.66	1675.6	20.71
2009	7199	6077.6	4360	60.56	1121.4	18.45
2010	9166.3	7758	5073	55.34	1408.3	18.15

三、控制天然气消耗效果分析

要想减少天然气消耗，先查天然气使用情况，找天然气损耗原因。对自耗气量进行“横纵向解剖”找出降低天然气的途径，实施堵漏疏导具体措施全方位的抓效果。对南三区油气集输基层单位逐一落实耗情况，找出生产中合理天然气使用量，查出是天然耗气大项（表2）。从主要矛盾抓起，努力降低自耗气。

表2 南三区一年天然气消耗统计表　（单位：10^4m^3）

站名	自耗天然气总量	生产用	洗井用	冬季采暖用	食堂及正常用气
聚A	278.9	191.8	18.45	93.50	68.65
聚B	263.3	186.5	22.73	84.70	54.07
聚C	212.4	138.3	22.07	71.50	52.03
D	134.2	86.9	6.96	46.90	40.34
E	101.2	54.5	5.90	52.70	40.80
F	132	64.3	16.48	57.30	51.22
G	159	79.8	13.45	62.40	65.75
聚H	213.9	125.6	12.61	71.30	75.69
M	203.4	128.7	5.36	69.50	69.34
合计	1698.3	1056.4	124.009	609.8	517.891

（一）生产中必须消耗的天然气量

人所共知大庆原油“三高”（含蜡高，黏度高，凝固点高），其中溶点高直接影响着原油的集输，小站流程中最关键的环节是将中转站量油罐沉降下的污水加热后由泵打入井口的掺水管线,提高井口产液温度,减少输送过程中的阻力,虽然夏季采用常温输送,加热掺水仍是目前解决生产环节的措施之一,提高掺水温度这部分自耗天然气是维持正常生产所必需的,表 2 中生产消耗的天然气虽然占总耗气量的 470%,但通过精细管理仍然有结余空间。

夏季还存在为提高检泵周期的定期清洗生产井所需要的提升温度的热水等,仍是是生产井中产出的天然气,这就是前面提到的中转站自耗天然气(图 1)。仅此一项 10 座中转站每年就消耗量 $124.01\times10^4m^3$。加上联合站每年自耗天然气 $90\times10^4m^3$ 改低温输送后天然气已经有所降低了),此项用气所占比只有 5%,但结余空间大。

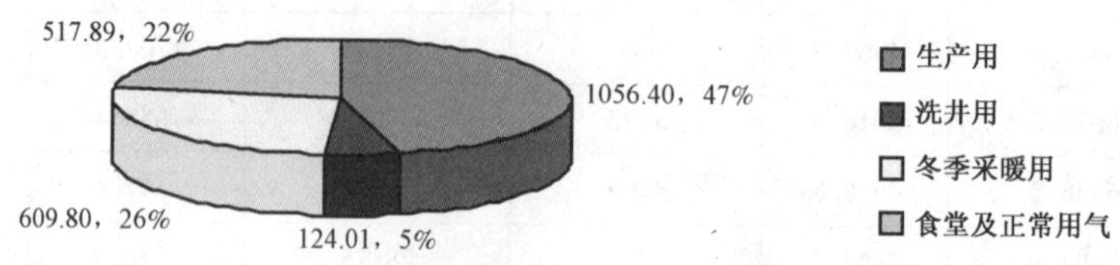

图 1 天然气消耗比例

另一种耗气是分散在全作业区辖属 $70.58km^2$ 上的 11 个基层队冬季采暖所消耗的天然气,附表 3 全年共有 5 个月需要损耗掉队 $609.8\times10^4m^3$ 的天然气(这其中有 4 座中转站全年用返干气),增加环保意识,仍有结余空间。

每年夏季有近一个月的检修期及检修后恢复期,系统压了不平稳,造成外输天然气不正常近 40d,加之深冷处理经常出现故障导致外输压力不小于 0.18MPa 时,生产井必须采取放空天然气,2010 年同期比天然气少输出 $453.89\times10^4m^3$。井口停机检修及管线漏失等原因消耗的天然气年计 $54\times10^4m^3$,这部分消耗的天然气通过天然气公司分厂深冷处理技术改造仍有结余空间。

(二)通过科学管理及技术改造可避免的天然气损耗

(1)众所周知,天然气的集输需要密闭环境的,近几年虽然老区改造投入的力度已经很大了,但目前仍有许多管线腐蚀严重,现有油井生产管线 5538m 急需要更换,每年流失的天然气达 $25\times10^4m^3$,不仅造成浪费,影响了环保。

(2)存在天然气外输流程的不合理。区块系统地处萨南油田的腹部,距离天然气公司分厂较近,没有外输天然气增压装置,天然气外输靠的是输送的系统的自身压力,夏季天然气萨南处理厂每年的例行检修及故障时,系统输气压力不小于 0.2MPa 时,联合站天然气外输依靠自身的输送压力,无法并入整个输送系统,天然气输送非常困难了,油井回压高无法正常生产,影响了正常的油气生产。近几年天然气放空的时间在逐渐缩短,上级管理部门一直在协调改变这种现象。

(3)辖属的东部一个采用采油队进入冬季生产后外输天气管线经常发生冻堵,近两年冬季有时连续 4 个月无法外输天然气,而流程的改造需要投入产出的反复论证,给南三区外输天然气造成了直接损失。小队食堂及有正规用气手续的其他单位这几年通过改造返输干气,天然气自耗量在逐年下降。

四、节约天然气途径

针对上述分析,油田调整供气方式。首先将外供天然气量、吨液耗气计划纳入了领导绩效考核指标,外输天然气运行计划按月组织下达。月底纳入奖金考核之中。由于历史的原因,在生产过程中重油轻气现象一直存在。近几年来油公司的成本战略,安全环保意识的强化,触动决策者的过紧日子的思想,一系列的督促考核办法的出台,促成了基层管理方法精细化。为鼓励多输天然气采用以收抵支的方法,内外部形势使基层管理者痛下决心在天然气上做文章。从思想上扭转“重油轻气”现象。

(一)对天然气重视程度的提高

加强油气监管力度,南三区负责输送环节现场管理控制吨油耗气指标的考核,计量管理负责仪器仪表日产监督与管理,计划统计管理负责分队外输、自耗天然气数据统计与考核。不定期抽查、检查辖内“用气户”使用情况,对不符合用气手续的私接、乱搭的用户坚决取缔。

(二)改变生产中的不合理流程

目前的油井洗井仍然是洗1口井整个系统提温,造成能源的严重浪费,如果改成点对点的洗井或探讨出其他洗井模式,仅此一项就为小区块节约天然气 $100\times10^4 m^3$。

(三)环保的参与及QHSE管理体系的运行

近年来质量、安全、健康、环保体系在石油企业中全面铺开,员工们充分认识到环境保护重要,有跑、漏现象及时处理汇报,既节约气又保护自己周边环境,有利于自己的身心健康。

(四)环保设施投入力度加大

中转站实施低温输送管理办法的实施,各基层采油队通过中转站系统压力的建立,改以往的依靠提升掺水温度减少原油输送阻力。夏季一律采用小火烘炉,降低吨油天然气单耗。天然气外输和自耗气纳入月度奖金考核。从效益上与基层队挂钩。

近几年加大改造中转站采暖炉、加热炉炉效的力度,充分提高了炉效能,使之超过80%,不仅充分利用了天然气的热能还有效的节约了天然气量,降低了天然气的自耗。

规定基层队采暖室温不能超过摄氏22℃,能用一台炉坚决不能再点其他炉,如掺水温度达不到42℃需经南三区经理亲自核实签字后方可点炉。联合站自耗天然气指标也成为队长年底考核指标,通过采取以上措施,2010年投产了两个注聚队,一个采油队,供油公司天然气量仍然达到 $5073\times10^4 m^3$。

五、结论

(1)天然气节约潜力大,调动一切力量减少天然气自耗量,提高天然气商品量。

(2)生产过程中消耗掉的天然气要进一步压缩,从而有效降低生产成本。

(3)堵住生产过程中天然气的“跑、冒、渗、漏”注重安全环保生产,保护生产的环境,用安全、健康、环保营造和谐南三区,进而为我国节能减排做出更大的贡献。

参考文献

[1] 周修杰. 2011—2015年中国天然气工业投资分析及前景预测报告. http://www.ocn.com.cn.

作者简介:

耿桂凤,大庆油田有限责任公司第二采油厂第六作业区计划统计管理,职称:经济师。

赵宇鑫,大庆油田有限责任公司第二采油厂第五作业区43队队长,职称:助理工程师。

统计分析方法在三元复合驱动态分析中的应用及效果

王丽丹

摘　要:在三元复合驱油现场试验的动态分析及现场管理过程中,通过应用统计分析方法,将大量数据信息进行回归统计,提高了分析的准确性、及时性,确保现场制定切实可行的方案。本文总结了统计分析方法在试验中的应用情况及效果,为动态分析人员更准确、高效地开展研究工作提供借鉴。

关键词:统计分析　三元复合驱　动态分析

一、引言

统计分析方法是油田开发工作者进行动态分析及现场管理的重要手段之一。它是一种比较科学、精确和客观的测评方法,运用统计方法、定量与定性的结合是统计分析的重要特征,同时,要求数据必须具有连续性、准确性。在试验过程中,为保证分析的可靠性,必须录取大量的连续数据。为此,制定周期性的资料录取是前提。例如,每季度录取一次注采井剖面资料,压力资料,每天进行注入井压力、流量、浓度、黏度等指标监测,采出井每天进行电流、产量、含水等指标监测。

二、统计分析方法应用及效果

在三元复合驱开发分析过程中,使用较多的统计分析方法有图表测评法、数学模型法及指标评分法等。

(一)图表测评法

该方法主要是在分析过程中,应用表格、各类图形,对收集的数据进行回归统计,寻找规律。

1. 表格法

通过列表,可以定量进行对比分析。例如,在开发过程中,油层动用程度高低直接影响试验效果。因此在分析过程中,需要准确评价各小层不同阶段的动用状况,为效果评价及挖潜提供依据。试验区在注入井600余井次定期剖面测试数据的统计基础上,利用表格的形式进行对比统计,可以看出不同时期阶段、不同小层的吸水层数、吸水厚度比例、吸水比例等各项指标的对比数据。通过三元复合驱不同阶段吸水状况差异统计,对比分析,三元驱后吸水厚度比例比水驱阶段增加31.1个百分点,吸水层数增加39个小层,可分析出动用状况改善明显。纵向上五个小层对比,葡$I2_2$层和葡$I2_3$层动用程度最好,为主要吸水层,吸水比例达到80%左右(表1)。通过表格法统计,对比项目直观,可以横向及纵向同时进行对比,并且实现定量化。

表 1　南五区三元试验区吸水剖面统计表

层位	空白水驱			前置聚合物驱			三元主段塞 2007 年 12 月			三元主段塞 2008 年 3 月		
	吸水层数	厚度比例(%)	吸水比例(%)	吸水层数	厚度比例(%)	吸水比例(%)	吸水层数	厚度比例(%)	吸水比例(%)	吸水层数	厚度比例(%)	吸水比例(%)
葡 I 1_1	4	31.2	1.4	7	66.9	1.4	11	98.8	4.4	10	97.5	6.6
葡 I 1_2	4	53.1	5.3	6	40.4	3.3	10	96.6	5.7	11	90.3	6.2
葡 I 2_1	5	22.8	5.5	6	74.3	6.2	10	91.7	5.7	12	88.7	7.3
葡 I 2_2	22	79.6	50	21	83.1	34.6	27	95.4	32.7	27	99.7	31.9
葡 I 2_3	15	71.3	37.8	24	91.9	54.5	26	92.1	51.5	29	100	48

2. 图形法

按照“定性—定量—定性”的顺序，做到定量分析与定性分析巧妙结合，这就是统计分析技巧。首先是通过定性分析，选择适当的统计分析方法，继而进行定量分析。有些最后还要落脚到定性分析。在三元复合驱试验分析过程中，常用的图形包括曲线图、柱状图及饼状图等等。通过对数据分析整理，形成曲线图进行对比，比较直观，趋势性明显，更易于总结规律及对比差异，进行定性评价。一般用于两至三项对比。例如，在进行试验区注入能力分析时，为了更好地说明三元复合驱的注入能力变化情况，需要与地质条件相似的聚驱区块进行对比。为此，通过绘制曲线图对比能够较直观地说明问题。利用不同颜色代表不同的区块，通过曲线的上升、下降幅度，可以明显看出，试验区压力上升幅度、视吸水指数的下降幅度要高于南五西聚驱区块，说明试验区的注入能力下降幅度大（图 1）。而柱状图，一般用于多项对比。例如，在进行试验区不同小层油层条件的对比过程中，可以利用柱状图分析，不同颜色代表不同沉积类型，葡 $I2_2$ 层和葡 $I2_3$ 层河道砂钻遇率达到 80% 左右，发育最好（图 2）。

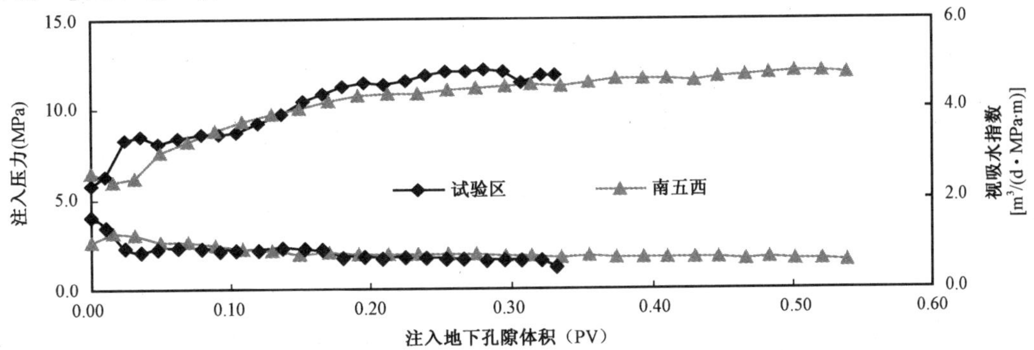

图 1　试验区与聚驱区块注采能力对比曲线

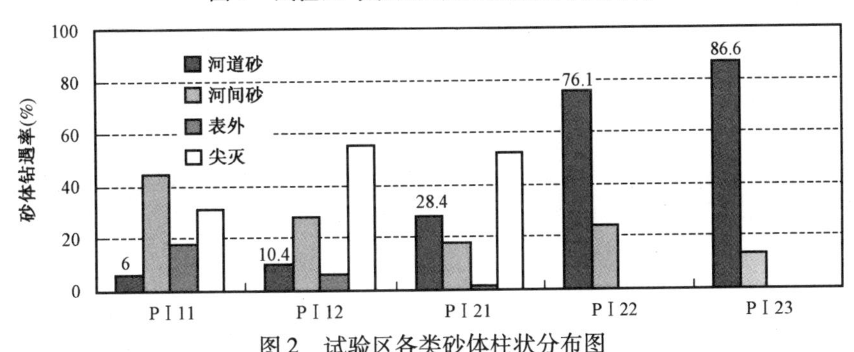

图 2　试验区各类砂体柱状分布图

（二）数学模型法

数学模型是用符号、函数关系将评价目标和内容系统规定下来，并把互相间的变化关系通过数学公式表达出来。数学模型所表达的内容可以是定量的，也可以是定性的，但必须以定量的方式体现出来。因此，数学模型法的操作方式偏向于定量形式。

数学模型法的基本特征，一是评价问题抽象化和仿真化；二是各参数是由与评价对象有关的因素构成的；三是要表明各有关因素之间的关系。因此，建立模型时，必须真实的、系统的、完整的反映客观现象，必须具有代表性；具有外推性，即能得到原型客体的信息，在模型的研究实验时，能得到关于原型客体的原因。

在三元复合驱动态分析中，我们应用建立数学模型的方法，能够对试验效果进行预测拟合，指导下步调整，取得了较好的效果。首先，在建立模型时，选择具有典型性的井组及区块数据（有时间及精力的情况下，用尽可能多的数据），在模型计算时，周全考虑开发过程中的各项油藏因素。图 3、图 4、图 5 为建立三元复合驱水驱模型时区块的选择，我们选择外圈建立地质模型，包括试验区的所有井及周边的井，具有代表性。

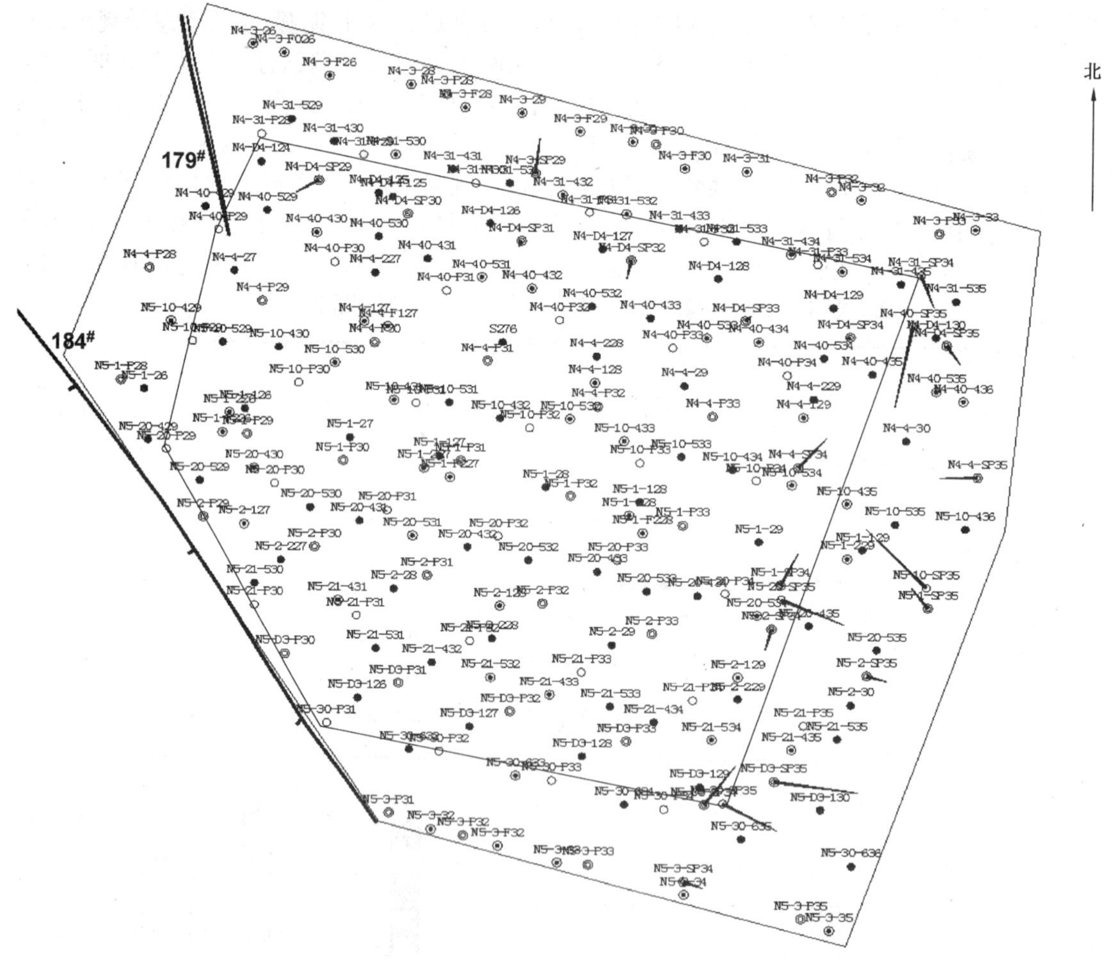

图 3　模拟区和试验区范围（软件截图）

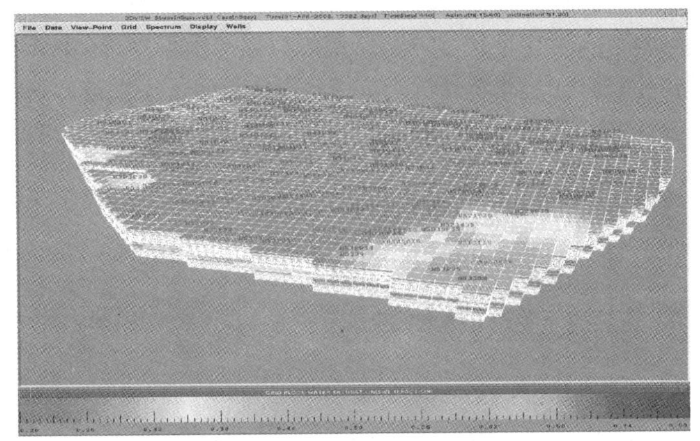

图 4　模拟区 S + PⅡ油层三维地质模型（软件截图）

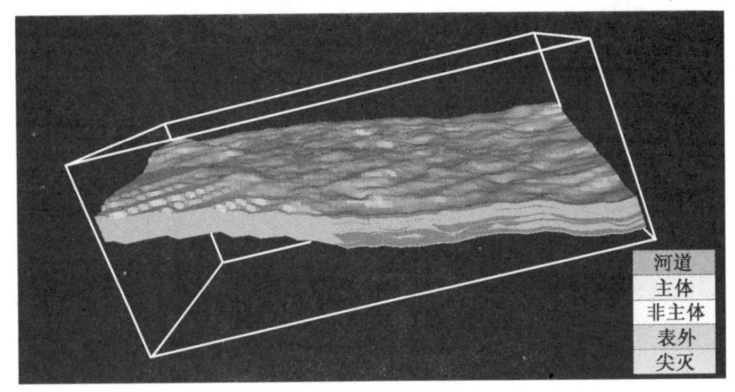

图 5　三元试验区三维地质模型（软件截图）

此外，在建立模型及计算过程中，还收集了各个时间阶段的单井措施、地层压力等资料。在初始化运行基础上，在历史拟合时选择了单井及全区的综合含水、地层压力作为拟合指标，同时还考虑了见水时间、累计产液量和累计注水量的拟合。对于南北边界的水井排，采用定压控制的方法处理，对于东西边界的井，对其产液量进行劈分处理。结合地质因素，对数据的导纳处理，保证了模型预测拟合的精度。

（三）指标评分法

指标评分法是以百分为满分，把分析对象划分为若干个指标，赋予每个指标一定的分值，评价时对每个指标分别打分，最后累计出总分。指标评分法应用在动态分析的资料管理中，使量化指标明确。例如，假设将企业日常管理作为一个指标，占 10 分，评价者可根据实际情况给该项指标评出 10 分之内的一个具体分值，如 3 分、2 分或 9 分、7 分，等等。

为了保证数据准确无误，在现场试验动态管理过程中，经常会进行数据核实，例如，对注入压力、流量，采出井液量、含水等数据，每月至少核实两次，数据量较大，为此，在将数据分类统计后，按照核实后的合格率，对资料管理进行评分。该方法应用在资料管理中，直观并量化了现场管理水平。

三、结论

（1）统计分析方法在现场试验管理及分析中应用，能够及时无误地对数据进行处理、归类及分析，做到定性、定量进行对比分析，保证了试验数据分析及现场管理的高效准确。

（2）在现场试验过程中，为保证统计分析所用的数据准确可靠，需要录取大量连续的各项资料。并且，在数据应用过程中，动态分析人员应该对数据的可用性进行筛选。

参考文献

[1] 刘红．略论统计分析方法．现代商业，2008，(30)：279－280.

作者简介：

王丽丹，女，1974 年 9 月生，大庆油田有限责任公司第二采油厂试验大队，地工队责任工程师，油藏地质工程师。

统计分析方法在绩效管理中的应用

赵丽颖　韩　义

摘　要:本文通过对作业区绩效管理部门的1—10奖金月考核数据的统计分析,阐述了统计分析方法在绩效管理中的应用过程及效果。具体研究了如何通过统计分析奖金的考核流向及构成,明晰对调整绩效管理工作状态、寻找绩效管理薄弱环节,促进作业区各绩效管理部门的管理责任的落实、提高基层单位综合管理水平、引导作业区生产管理工作水平提档升级提供了有力保障。

关键词:统计　图表法　绩效管理　奖金

一、引言

激励机制是企业绩效管理的有效调整手段之一,是企业奖金管理是激励机制的重要组成部分,发挥奖金的激励作用,必须充分认识奖金分配中必须体现出的“量”和“度”的关系。即只有正确处理奖金的比例和平衡,才能有效发挥激励体制的作用。在探索如何掌握作业区各绩效管理部门的奖金应用效果过程中,通过实践和总结,逐渐形成了将统计分析方法应用在奖金分析总结中的判定方式,通过对一阶段的奖金考核流向及平衡情况进行统计和分析,及时了解绩效管理部门工作状态;通过对比统计各绩效管理部门奖金构成,掌握绩效管理过程中存在的薄弱环节,及时了解部门工作人员的工作状态,为作业区生产经营工作重心提供了有力保障。为逐步实现由经验管理向科学管理的转变奠定了坚实的基础。

二、应用方法

(一)分析奖金流向及平衡,调整绩效管理工作状态

奖金作为绩效管理激励体制中的一项重要组成部分,在管理中适度的加奖能够提高工作完成好的员工或集体积极性,促进其向前发展的步伐,同时给其他员工或集体积极进取的动力;适度的扣罚能够对工作质量完成较差的员工或集体提出警示,对其他员工和集体会起到很好的警示、监督和约束作用。但是在管理中对于同中工作的奖励和扣罚应相对平衡,无论哪一方过高都会削弱员工及集体的生产动力。所以为了提高奖金的使用效率,正确诊断作业区各绩效考核部门的工作状态,减少企业经营阻力,定期应用图表法开展奖金考核的统计与分析,通过统计分析,对各绩效管理部门奖金管理平衡得出量化的认识,为各管理部门增强了危机意识、调整管理方向提供了有力的依据,现以某部门1—10月奖金考核统计分析为例。

加奖情况分析如表1和图1所示。

表1　部门奖金加奖情况表　　(单位:元)

考核项目	资料检查	现场试验	信息管理	采油工程	地面工艺	合计
加奖金额	200	4777	1000	1000	200	7177

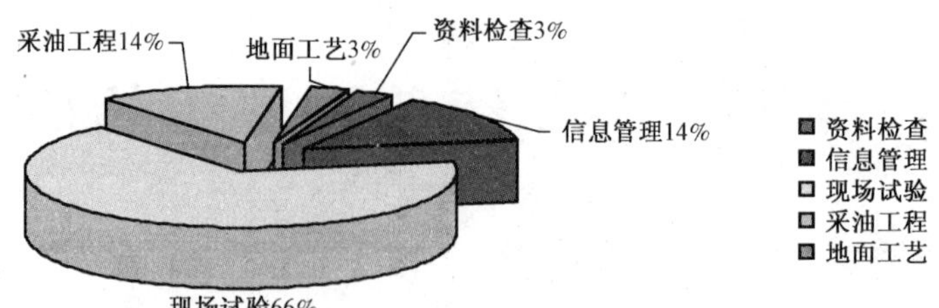

图1　奖金加奖情况统计图

扣罚情况分析如表2和图2所示。

表2　奖金扣罚情况表　　（单位:元）

考核项目	地面工艺	现场管理	资料检查	采油工程管理	信息管理	合计
扣罚金额	200	200	3100	850	710	5060

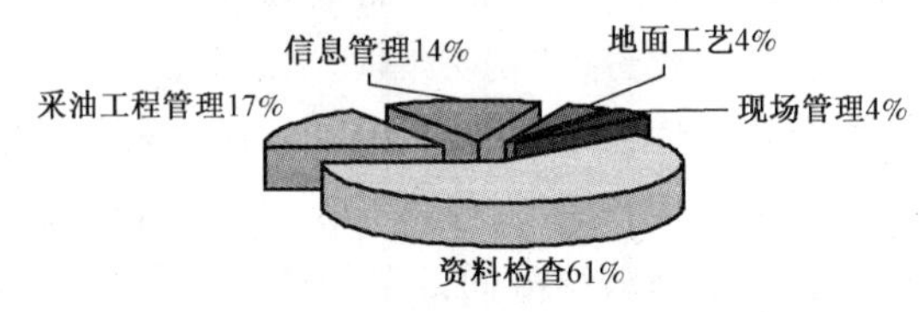

图2　奖金扣罚情况统计图

由表1及图1可知,该部门在1—10月的奖金考核中,对于现场管理工作的加奖力度最大,共计加奖4777元,占加奖总额的66%;由表2及图2可知对于资料管理的工作扣罚力度最大,共计扣罚3100元,占扣罚总额的61%;信息管理、采油工程现场管理及地面工艺管理在加奖及扣罚基本达到平衡。

通过分析该部门1—10月奖金流向平衡,得出结论及调整措施如下:

(1)该部门在管理过程中,对于所管理项目能够做到对于工作完成较好的单位给予加奖激励,对于工作人需要改进的单位和个人给予奖金扣罚警示,较好的发挥了奖金激励的功能,对于下属单位的工作起到了较好的监督、约束及促进作用。

(2)在资料管理失衡,扣罚比重占总体扣罚比重的61%,加奖比重仅占总体加奖比重的3%,可知该部门对基层单位资料管理的扣罚力度远大于对奖励激励力度。虽然能够对本项工作规范起到一定的约束作用,但对于资料管理工作完成较好的单位及通过改正工作有显著进步的单位没有体现激励,进而削弱了基层单位对该项工作积极调整改善的积极性,反而会给整个管理工作带来阻力。

调整措施:平衡各项工作的奖扣平衡,使奖金管理在绩效管理工作中的监督、约束作用与激励、促进作用相互补充,达到最大的管理效果。

(3)现场试验管理失衡,其1—10月加奖金额为4777元,占加奖总额的66%,而扣罚金额为200元,仅占扣罚总额的4%,扣罚力度远小于加奖力度。这种情况的产生部分取决于1—10月,一部分下属现场试验单位的工作量加大,工作完成标准较高等影响因素,但达到33倍的比例失衡,势必会削弱考核部门的管理力度,麻痹下属单位的危机意识,对于应该改进或完成不好的工作没有给予及时的提醒与警示,特别在生产任务繁重时期更应加大检查的力度和标准,才能够及时消除风险,更有利于生产任务的完成。

调整措施:现场试验管理工作为生产运行的一项重要影响因素,检查及约束奖励力度应与该工作的重要程度相符,在后期的管理工作中,应提高检查频度与力度,重视每个生产细节,对于应该改进的风险点给予及时必要的警示与提醒。

(二)分析奖金构成,寻找绩效管理薄弱环节

通过统计分析绩效管理部门一个阶段的奖金构成比例,可以量化的得出该部门这一阶段的工作重点,同时对比该部门主管业务种类及各向业务管理在奖金构成中的比例,可以较为准确地找出其管理薄弱环节,通过查找薄弱环节有利于上级主管单位及时对该部门的管理做出督促和调整,使得整个绩效管理覆盖到整个业务范畴,达到最好的管理效果。下面通过分析某两个绩效管理部门 1—10 月的奖金考核构成分析为例:

该部门主要业务管理工作包括劳动纪律、安全管理、水电气管理、设备管理、资产管理、生产运行管理六大类,根据表 3、图 3 分析可知 1—10 月该部门对基层单位的生产运行管理加大了监督和约束力度,考核力度占整个考核构成的 46%,在日益严峻的生产形式下,此种高标准严要求的管理方式对实现各项生产任务的顺利完成有着积极的意义,但由统计数据可知,该部门对于安全管理及资产管理的力度明显薄弱,出现了较为明显管理弱项,而安全工作及资产设备的管理是一切生产任务完成的关键和前提,从管理角度出发,这些管理的弱化,会在很大程度上影响基层对于安全、资产、设备方面认识的薄弱,进而忽略或弱化此项工作的跟踪及管理,从而导致生产及管理上存在风险。

表 3　奖金扣罚情况表　　(单位:元)

考核项目	劳动纪律	安全管理	水电气管理	设备管理	资产管理	生产运行	合计
加奖金额	3000	500	2980	2500	130	8000	17110

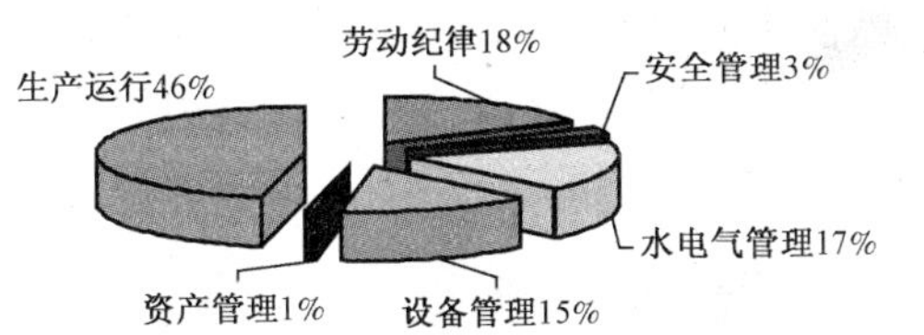

图 3　奖金扣罚构成图

调整措施:在下步工作中,及时调整管理重心,在确保生产运行的同时,应更加强调安全、资产的管理力度,在达不到安全标准的情况下生产更应向安全让步,这样才能够形成完善的管理体系,从根本上转变基层单位的思想意识,达到各项管理的均衡,才能真正促进作业区各项生产的安全、高质、高效运行。

三、应用效果

应用该管理方法前后,作业区各绩效管理部门对所属单位的综合表现进行了量化的评估,对比情况如表 4:

表4　实施统计分析方法前后各基层单位综合得分情况

基层单位	一队	二队	三队	四队	五队	六队	七队	八队
实施前得分	93	95	92	81	88	97	95	90
实施后得分	95	96	94	90	90	97	96	95

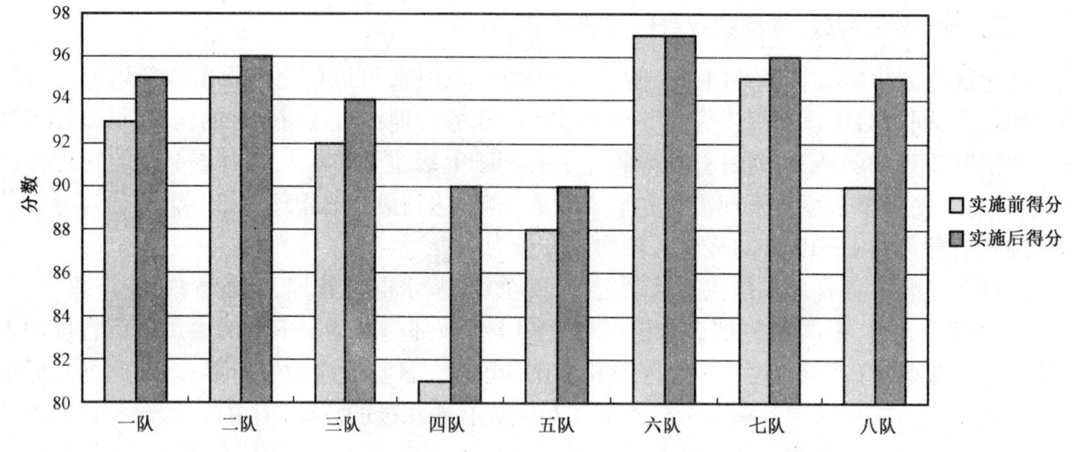

图4　基层单位综合得分对比图

通过定期统计各绩效管理部门的奖金管理比例和构成情况，作业区准确掌握了各管理部门的工作状态和工作重心，量化总结绩效管理中存在的缺点及弱项，及时了调整管理方向及管理重心。由表4、图4可知：

（1）本项应用在实施后，由于作业区随时掌握管理动态和趋势，及时对各管理部门的考核方式方法做出调整，各基层单位的综合表现整体提升。此项方法提高了管理部门的管理效果，同时增强了基层单位的危机意识以及对困难的抵抗能力。

（2）本项应用在实施前，四队及八队的综合评分排名较为靠后，通过作业区一系列整改措施后，四队综合评分上涨到90分，八队上涨到95分。通过对绩效管理激励的平衡及管理重心的及时调整，能够有效的激励基层单位员工自查整改，给予暂时落后单位以进步的信心与动力，最终达到作业管理水平的整体提升，基层单位的综合表现良好而稳定的目标。

参考文献

[1] 仵自连．论企业或组织的薪酬管理．北京：中国地质大学出版社，2004：21－23.

[2] 王淑红，龙立荣．绩效管理综述．中外管理导报，2002(9)：52－55.

作者简介：

赵莉颖，女，助理工程师，现任大庆油田有限责任公司第二采油厂第七作业区管理办干事。从事绩效管理工作。

韩义，男，高级工程师，党员，现任大庆油田有限责任公司第二采油厂第七作业区副大队长。从事绩效管理及安全环保管理工作。

萨南油田注水水质评价体系模型的建立与应用

刘雪娟　程晓宇

摘　要:本文介绍了萨南油田注水水质状况,统计分析萨南油田联合站中处理后污水的化学需氧量、含油量等水质指标,采用单因子指数评价法及内梅罗指数法对水质因子进行评价,利用统计模式计算得出各水质因子的达标率、超标倍数、水质指数等项结果。确定了油田注水含油量监测指标控制范围,结果表明:硫化物应控制在2.0mg/L,污水含油量水驱控制在15mg/L、聚驱控制在20mg/L,pH值在6~9,COD控制在300mg/L,悬浮物固体含量水驱控制在15mg/L、聚驱控制在20mg/L,粒径中值控制在5μm内时,联合站的污水处理站水质可以达到可接受等级。

关键词:污水处理　单因子指数评价法　内梅罗指数法

一、引言

石油行业是工业污水排放大户,由于各油气田所处的油藏地质、开采工艺和年限不同,不同油气田开采的污水成份有很大差别。在生产运行时期,采油井、废弃油井、气井套管腐蚀破坏等问题产生的套外返水增加了地面水及地下水环境污染的危险性,这就使得污水预测及评价工作就显得尤为重要。

现有油田注水水质标准中只对污水中含聚、含油、悬浮物等主要指标进行规定和控制,对于回注水等级没有划分,本文旨在建立一种评价模型,综合评价油田注水水质的污染程度。通过模型的建立,判断出评价水体的达标状况,判断各区块污水处理程度,计算出各项监测指标到达清洁等级时,油田注入水各项监测指标的控制范围,定性、定量地评价油田注水体系现状,采取有效的污水处理技术,减缓对生态环境的影响。

二、污水评价体系模型的建立

(一)萨南油田注入水质状况分析

油田采出水经过处理后主要用于回注,由于各油田采出水的物理化学性质差异较大,要求的注水水质标准也不一样,又因为在回注水中投加了大量的聚合物和表面活性剂等化学药剂,导致水质情况比水驱石油废水要复杂得多,因此萨南油田采出污水具有“含油量高、矿化度高、微生物含量高、处理难”等特点。含油量在0~400mg/L,矿化度在4000~8600mg/L,杂质含量在400~10000mg/L,聚合物含量在0~350mg/L,水中富含K^+、Na^+、Cl^-、HCO_3^-。

1. 水质现状调查与监测

根据Q/SY DQ0605—2006《大庆油田油藏水驱注水水质指标及分析方法》规定采用监测布点及频率如下:

监测点布设:在评价范围内的水处理站总外输阀组取样,悬浮物取样在出水口。

监测频率:悬浮物、含油量为连续监测,8小时一次;pH值、COD、硫化物、粒径中值为间断监测,每月一次。

监测因子为:pH 值、COD、石油类、硫化物、悬浮物等。

2. 评价范围和评价因子

评价范围:采用2009年与2010年两组水质监测数据数据(表1),数据来源于厂中心化验室监测数据及厂化验信息管理应用系统数据,数据真实可靠。选取具有代表性的联合污水处理站,功能上涵盖水驱、聚合物驱的真实性水体。

表1 萨南油田注水水质监测数据

监测地点编号	取样点	2009年平均值						2010年平均值					
		pH值	硫化物(mg/L)	COD(mg/L)	含油量(mg/L)	悬浮固体含量(mg/L)	粒径中值(μm)	pH值	硫化物(mg/L)	COD(mg/L)	含油量(mg/L)	悬浮固体含量(mg/L)	粒径中值(μm)
1#	南八联污水站	8.0	16.86	267.1	26.79	18.13	0.92	8.0	15.45	241.05	11.99	12.1	0.5
2#	聚南八污水站	8.0	18.56	231.27	6.98	14.48	1.09	8.0	17.53	250.76	12.93	14.7	0.94
3#	南十联污水站	7.5	11.39	189.28	3.54	5.77	0.81	7.5	10.77	229.06	5.08	5.91	0.77
4#	南七联污水站	8.0	16.86	217.0	12.0	16.34	0.84	8.0	14.58	249.14	16.13	13.6	0.82
5#	南六联污水站	7.1	15.25	241.25	20.49	2.15	0.64	7.21	13.64	217.32	7.22	1.94	0.91
6#	南五联污水站	8.0	13.65	185.63	6.60	7.77	0.65	8.0	12.8	234.49	7.88	11.75	0.69
7#	南四联污水站	7.5	14.58	169.15	41.90	11.13	2.34	7.54	13.85	236.45	7.88	15.85	0.98
8#	南三、一污水站	7.9	15.24	194.31	18.69	13.81	1.08	8.0	13.64	238.67	11.79	14.07	0.78
9#	南二、二污水站	7.2	16.38	224.59	8.11	15.98	1.33	7.13	12.63	242.16	7.65	14.95	1.03
10#	南二、一污水站	8.0	14.91	204.46	11.36	31.01	2.19	8.0	13.41	227.61	8.45	16.6	0.84

评价因子:pH 值、COD、污水含油量、硫化物、悬浮物、粒径中值。因铁细菌、腐生菌和硫酸还原菌的监测数据为每季度一次,不具有代表性,因此此项不列为评价因子。

(二)评价方法和评价结果

1. 单因子指数评价方法

单因子指数评价是将每个水质因子单独进行评价,利用统计及模式计算得出各水质因子的达标率、超标倍数、水质指数等项结果,判断出评价水体的主要污染因子、污染时段,和主要污染区域。

1)一般水质因子(随污染物浓度增加而水质变差的水质因子)

单项水质参数 i 在第 j 点的标准指数

$$S_{i,j} = c_{i,j}/c_{si}$$

式中 $S_{i,j}$——标准指数;

$c_{i,j}$——评价因子 i 在 j 点的实测浓度值;

c_{si}——评价因子 i 的评价标准限值。

2)pH 值的标准指数

pH 值的标准指数为:

$$S_{pH,j}=\frac{7.0-pH_j}{7.0-pH_{sd}},pH_j\leq 7.0$$

$$S_{pH,j}=\frac{pH_j-7.0}{pH_{su}-7.0},pH_j>7.0$$

式中 $S_{pH,j}$——pH 的标准指数；

pH_j——pH 实测浓度值；

pH_{sd}——评价标准中 pH 的下限值（较小值）；

pH_{su}——评价标准中 pH 的上限值（较大值）。

3）评价因子标准限值的确定

按照执行上地方环境标准优先于国家环境标准，国家综合排放标准与国家行业排放标准不交叉执行的原则，选取评价因子的参考标准及标准限值见表 2。水质评价标准参照 GB 3838—2002《地表水环境质量标准》中的基本项目标准限值分类。根据单因子评价法及评价因子的参考标准及标准限值计算出评价监测点水质评价结果（表 3）。

表 2 评价因子的参考标准及标准限值

序号	评价因子	参考标准	标准限值
1	pH 值	GB 8978—1996《污水综合排放标准》，GB 3838—2002《地表水环境质量标准》，Q/SY DQ0605—2006《大庆油田油藏水驱注水水质指标及分析方法》	上限值为 9 下限值为 6
2	硫化物	Q/SY DQ1007—2004《含油污水中硫化物含量的测定》和 Q/SY DQ0605—2006《大庆油田油藏水驱注水水质指标及分析方法》"清水中不应含有硫化物，油层采出水中硫化物浓度应小于 2.0mg/L"	<2.0mg/L
3	污水含油量	SY/T 5329—1994《碎屑岩油藏注水水质推荐指标及分析方法》，Q/SY DQ0605—2006《大庆油田油藏水驱注水水质指标及分析方法》取高渗透层指标	水驱≤20mg/L 聚合物驱≤30mg/L
4	COD	类比法参照 GB 428119—1984《石油化工水污染物排放标准》二级标准限值	≤300mg/L
5	悬浮物	Q/SY DQ0605—2006《大庆油田油藏水驱注水水质指标及分析方法》取高渗透层指标	水驱≤10mg/L 聚合物驱≤30mg/L
6	粒径中值	Q/SY DQ0605—2006《大庆油田油藏水驱注水水质指标及分析方法》取高渗透层指标	水驱≤5μm 聚合物驱≤5μm

表 3 单因子评价法评价监测点水质评价结果

监测地点编号	单因子指数（2009 年）						等级	单因子指数（2010 年）						等级
	pH 值	硫化物（mg/L）	COD（mg/L）	含油量（mg/L）	悬浮固体含量（mg/L）	粒径中值（μm）		pH 值	硫化物（mg/L）	COD（mg/L）	含油量（mg/L）	悬浮固体含量（mg/L）	粒径中值（μm）	
1#	0.5	8.43	0.89	1.34	0.91	0.18	V	0.5	7.73	0.80	0.60	0.605	0.1	V
2#	0.5	9.28	0.77	0.35	0.724	0.22	V	0.5	8.77	0.84	0.65	0.735	0.19	V
3#	0.25	5.70	0.63	0.18	0.58	0.27	V	0.25	5.39	0.76	0.25	0.591	0.26	V
4#	0.5	8.43	0.72	0.6	0.82	0.17	V	0.5	7.29	0.83	0.81	0.68	0.16	V
5#	0.05	7.63	0.80	1.02	0.11	0.13	V	0.11	6.82	0.72	0.36	0.10	0.19	V

续表

监测地点编号	单因子指数(2009年)						等级	单因子指数(2010年)						等级
	pH值	硫化物(mg/L)	COD(mg/L)	含油量(mg/L)	悬浮固体含量(mg/L)	粒径中值(μm)		pH值	硫化物(mg/L)	COD(mg/L)	含油量(mg/L)	悬浮固体含量(mg/L)	粒径中值(μm)	
6#	0.5	6.83	0.62	0.33	0.39	0.1	V	0.5	6.4	0.78	0.39	0.59	0.14	V
7#	0.25	7.29	0.56	2.10	0.56	0.47	V	0.27	6.93	0.79	0.39	0.80	0.20	V
8#	0.45	7.62	0.65	0.93	0.69	0.22	V	0.5	6.82	0.80	0.59	0.71	0.16	V
9#	0.10	8.19	0.75	0.41	0.80	0.27	V	0.07	6.32	0.81	0.38	0.75	0.21	V
10#	0.5	7.46	0.68	0.57	1.55	0.44	V	0.5	6.71	0.76	0.42	0.83	0.17	V

4)水质分析结果

从两年的监测统计数据中可以看出,除污水含油量和悬浮固体含量外,其余指标的测定值浮动范围不大。硫化物超标严重,若按水质参数的标准指数大于1判断,两年数据均超标6倍以上。

评价因子均值:pH值平均为7.73;硫化物均值为13.76mg/L;COD均值为211.18mg/L;含油量均值为11.33mg/L;悬浮固体含量均值11.99mg/L、粒径中值均值0.96。

评价因子超标率、超标倍数:pH值、COD、粒径中值超标率均为0;硫化物超标率为100%,超标倍数为6.78倍;含油量超标率为5.2%,超标倍数为2.01倍;悬浮固体含量超标率为10.0%,超标倍数为0.58倍。

2. *内梅罗指数法*

实测统计代表值有极值法、均值法和内梅罗法。因为评价水质因子有一定的监测数据量,所以采用内梅罗法计算水质现状评价因子的监测统计代表值。

1)内梅罗法公式

$$P_{ij} = \sqrt{\frac{(c_i/L_{ij})^2_{\max} + (c_i/L_{ij})^2_{\text{are}}}{2}}$$

当 $c_i/L_{ij} > 1$ 时　　$c_i/L_{ij} = 1 + P'\lg(c_i/L_{ij})$

当 $c_i/L_{ij} < 1$ 时　　取 c_i/L_{ij} 的实测值

$$P_i = \sum_{j=1}^{m} W_j P_{ij}$$

$$\sum(W_j) = 1$$

式中　i——水质项目数($i=1,2,3\cdots,n$);

j——水质用途数($j=1,2,3\cdots,m$);

P_{ij}——j 用途 i 项目的内梅罗指数;

c_i——水中 i 项目的监测浓度,mg/L;

L_{ij}——j 用途 i 项目的最大容许浓度,mg/L;

P'——常数,内梅罗采用5.0;

P_i——几种用途的总指数，取不同用途的加权平均值；

W_j——不同用途的权重。

2）确定评价因素的权重

根据评价因子的影响程度将评价因子将权重设为：$W_{pH}=0.1$；$W_{硫化物}=0.1$；$W_{COD}=0.2$；$W_{污水含油量}=0.2$；$W_{悬浮固体含量}=0.2$、$W_{粒径中值}=0.2$。根据内梅罗指数污染等级划分标准（表4）及内梅罗法公式计算出各监测点水质评价结果（表5）。

表4　内梅罗指数污染等级划分标准

等级	Ⅰ	Ⅱ	Ⅲ	Ⅳ	Ⅴ
	清洁	轻污染	污染	重污染	严重污染
P	<1	(1,2)	(2,3)	(3,5)	≥5

表5　内梅罗指数法评价监测点水质评价结果

时间	评价结果	监测地点									
		1#	2#	3#	4#	5#	6#	7#	8#	9#	10#
2009年	P	2.011	2.242	1.434	1.726	1.863	1.627	1.765	2.002	1.919	1.822
	等级	Ⅲ	Ⅲ	Ⅱ	Ⅱ	Ⅱ	Ⅱ	Ⅱ	Ⅲ	Ⅱ	Ⅱ
2010年	P	1.937	2.202	1.40	1.920	1.578	1.633	1.771	1.785	1.620	1.752
	等级	Ⅱ	Ⅲ	Ⅱ	Ⅱ	Ⅱ	Ⅱ	Ⅱ	Ⅱ	Ⅱ	Ⅱ

3. 评价结果

评价过程和评价结果见表6。

表6　单因子指数法和内梅罗指数法评价结果比较

评价方法	评价时间	监测地点									
		1#	2#	3#	4#	5#	6#	7#	8#	9#	10#
单因子指数法	2009年	Ⅴ	Ⅴ	Ⅴ	Ⅴ	Ⅴ	Ⅴ	Ⅴ	Ⅴ	Ⅴ	Ⅴ
	2010年	Ⅴ	Ⅴ	Ⅴ	Ⅴ	Ⅴ	Ⅴ	Ⅴ	Ⅴ	Ⅴ	Ⅴ
内梅罗指数法	2009年	Ⅲ	Ⅲ	Ⅱ	Ⅱ	Ⅱ	Ⅱ	Ⅱ	Ⅲ	Ⅱ	Ⅱ
	2010年	Ⅱ	Ⅲ	Ⅱ	Ⅱ	Ⅱ	Ⅱ	Ⅱ	Ⅱ	Ⅱ	Ⅱ

（1）单因子指数法突出污染最重因子对水质的影响，即使某一个指标如COD略微超过Ⅴ类标准，其他水质指标均为Ⅳ类时，水质评价结果也为Ⅴ类，因此，单因子指数法用于确定主要污染物和主要污染源比较合适，对于综合水质评价则显得比较保守。

（2）内梅罗指数法特别考虑了污染最严重的因子，反映了水体污染的程度，但同时也取单因子指数的平均值，内梅罗指数将“1”作为清洁与污染的分界点，这与污染等级划分标准有关。

（3）两种水质评价法均从不同程度上反映了注水水质变化情况，内梅罗指数法评价结果与注水水质污染情况大体相当，说明此方法较单因子指数法更适用。

（三）萨南油田注水水质评价控制指标的确定

从上述评价结果可以看出：联合站来水中3个污水处理站的水质呈现污染状态，7个为轻度污染，水质情况较差。

通过上表可以看出，水质经过初处理后污染级别下降，但达不到Ⅰ级别，要达到Ⅰ等级，可以将 P 的范围控制在小于 1，即：$0 < P_i < 1$

$$0 < P_{Ph} \times W_{Ph} + P_{硫化物} \times W_{硫化物} + P_{COD} \times W_{COD} + P_{污水含油量} \times W_{污水含油量} + P_{悬浮固体含量} \times W_{悬浮固体含量} + P_{粒径中值} \times W_{粒径中值} < 1$$

因 pH 值、硫化物在《大庆油田油藏水驱注水水质指标及分析方法》企业标准中为辅助指标，因此确定污水含油量不同监测点的控制指标见表 7，污水含油量水驱控制在 15mg/L、聚合物驱控制在 20mg/L。

表 7　内梅罗指数法计算不同监测点的 COD 控制指标

编号	污水含油量控制指标(mg/L)	编号	污水含油量控制指标(mg/L)
1#	≤23.2	6#	≤15.2
2#	≤26.5	7#	≤14.9
3#	≤28.3	8#	≤24.8
4#	≤22.0	9#	≤21.3
5#	≤16.7	10#	≤27.8

三、结论

(1)通过分析萨南油田联合站的化学需氧量、含油量等水质指标，运用单因子指数评价法及内梅罗指数法对萨南油田 10 个污水联合站进行分析得出：南八联污水站、聚南八污水站、南三、一污水站评价水体属于污染状态，水质情况较差；南七联污水站、南六联污水站、南五联污水站、南二、二污水站、南二、一污水站、南四联污水站、南十联污水站评价水体属于轻度污染。

(2)通过两种指数法对萨南油田污水分析，提出了污水含油量的指标污水含油量水驱控制在 15mg/L、聚合物驱控制在 20mg/L。评价结果表明：硫化物应控制在 2.0mg/L，污水含油量水驱控制在 15mg/L、聚合物驱控制在 20mg/L，pH 值在 6～9，COD 控制在 300mg/L，悬浮物固体含量水驱控制在 15mg/L、聚合物驱控制在 20mg/L，粒径中值控制在 5μm 内时，联合站处理污水水质可以达到可接受等级。

(3)注入水质监测中采用的是定点定时取样，带回实验室分析，一般都是离线检测，不能及时反映水质变化情况，可以通过建立自动水质监测系统来进行弥补。

(4)在进行水质评价方法的实例研究时，利用的监测数据水质因子只有 pH 值、硫化物，污水含油量、COD、悬浮物、粒径中值 6 种，水质因子偏少，针对监测数据具体情况，可加入铁细菌、腐生菌和硫酸盐还原菌。

(5)个别因子监测数据的连续性不强，按照油田公司检测标准规定，现有 pH 值、COD、硫化物、粒径中值监测数据都为月监测，数据的连续性较差，不能及时反映水体变化。

参 考 文 献

[1] HJ/T 2.3—93，环境影响评价技术导则 地面水环境．国家环境保护局，1993.

[2] HJ/T 2.3—93，环境影响评价技术导则 地面水环境．国家环境保护局，1993.

[3] HJ/T 2.3—93，环境影响评价技术导则 地面水环境．国家环境保护局，1993.

[4] HJ/T 2.3—93，环境影响评价技术导则 地面水环境．国家环境保护局，1993.

[5] GB 8978—1996,污水综合排放标准. 国家环境保护局,1996.
[6] GB 3838—2002,地表水环境质量标准. 国家环境保护局,2002.
[7] Q/SY DQ0605—2006,大庆油田油藏水驱注水水质指标及分析方法. 中国石油天然气股份有限公司大庆油田有限责任公司,2006.
[8] Q/SY DQ1007—2004,含油污水中硫化物含量的测定. 中国石油天然气股份有限公司大庆油田有限责任公司,2004.
[9] SY/T 5329—1994,碎屑岩油藏注水水质推荐指标及分析方法. 中国石油天然气总公司,1994.
[10] GB 428119—1984,石油化工水污染物排放标准. 中华人民共和国城乡建设环境保护部,1984.
[11] HJ/T 2. 3—93,环境影响评价技术导则 地面水环境. 国家环境保护局,1993.

作者简介:

刘雪娟,大学,中级职称,研究方向为油田化学。大庆油田有限责任公司第二采油厂中心化验室。

程晓宇,大学,初级职称,研究方向为油田化学。大庆油田有限责任公司第二采油厂第七作业区生产办。

联合站节能降耗潜力分析及结论

黄运梅

摘　要:本文通过对联合站耗能设备的运行参数统计,分析出耗能情况,找出节能潜力,合理调整设备运行,确定最佳运行模式,达到节能降耗的目的。

关键词:耗能设备　生产参数　运行调整　优化模式　节能降耗

一、引言

联合站一般担负着原油脱水脱气、污水处理、污水回注、天然气集气增压等任务,运行设备较多,较高耗能。在生产运行中,通过对各种设备生产数据的统计分析,找出存在的潜力,制定实施各种措施,以达到节能降耗的目的。

二、联合站机泵节能降耗潜力分析

(一)多台机泵运行的能耗分析及节能潜力

泵站一般安装有多台机泵,根据生产规模的大小采用运多备少的方式运行。如有 4 台污水泵,则有运 1 备 3、运 2 备 2、运 3 备 1 及运 4 等四种方式。多台设备运行虽有利于平稳生产,但相对耗能较大。过少运行设备又无法满足生产。因此摸索出合理的运行方式,对泵站节能降耗起着至关重要的作用。当泵站的处理水量在 12000m^3/d 时,额定流量为 280m^3/h 的机泵运 1 备 3 的方式无法满足生产,而运 4 的方式又存在泵的负荷率较低。因此运 2 备 2 和运 3 备 1 就成为首选方式,在满足生产要求的情况下以最少的投入获取最大的效益。通过对某放水站 1—9 月份的数据统计(表 1),对比分析,运 2 备 2 为最佳生产模式,运 3 备 1 相对耗能较高,可在来水量突增或生产不平稳时应用。这样生产运行平稳,机泵效率提高,耗电量明显降低。

表 1　放水站污水泵耗电情况对比表

时间	运行台数	泵效(%)	平均月耗电量(kW・h)
2010 年 1—4 月	3	34.04	137085
2010 年 5—9 月	2	59.81	121321
对比	-1	+25.77	-15764

(二)当备用机泵较少时的能耗分析及节能潜力

对于备用设备较少的泵站,通过对其耗能较高的机泵的耗电情况进行调查对比(表 2),找出耗能相对较低的设备作为常运设备,而能耗高的作为备用设备,以此达到节能的目的。

表 2　污水站机泵平均运行 1 小时所耗电量统计表　　单位:(kW·h)/h

时间	外输泵			升压泵		
	1#	2#	3#	1#	2#	3#
2005 年	85.79	96.27	85.88	62.41	59.08	61.01
2006 年	90.70	98.34	90.51	62.42	58.04	59.42
2007 年	91.66	100.84	90.06	63.69	63.00	57.33
2008 年	95.18	95.42	92.84	64.52	63.70	63.58
2009 年	91.48	97.91	96.13	66.68	65.73	64.60

污水站有 3 台外输泵、3 台升压泵，按照运 2 备 1 的模式运行，从表 2 中可以看出，1#、3#外输泵耗电量比 2#输泵低，因此把 1#、3#外输泵作为常用设备，2#作为备用设备。升压泵也是运 2 备 1，选用 2#、3#作为常用设备比较合理。

表 3　2009 年污水站外输耗电统计表

时间	处理量(m^3)	外输用电量(kW·h)	单耗[(kW·h)/m^3]
1	367913	150678	0.41
2	322467	145548	0.45
3	369715	166770	0.45
4	319520	138348	0.43
5	323334	135180	0.42
6	330190	135522	0.41
7	362693	138312	0.38
8	368175	138258	0.38
9	343525	135378	0.39
10	332887	158526	0.48
11	305383	104328	0.34
12	322428	138600	0.43
平均	—	—	0.41

表 4　2010 年 1—9 月份污水站外输耗电统计表

时间	处理量(m^3)	外输用电量(kW·h)	单耗[(kW·h)/m^3]
1	316812	139040	0.44
2	346559	135360	0.39
3	382986	137232	0.36
4	367763	142812	0.39
5	362113	144864	0.40
6	343247	135828	0.40
7	369495	141732	0.38
8	344586	140112	0.41
9	341414	138402	0.41
平均	—	—	0.40

从表3、表4可以看出，当选用耗电相对较低的设备作为常用设备后，外输单耗由$0.41(kW \cdot h)/m^3$降到$0.40(kW \cdot h)/m^3$，起到了节电的效果。

三、加热炉节能降耗潜力分析

加热炉是油田生产的重要设备，应用十分广泛，在高寒地区主要用于提高原油温度增加流动性，减少输送阻力。对于含水量较高的原油，由于在管道输送过程中因温降所产生的黏度阻力影响较小，可在满足末端输送温度要求的前提下，适当降低加热炉的出口温度，通过降低输送温度的办法减少成本投入。针对油、水比热值的不同，可分别计算出油、水消耗热量，再计算出综合耗气量。根据每天外输液量，运用公式1和公式2计算出外输温度每降低1℃可节约燃气量。

$$Q = GC(T_{出} - T_{进}) \tag{1}$$

$$B = Q/Q_L \tag{2}$$

式中 Q——热量，kJ；

G——加热介质量，t；

C——比热值，kJ/(kg·℃)；

$T_{进}$，$T_{出}$——进、出口温度，℃；

B——耗气量，m^3；

Q_L——燃料发热值，kJ/m^3。

表5 放水站外输温度降低1℃时节气量计算表

日期	产水量(t)	产油量(t)	水耗热(kJ)	油耗热(kJ)	节约气量(m^3)
2010.9.1	1510.6	577.914	6344604	1155828	192.4
2010.9.2	1456.1	617.722	6115746	1235444	188.6
2010.9.3	1441.7	635.35	6055140	1270700	187.9
2010.9.4	1453.6	586.797	6104952	1173594	186.7
2010.9.5	1404.7	641.356	5899698	1282712	184.3
2010.9.6	1411.8	636.756	5929602	1273512	184.8
2010.9.7	1424.8	622.638	5984244	1245276	185.5
2010.9.8	1405.7	624.84	5903856	1249680	183.5
2010.9.9	1379.9	666.937	5795454	1333874	182.9
2010.9.10	1407.7	663.981	5912466	1327962	185.8
2010.9.11	1395	681.241	5859084	1362482	185.3
2010.9.12	1441.1	640.826	6052704	1281652	188.2
2010.9.13	1438.6	648.372	6042162	1296744	188.3
2010.9.14	1452.4	644.406	6100248	1288812	189.6
2010.9.15	1294.4	664.555	5436606	1329110	173.6
2010.9.16	1222.7	650.804	5135424	1301608	165.1
2010.9.17	1259.9	601.708	5291496	1203416	166.6
2010.9.18	1225	663.743	5144916	1327486	166

续表

日期	产水量(t)	产油量(t)	水耗热(kJ)	油耗热(kJ)	节约气量(m^3)
2010.9.19	1215.4	685.072	5104680	1370144	166.1
2010.9.20	1263.4	687.891	5306280	1375782	171.4
2010.9.21	1378	632.899	5787516	1265798	181
2010.9.22	1364.4	669.796	5730438	1339592	181.4
2010.9.23	1321.8	660.771	5551728	1321542	176.3
2010.9.24	1357.7	624.144	5702130	1248288	178.3
2010.9.25	1249	616.441	5245632	1232882	166.2
2010.9.26	1373.4	668.17	5768364	1336340	182.3
2010.9.27	1370.5	671.865	5756142	1343730	182.1
2010.9.28	1387.4	689.103	5827080	1378206	184.9
2010.9.29	1315.3	681.049	5524092	1362098	176.7
2010.9.30	1252.8	663.556	5261676	1327112	169
合计	—	—	—	—	5400.8

通过表5统计，预计外输液温度每降低1℃，全月可节约天然气5400.8m^3。对于一台外输液量在1000t/d、含水量在65%的加热炉来说，出口温度每降低1℃，每日可节约天然气89.5m^3。

四、污水站滤罐反冲洗节能降耗潜力分析

过滤罐是污水站处理水质常用的设备，滤罐的反冲洗周期一般为24h，反冲洗强度及频率是根据生产规模及污水处理效果设定，及时调整滤罐反冲洗参数，减少能耗损失。

某污水站设计处理量为20000m^3/d，反冲洗流量在140m^3/h以下，单台滤罐反冲洗过程为“三冲两搅”。但该污水站实际处理在12000m^3左右，远远小于设计处理量，因反冲洗强度过大，反冲洗时间过长，造成的滤层损坏、滤料流失十分严重。在保证水质的前提下，对该污水站过滤罐的反冲洗参数进行了调整，由原来的“三冲两搅”改为“两冲一搅”，同时把反冲洗泵的流量控制在120m^3/h以下。反冲洗泵和滤罐搅拌电机的运行时间相应减少。

按反冲洗泵每天少运行1h计算，全年可节电：

$$
\begin{aligned}
P &= 3 \times I \times V \times \cos\phi/1000 \times 365 \\
&= 1.732 \times 14 \times 380 \times 0.85/1000 \times 365 \\
&= 2858.72\text{kW}\cdot\text{h}
\end{aligned}
$$

每台滤罐每次反冲洗时电机搅拌时间为10min，8台滤罐全年可减少启动时间486.67h，搅拌电机的功率为22kW，可节电：

$$P = 22\text{kW} \times 486.68\text{h} = 10706.96\text{kW}\cdot\text{h}$$

改变反冲洗方式前日平均反冲洗水量为653.8m^3，改变方式后日平均反冲洗水量为291.2m^3，每年可节约水量：

$$(653.8\text{m}^3 - 291.2\text{m}^3) \times 365 = 132349\text{m}^3$$

同时因反冲洗水量减少，回收水泵的启动时间也相应减少，节约了一定的电量。

该污水站通过调整过滤罐反冲洗技术参数，使处理水质达到了常规污水处理标准的水质标准，反冲洗效果好，而且减少反冲洗水泵、滤罐搅拌电机的启动时间，避免了滤料的流失，降低生产运行费用，实现了节能降耗的目的。

五、结论

（1）通过对联合站各项生产运行参数进行对比分析，联合站系统中有着较大的节能降耗的潜力。

（2）联合站机泵较多，耗能所占比例较大。对于有多泵运行的泵站，适当减少机泵运行数量，做到满负荷运行，提高系统效率。或运行低耗高效的设备，最大程度地降低各种能源的消耗。

（3）加热炉是联合站的重要耗能设备，控制好加热炉的运行参数，将能耗损失减少到最低标准。

（4）要结合本站具体的生产情况，对生产参数进行合理的调整，使各个环节处于最佳的运行状态，达到少投入、多产出的目的。

参考文献

[1] 刘玉芝．石油工人技术培训考核手册集输工．沈阳：沈阳第五印刷厂，1991. 254 - 255.

[2] 卢宝春．油气集输系统资料录取计算规范．大庆：大庆油田有限责任公司第二采油厂，2000. 3 - 5.

作者简介：

黄运梅，大庆油田有限责任公司第二采油厂第四作业区南十联合站，技术员。